社会的孤立問題への挑戦

分析の視座と福祉実践

河合克義
菅野道生 編著
板倉香子

法律文化社

はじめに

　本書は，現代日本の社会的孤立問題の実態とその問題分析の視点，解決の方向性を考えようとするものである。本書を企画した際に重視したことは，理論的な課題の整理だけではなく，孤立問題への実際の取り組み事例を紹介するなかで，問題解決の具体的ヒントを示そうとしたことである。そのため，本書は2部構成とした。第Ⅰ部は理論編で，社会的孤立の実態と問題の争点を整理し，第Ⅱ部の実践編では，社会的孤立問題の解決に向けて挑戦している現場での取り組みを紹介することとした。
　さて，日本において社会的孤立問題が今ほど注目されているときはない。それは，孤立問題が広がりをもち，またそれが深刻化しているからであろう。本書の第Ⅰ部の新井康友論文（2「孤独死の実態と社会的孤立」）においても示されているように，2012年1月以降，全国で餓死，孤独死，孤立死が頻発し，新聞報道が多くなったことは記憶に新しい。
　同年1月20日に発見された札幌市の42歳の姉と40歳の障害をもつ妹の死は，大きなショックを私たちに与えた。姉は経済的困窮から福祉事務所に3回相談に行ったが，生活保護を受けることができず，自分は仕事を探す努力が足りないと思うようになったようである。ガスと電気は料金滞納で止められ，姉は脳内出血で死亡，その後，妹が凍死したのである。
　また翌月の2月13日に発見された立川市の45歳の母親と4歳の障害をもつ息子の場合，母親くも膜下出血で死亡し，その後，息子が餓死している。
　3月7日には，同じく立川市の都営アパートで95歳の母と63歳の娘が死亡している状態で発見された。母が和室の布団の中で死亡，63歳の娘が居間のソファーのわきでうつぶせ状態で死亡していた。娘が先に病死したのである。
　さらに同年7月5日には，東京都文京区のマンションで73歳の姉が入浴中に死亡，同居の64歳の妹は統合失調症で外出ができず，極度に衰弱した状態で発見された。

以上の事例は，単身世帯ではない。複数の世帯員が含まれる家の中での孤立死といえる。同時に，貧困による孤立の問題，また障害者とその家族の孤立問題そして制度問題がみえてくる。

　これまで孤立問題は，単身世帯を中心とした問題と捉えられてきた。確かにひとりで亡くなる者の数は多く，そして増加してきていることも事実である。UR都市機構の全国の賃貸住宅においてひとりで亡くなった者の数は，1999年には207人であったが，2009年には665人になっている。また，鹿児島県警の発表によれば，2011年に県下でひとりで亡くなった者の数は574人で，2007年の約2倍になったと報道された（『読売新聞』2012年2月10日付）。

　こうした孤立問題が単身者だけの問題ではないことに気づかされたのは，2010年の夏以降の所在不明高齢者問題であった。まず，高齢者と子どもとの同居世帯において，子どもの収入が十分でなく，親の年金を当てに暮らしている現実がみえてきた。次いで高齢者のいる種々の同居世帯から高齢者が家を出て，所在がわからなくなっている現実があることも明らかになった。

　この高齢者の「家出」は，過去のことではなく今でも問題となっている。たとえば，表の5つの事例は杉並区で，2012年に把握された事実である。いずれも家族等が「行き先がわからない」状態のままに過ごしている現実がある。

所在がわからなくなっている杉並区の75歳上の高齢者

年齢性別	住民票の家に住んでいる人	住んでいる人が区職員に話した不在の状況
94歳男性	息子という男性	「2年以上前にいなくなった。どこに行ったかはわからない。」
83歳女性	娘	「（別の）娘と一緒に外国に行ったが，行き先はわからない。」
79歳男性	知人という女性	「以前は住んでいたが，今はどこに行ったかわからない。」
76歳男性	おいという男性	「40年以上前からどこに行ったかわからない。」
76歳男性	妻という女性	「2年前，警察に，捜索願を出した。」

注：杉並区保健福祉部高齢者在宅支援課の調査に基づいて作成
出所：『朝日新聞』2012年9月29日付

ここからは家族関係の課題もみえてくるが，住民票をそのままにして移動している高齢者が一定数いることがわかる。本書でも後に触れられるように，所在不明高齢者問題がクローズアップされた2010年夏に，厚生労働省は80歳以上で所在不明の者が全国に800人いると発表した。年齢を下げればもっと数が増えることは明らかであり，わが国には少なくない高齢者が住所を失って生活していることが推測できる。ここで特に注意したいことは，住民票を伴わない生活は社会保障・社会福祉の諸制度を基本的には利用できないということである。

　他方，住所をもっていても，自らの問題を自覚化できず，制度利用に結びつかない人々，あるいは制度が対応していないが故に放置されている問題が地域に潜在化していることも，いま，現場職員そして研究者は徐々に気がつき始めている。問題を抱えつつも声をあげない人々の問題をどのように考え，どのような方策をとればよいのであろうか。

　社会的孤立問題に対する研究，取り組みは，まず高齢者領域からスタートしているが，現代日本の孤立問題の特徴は，子どもから高齢者までの全年齢階層の課題であること，また障害を抱える人と家族にも及んでいること等にみられるように多領域にわたることである。それに対して，社会的孤立問題への理論的・実践的対応は，まだまだ高齢者を中心としたものに限定されている。

　そこで，本書では高齢者の孤立問題から子育て中の親の孤立問題，障害者の孤立問題，災害と孤立問題まで幅広く課題を整理し，取り組みのあり方・方向性を示した。領域を広く捉えて社会的孤立問題を論じたものとして，本書は独自性をもつものと私たちは自負している。

　ただ，本書では，非正規労働者の孤立，青年を中心とするひきこもり等，取り上げられなかったテーマもあることを指摘しておきたい。それらについては，今後の課題としたい。

　ところで，こうした社会的孤立問題への対応として，これまで取り上げられてきたものは，地域住民による見守り活動が中心であった。地域住民のつながりを再生することの課題は非常に重要である。しかし，本書で示している社会的孤立の幅広い領域での問題構造をみたとき，地域レベルの見守りは対応の一

部でしかないことに気づく。

　私たちは多面的・総合的な視角から社会的孤立問題を捉え，解決方策を整理したいと考えた。それが本書の基底をなす。それ故，執筆者全員での議論は「社会的孤立と生活保障」というテーマから出発した。生活の基盤が脆弱で，孤立状態に陥っている現実そのものが深刻であるという問題意識があったからである。2013年1月10日のNHKテレビが報道した「山形市　年金不正受給目的か　父親の遺体放置の疑い」というタイトルのニュースもこうした問題の一端を示している。報道の内容は，市内に住む35歳の長男が，4カ月前に亡くなった66歳の父親をそのまま放置し，年金を受け取っていたというものである。子ども世代の経済的不安定＝貧困が，広がりをもつ深刻な問題となっているといわなければならない。

　さて本書は，理論的にも，実践的にも，決して十分なものとはいえない。しかし，この本を契機に，社会的孤立問題を解決するためのさらなる議論と実践が展開されることを私たちは願っている。

　　2013年1月

執筆者を代表して　河　合　克　義

目　次

はじめに

第Ⅰ部
社会的孤立の実態と問題の争点

❶ 社会的孤立問題とは何か　　　　　　　　　河合克義
　　　1　社会的孤立問題の捉え方　3
　　　2　社会的孤立問題の実態　7
　　　3　社会的孤立問題をめぐる論点　18

❷ 孤独死の実態と社会的孤立　　　　　　　　新井康友
　　　1　孤独死の定義の整理　24
　　　2　孤独死の実態　28
　　　3　孤独死事例とその予防対策　30
　　　4　孤独死問題の本質とは何か　34

❸ 子育てと社会的孤立　　　　　　　　　　　岩田美香
　　　1　現代の子育てと不安　37
　　　2　社会的弱者にとっての地域　42
　　　3　孤立した子育てと子育ちへの対応　46

❹ 障害者の社会的孤立　　　　　　　　　　　岩田直子
　　　1　障害者の社会的孤立——問題の争点　55
　　　2　障害者と社会的孤立の実態　61
　　　3　障害者の社会的孤立の解決に向けて　67

⑤ 社会的孤立と行政　　　　　　　　　　　　　　　　　　小川栄二

- 1　高齢者の生活後退，社会的孤立　72
- 2　高齢者の孤立問題に関わる行政組織・機能の変遷　79
- 3　社会的に孤立した高齢者への援助のあり方——公的イニシアティブの再構築　84

⑥ 社会的孤立と社会福祉協議会　　　　　　　　　　　　　板倉香子

- 1　社会福祉協議会のあゆみ　88
- 2　社会福祉基礎構造改革と社会福祉協議会　91
- 3　社会的孤立の実態把握——千葉県君津市社会福祉協議会の取り組み　93
- 4　社会的孤立と社会福祉協議会活動の可能性　101

⑦ 社会的孤立と自治会・町内会　　　　　　　　　　　　　菅野道生
■実態調査からみた福祉活動の現状と課題

- 1　自治会・町内会の福祉活動——実態調査から　107
- 2　自治会・町内会による福祉活動の実際——ヒアリング調査から　119
- おわりに　126

第Ⅱ部

社会的孤立問題への挑戦

① 高齢者の孤立と自治体行政　　　　　　　　　　　　　　真継　直

- 1　港区の地域特性と高齢者　133
- 2　高齢者の孤立の実態　134
- 3　高齢者の孤立を防ぐための取り組み　140
- 4　今後の課題と取り組み　150

② 多問題・困難ケースと地域支援事業　　　　　　　　　　芳賀清泰

- 1　高齢になるということ　153

2	多問題・困難ケースの背景にあるもの	155
3	地域支援事業と地域包括支援センター	162
4	地域支援事業の本質的課題	165

③ 地域課題の発見と県社会福祉協議会　　　奥山伸広

1　社会福祉協議会活動と民生委員児童委員活動の役割と協働　167
2　地域課題の発見のための仕組みづくり　169
3　山形県民生委員児童委員協議会の取り組み　170
4　「地域の絆づくり推進事業」からみえたことと今後の課題　172

④ 小地域福祉活動と社会福祉協議会　　　金安博明

1　市町村社会福祉協議会の歴史と位置づけ　180
2　市町村社会福祉協議会の組織・事業　183
3　地域福祉のフロントライン――市町村社会福祉協議会による実践　191

⑤ 子育てと地域組織化
■当事者の組織化と子育て・子ども支援のネットワーク形成　　　平野幸子

1　当事者の組織化と子育て・子ども支援のネットワーク形成　195
　　――港区での実践
2　事例経過からの考察　205
3　まとめ――社会的孤立の防止・コミュニティの再興・地域の支え合い　208

⑥ 地域におけるネットワークの構築　　　西川　正

1　たき火の現場から――おとうさんのヤキイモタイムキャンペーン　213
2　社会福祉のサービス産業化と社会的孤立　217
3　コミュニティワークとしての社会サービス　222
　　おわりに　225

⑦ 精神障害者と社会的孤立   横山秀昭

1　精神障害者の捉え方　228
2　精神障害の特性　231
3　精神障害者のおかれてきた歴史と現状　234
4　精神障害者の社会的孤立の実態　236
5　社会的孤立を改善していくために　238

⑧ 東京都生協連の福祉のまちづくり   森　芙紗子

1　東京都生活協同組合連合会の概要　244
2　「東京の生協がめざす福祉のまちづくりへの方向性」について　245
3　生協間の連携を進める交流の場　247
4　東京の生協がめざす福祉のまちづくりの推進　247
5　このまちで生協間の枠を乗り越えて何ができるか　257

⑨ 災害と孤立問題   鈴木るり子

1　3.11東日本大震災——全戸家庭訪問で明らかになった大槌町の被災状況　258
2　被災時の孤立問題——実態と対策　262
おわりに　268

お わ り に

第Ⅰ部

社会的孤立の実態と問題の争点

 社会的孤立問題とは何か

河合克義（明治学院大学）

● はじめに

　本章では，まず社会的孤立問題をどのように捉えてきたか，また孤立問題を把握するうえでの視点について述べる。次いで，孤立問題の地域的な特徴と問題の実態を概観したうえで，孤立問題をめぐってどのような争点，論点があるのかについて述べたい。

　特に孤立問題をもたらす要因をどのように捉えるのか，そして孤立問題を解決するための方向性に関する論点を整理したい。

1 社会的孤立問題の捉え方

● 社会的孤立の概念

　社会的孤立（social isolation）とは何か，その概念をどのように捉えたらよいのか。孤立（isolation）という概念が中心に据えられた研究の始まりは，イギリスのピーター・タウンゼント（Peter Townsend）の調査研究といえよう。それまでは用語としては孤独（loneliness）という概念が幅広い内容で使われていた。

　たとえば，イギリスのシーボーム・ラウントリー（Seebohm Rowntree）は，「高齢化と高齢者ケア問題に関する調査委員会」の委員長となり，同委員会の報告書として1947年に『高齢者』（Old People）を公表している。この報告書では，孤立問題を「孤独（loneliness）」という概念で説明していた。この中で次のように述べる。高齢期に直面する困難に孤独の問題があり，大都市ロンドンでは高齢単身者の割合が高く，孤独問題も他の地域より深刻であるが，単身者の割合が少ない農村地域での孤独問題にも注意を向けなければならない，と。この報告書では，孤独問題が高齢期の単身世帯に起こりやすいとして，調査対象地

域での単身高齢者の割合を比較し，さらに孤独な高齢者の分析を行っている［河合，2009：15-18］。

また，1948年に『高齢者の社会医学』と題する本を刊行したイギリスのジョセフ・ハロルド・シェルドン（Joseph Harold Sheldon）も「孤独（loneliness）」という概念を用いて，ウォルバーハンプトン市において，その量の測定をしている。シェルドンの調査結果によれば，同市では，全体として調査対象高齢者の約2割（21.0%）が孤独（「非常に孤独」と「ときどき孤独」の合計）状態にあるという。シェルドンは孤独問題が今後も調査しなければならない重要な課題で，それは高齢化に伴う固有の感情といったものではなく，精神的健康を損なわないために援助すべき対象として孤独状態にある高齢者を研究しなければならないと結論で述べている［河合，2009：18-20］。

さて，1957年にタウンゼントは『高齢者の家族生活──東ロンドンにおける調査研究』（The Family Life of Old People：An Inquiry In East London）という本を公刊した。すでにみたように，ラウントリーやシェルドンは，「孤独（loneliness）」という用語を幅広く捉えて，その中に社会的孤立も含めてきたが，タウンゼントは，この本の中で孤独（loneliness）と社会的孤立（social isolation）を次のように区別した。社会的孤立とは「家族やコミュニティとほとんど接触がないということ」であるのに対し，孤独とは「仲間づきあいの欠如あるいは喪失による好ましからざる感じ（unwelcome feeling）をもつこと」だとする。そして社会的孤立は客観的であり，孤独は主観的なものである，と。

そしてタウンゼントは社会的孤立の測定を高齢者ごとの「社会的接触（social contacts）」状況を得点（score）化し，1週間あたりの合計を算出している。彼は得点化する際に次の3つの領域を設定した。①親族一人ひとりとの平均的接触，②隣人や友人のみならず，たとえば地区の看護師，ホームヘルパー，医者をも含めた接触，③その他の社会的活動［タウンゼント／山室監訳，1974：227-228］。こうした基準で，タウンゼントは調査対象を，①「孤立していない」，②「やや孤立している」，③「孤立している」の3つに区分し，その分布を示している。結果は，孤立していない世帯が77%，やや孤立している世帯が13%，孤立している世帯が10%となった［タウンゼント／山室監訳，1974：229］。

さて、ここで注目したいことは、タウンゼントの社会的孤立の捉え方である。わが国でも彼の社会的孤立と孤独の定義についてはよく知られるようになっているが、筆者はタウンゼントの定義をもう少し大きな視点で捉えることが必要ではないかと考えている。その際に視点としてもちたいのは、孤立問題発生の社会的背景である。

タウンゼントは孤立に関する記述の章の冒頭で、「社会的にも経済的にももっとも貧しい人びとは、家庭生活からもっとも孤立した人びと」[タウンゼント／山室監訳，1974：227]であると述べている。この表現はこの前の章で行った貧困についての分析のまとめともいえる。確かにタウンゼントは孤立問題と貧困との関連性を重視はしているが、少なくとも孤立を測定する尺度で含めている範囲は、親族、地域、友人そして専門家とのネットワークに限定されていた。

つまり、タウンゼントの孤立の測定尺度についてのみみるならば、孤立問題をもたらす社会的背景が明確ではない。ネットワークが希薄であることが社会的孤立の原因のすべてではないのであり、孤立問題の背後にある要因も問われなければならないのではないか。

ところで、フリードリッヒ・エンゲルス（Friedrich Engels）は、1845年に出版した『イギリスにおける労働者階級の状態』において、産業革命という大きな社会変化のなかで、労働者階級の生活にどのような問題がもたらされたかを記述した。「大都市」の章において、エンゲルスは「個人の孤立化」について次のように述べている[エンゲルス／浜林訳，2000：51-53]。

「個人の孤立化」、「偏狭な利己心」が「大都市の雑踏のなかほど、それが恥ずかしげもなく露骨に、また意識的に、あらわれるところはない。人類が単子（モナド）へ分解され、その1つひとつがバラバラの生活原理とバラバラの目的をもっている原子の世界が、ここではその頂点に達しているのである。したがってまた、ここでは社会戦争、つまり万人対万人の戦争が公然と宣言されている」。

さらにエンゲルスは、「直接に飢えのために死亡した」餓死を「直接的餓死」と呼び、さらに、「十分な生活手段がずっと不足しているために生命にかかわる病気がひきおこされ、その犠牲者の生命が奪い取られる」といった「間接的餓死」があるという。それをイギリスの労働者は「社会的殺人」と名づけ、社

会全体を告発していた。このことについて，エンゲルスは「彼らが間違っているだろうか？」と述べて，労働者の分析に賛同している。

ここにおいて，エンゲルスは，労働者の，とりわけ大都市におけるバラバラの生活・孤立状態のなかでの餓死を，それが直接的なものであれ，あるいは間接的なものであれ，社会的殺人という表現で，責任の所在を明らかにしようとしたのである。「社会戦争」のもとでの孤立そして餓死は，個人レベルの問題ではなく社会的問題であること，そして，とりわけ餓死は「社会的殺人」であることを指摘していることに注目したい。

●現代の孤立問題をどうみるか

さて，現代日本の孤立問題をどのようにみたらよいであろうか。これまでの孤立問題は，ひとり暮らし高齢者を中心に議論されてきたが，それが大きく変化してきている。その変化とは，孤立している対象が拡大し，問題が深刻化してきていることである。変化を広く知らせることになった事件が，2010年7月以降の，いわゆる所在不明高齢者問題である。東京都足立区で，同年7月，111歳の男性が白骨遺体で発見された。亡くなっていた男性は父親で，同居していた長女と孫娘が年金を不正に受け取っていた。父親は32年前に亡くなったが，部屋に放置されていたのである。

同様の所在不明高齢者が全国で明らかになり，厚生労働省は，2010年8月27日に全国の所在不明者が100歳以上で271人，80歳以上で800人いるという調査結果を発表した。その中で，自宅に遺体をそのままにしているケース，亡くなった親の年金を家族が受け取っていたケース，高齢者が家を出て所在がわからないケース等が次々と出てきたのである。

それまでの孤立問題はひとり暮らし高齢者を中心とするものであって，子ども等と同居する高齢者世帯はほとんど考慮されることはなかった。所在不明高齢者問題は，高齢者2人世帯や高齢者を含む複数人数世帯での貧困と孤立，さらには子育て中の親の貧困と孤立，非正規労働者の貧困と孤立というように，年代的にも広がりをもち，多様性をもつ現実に目を向けさせることになった。現代の孤立問題は，親族ネットワークや社会ネットワークといった領域の分析

だけでは解決できるものではなく，孤立を生み出す社会構造をも分析対象にしなければならない。

2 社会的孤立問題の実態

●孤立問題の地域性

　孤立問題は，全国の各地域で一様に起こっているわけではない。問題の地域的集中，そしてその地域的な特徴に注目しなければならない。ただし，孤立問題の領域が拡大してきている今日，問題の地域性をみることは簡単なことではない。問題領域ごとに地域性も異なるであろうからである。

　大きくみると，少なくとも都市部と農村部で問題の様相は異なるであろう。しかし，問題領域ごとの実態把握は十分ではなく，地域性の分析はこれからの課題といわなくてはならない。ここでは，比較的多くの調査がなされているひとり暮らし高齢者の領域について，その地域性をみてみたい。

　筆者は，国勢調査のデータに基づき，ひとり暮らし高齢者の出現率（「65歳以上の高齢者のいる世帯中のひとり暮らし高齢者の割合」）を自治体ごとに再集計し，出現率の高い自治体のなかでの地域類型をみてきた[河合，2009：序章，付表2]。その作業を前提に，ここでは国勢調査の1995年，2000年，2005年，そして最新の2010年のデータを使って，出現率の上位30位までの市区町村を取り出し，①島嶼，②過疎地，③大都市という3地域ごとに市区町村名とひとり暮らし高齢者の出現率を降順に並べたのが図表1-1である。1995年では島嶼が18，過疎地が10，大都市が2となっていたが，2000年では島嶼が17，過疎地が8，大都市が5，2005年には島嶼が11，過疎地が6，大都市が13，そして2010年では島嶼が11，過疎地が3，大都市が16となった。

　1995年と2010年の2時点での自治体数の推移は，島嶼では18から11へ，過疎地では10から3へと，ともに減少している。他方，大都市は2から16へと著しく増加している。この大都市に含まれる自治体をみると，1995年には大阪市の西成区と浪速区の2自治体のみであったが，2010年には大阪市の5区，神戸市の2区，福岡市の2区，東京都の4区，広島市の1区，名古屋市の1区，

図表1-1　1995年, 2000年, 2005年, 2010年に

1995年

(1) 島嶼	自治体名	出現率(%)
1	東京都青ヶ島村	56.7
2	長崎県高島町	52.1
3	東京都御蔵島村	45.9
4	島根県知夫村	43.0
5	山口県東和町	42.7
6	長崎県岐宿町	42.6
7	長崎県玉之浦町	42.6
8	鹿児島県三島村	42.3
9	長崎県伊王島町	42.1
10	長崎県宇久町	41.8
11	鹿児島県住用村	41.0
12	鹿児島県下甑村	40.5
13	長崎県崎戸町	40.2
14	長崎県三井楽町	40.1
15	長崎県富江町	39.7
16	鹿児島県瀬戸内町	38.8
17	鹿児島県十島村	38.5
18	愛媛県魚島村	38.4
(2) 過疎地		
1	愛媛県別子山村	44.7
2	奈良県下北山村	43.8
3	三重県紀和町	42.2
4	和歌山県北山村	42.1
5	鹿児島県知覧町	40.1
6	岐阜県藤橋村	38.2
7	鹿児島県東串良町	37.5
8	鹿児島県鹿島村	37.5
9	高知県東洋町	37.3
10	愛媛県瀬戸町	37.2
(3) 大都市		
1	大阪府大阪市西成区	43.3
2	大阪府大阪市浪速区	37.9

2000年

(1) 島嶼	自治体名	出現率(%)
1	東京都御蔵島村	53.7
2	長崎県高島町	50.2
3	山口県東和町	44.6
4	鹿児島県三島村	44.5
5	東京都青ヶ島村	42.9
6	長崎県玉之浦町	42.7
7	長崎県宇久町	42.6
8	鹿児島県下甑村	41.9
9	島根県知夫村	41.6
10	鹿児島県住用村	41.3
11	鹿児島県十島村	41.3
12	長崎県富江町	40.9
13	沖縄県粟国村	40.8
14	長崎県崎戸町	40.7
15	長崎県伊王島町	40.5
16	鹿児島県瀬戸内町	40.0
17	長崎県岐宿町	39.5
(2) 過疎地		
1	奈良県下北山村	43.6
2	三重県紀和町	42.4
3	鹿児島県大浦町	40.6
4	奈良県上北山村	40.0
5	鹿児島県鹿島村	39.9
6	愛媛県別子山村	39.7
7	北海道泊村	39.7
8	鹿児島県知覧町	39.4
(3) 大都市		
1	大阪府大阪市西成区	49.6
2	大阪府大阪市浪速区	44.7
3	兵庫県神戸市中央区	42.8
4	兵庫県神戸市兵庫区	40.6
5	東京都豊島区	40.3

資料：1995年, 2000年, 2005年, 2010年国勢調査にもとづき筆者が作成。

おける地域類型別自治体のひとり暮らし高齢者出現率

2005年

(1) 島嶼

	自治体名	出現率(%)
1	東京都青ヶ島村	70.8
2	東京都御蔵島村	67.6
3	東京都小笠原村	46.1
4	長崎県宇久町	44.7
5	鹿児島県三島村	44.0
6	島根県知夫村	43.5
7	東京都利島村	42.0
8	鹿児島県瀬戸内町	41.9
9	鹿児島県大和村	41.2
10	鹿児島県十島村	40.3
11	東京都大島町	39.9

(2) 過疎地

	自治体名	出現率(%)
1	三重県紀和町	46.6
2	鹿児島県大浦町	41.5
3	奈良県上北山村	40.8
4	徳島県東祖谷山村	40.4
5	山梨県早川町	39.8
6	北海道泊村	39.8

(3) 大都市

	自治体名	出現率(%)
1	大阪府大阪市西成区	60.7
2	大阪府大阪市浪速区	52.2
3	大阪府大阪市中央区	46.5
4	兵庫県神戸市中央区	46.2
5	広島県広島市中区	43.2
6	東京都港区	42.6
7	兵庫県神戸市兵庫区	42.4
8	東京都豊島区	42.0
9	東京都新宿区	41.1
10	東京都渋谷区	40.4
11	福岡県福岡市博多区	40.4
12	福岡県福岡市中央区	40.3
13	愛知県名古屋市中区	39.9

2010年

(1) 島嶼

	自治体名	出現率(%)
1	東京都青ヶ島村	60.0
2	東京都御蔵島村	55.0
3	鹿児島県十島村	50.9
4	東京都小笠原村	49.2
5	東京都三宅村	47.4
6	鹿児島県三島村	45.6
7	鹿児島県大和村	43.1
8	鹿児島県瀬戸内町	42.9
9	東京都大島町	42.4
10	山口県上関町	42.0
11	沖縄県座間味村	41.5

(2) 過疎地

	自治体名	出現率(%)
1	鹿児島県宇検村	46.5
2	山梨県早川町	44.5
3	奈良県下北山村	44.2

(3) 大都市

	自治体名	出現率(%)
1	大阪府大阪市西成区	66.1
2	大阪府大阪市浪速区	59.0
3	兵庫県神戸市中央区	50.1
4	福岡県福岡市博多区	46.7
5	兵庫県神戸市兵庫区	46.2
6	福岡県福岡市中央区	45.9
7	東京都新宿区	45.2
8	大阪府大阪市中央区	44.7
9	東京都杉並区	44.6
10	東京都渋谷区	44.4
11	広島県広島市中区	44.1
12	東京都豊島区	43.6
13	愛知県名古屋市中区	43.4
14	大阪府大阪市北区	43.3
15	静岡県熱海市	43.1
16	大阪府大阪市東淀川区	41.3

そして熱海市で，合計16自治体となっている。大阪市と東京都23区内でのひとり暮らし高齢者の出現率が高い地域の増加が目につく。

　以上の1995年からの15年間の変化をみると，次のような特徴を指摘できるであろう。第1は，大都市においてひとり暮らし高齢者が急増していることである。図表1-1は，出現率の上位30位までの市区町村の範囲でみているが，この範囲をさらに40位まで広げると，次の都市が入ってくる。自治体名とひとり暮らし高齢者の出現率の順にあげると，札幌市中央区41.2%，大阪市住吉区41.2%，神戸市長田区40.7%，東京都中野区40.7%，東京都港区40.2%，大阪市淀川区40.1%，大阪市阿倍野区40.1%となる。31位から40位の間に都市が7つ含まれているのである［河合，2012b：7（表1）］。増加傾向にある大都市のひとり暮らし高齢者の実態把握が求められる。

　第2に，島嶼と過疎地については，ひとり暮らし高齢者の出現率の高い自治体が減少してきていることが見て取れる。2010年現在では，過疎地に含まれる自治体は3つのみとなっている。では，島嶼と過疎地ではひとり暮らし高齢者が少なくなっているといえるか。そうではない。この2つの地域においては，市町村合併が影響している。合併により高出現率の自治体そのものがなくなり，そして自治体の規模が大きくなることで出現率が平均化され，その結果，出現率が低くなるのである。例をあげよう。2000年の国勢調査時点まで全国2位であった長崎県高島町は，2005年1月，長崎市に編入合併された。2010年の長崎市のひとり暮らし高齢者の出現率は29.6%で，全市区町村中の順位は350番目となっている。旧高島町地域のひとり暮らし高齢者の現実はそれほど改善されたとはいいがたいが，合併によってひとり暮らし高齢者問題の比重は，数値だけをみると軽減されたかのようにみえる。自治体の規模が大きくなることによって，地区の問題は潜在化されることになる。

●孤立問題の実態

　以上の地域類型を前提に，ここでは大都市と過疎地の孤立問題の実態を筆者が関わってきた調査からみてみよう。なお，島嶼の実態は今後の課題としたい。
　ここで取り上げるデータは，本書第Ⅱ部の第1章と第3章でも紹介されてい

る東京都港区と山形県におけるひとり暮らし高齢者調査である。港区調査は，調査主体が港区政策創造研究所（所長は筆者）で，2011年に実施され，郵送による悉皆調査（有効回収数3947ケース，有効回収率69.8％）と訪問面接調査からなる。山形調査は，調査主体が山形県民生委員児童委員協議会であるが，調査の企画から報告書の作成まで山形県社会福祉協議会とともに筆者の研究室が協力した。調査の対象は山形県における実質ひとり暮らし高齢者で，20％の無作為抽出をした。調査は2011年に実施され，有効回収数は5160ケース，有効回収率は94.8％であった。[1]この2つの調査の概要については，本書の第1章と第3章に譲りたい。ここでは2つの調査のデータから，孤立問題が都市と地方とでどのように異なるのかを比較してみたい。

　前述のごとく，孤立状態にある者の本格的実態把握は，タウンゼントによるものが最初といえるであろう。彼の孤立の実態把握の方法的特徴は，対象者の親族，地域，友人そして専門家との接触頻度を1週間という単位で得点化したことにあった。筆者がこれまで行ってきた調査において重視してきたことは，タウンゼントのような得点化の方法よりは，むしろ孤立の測定指標の模索であり，またその指標に基づく量的把握であった。その指標とは①子ども，親戚との関係，②正月3が日の過ごし方，③近隣関係，④友人関係，⑤社会参加状況，⑥緊急時の支援状況である。そして，これらの指標について社会階層による相違を基軸に分析してきた。

　さて，ここで取り上げる調査は，前述のとおり，2011年時点の大都市を代表する港区と地方都市および町村を含む山形県の全市町村におけるひとり暮らし高齢者を対象にしたものである。特に山形調査は，町村の実態をみることができる貴重なものといえる。

　図表1-2は，港区と山形県における孤立の指標ごとの実数と構成割合を一覧にしたものである（無回答を除く）。山形県のデータは市部と町村部に分けて示した。ところが，この市部と町村部の数値を比較すると，指標すべてにわたって大きな差がみられないことがわかる。これについては，山形県下の市部もその市域に町村的性格の地域を含んでいることが，こうした特徴を作り出しているのではないかと筆者は推測している。以上のことから，ここでは，港区と山

図表1-2　港区と山形県における孤立に関する指標と数値

	港区		山形県市部		山形県町村部		山形県全体	
	実数	%	実数	%	実数	%	実数	%
(1) 子ども，親族とほとんど行き来がない	511	13.7	137	3.5	21	2.0	158	3.2
(2) 正月3が日一人で過ごした	1,283	33.4	1,056	26.8	276	26.3	1,332	26.7
(3) 近所づきあいがあまりない・まったくない	1,495	39.4	683	17.3	110	10.5	793	15.9
(4) 親しい友人・知人がいない	633	16.6	379	9.6	89	8.4	468	9.4
(5) 社会参加活動をしていない	1,658	46.8	1,592	41.2	393	38.4	1,985	40.6
(6) 緊急時の支援者いない	658	17.3	242	6.1	50	4.7	292	5.8

注：港区におけるひとり暮らし高齢者調査（2011年）と山形県におけるひとり暮らし高齢者調査（2011年）のデータより筆者が作成。
　　無回答を除く。

形県全体の数値を比較してみたい。それは，巨大都市と地方のひとり暮らし高齢者の実態比較ということになる。

　まず，全指標において港区の数値割合が高い。港区と山形県で大きな差がみられる項目は，「近所づきあいがあまりない・まったくない」で，港区が23.5ポイント多い。次いで「緊急時の支援者いない」において港区が11.5ポイント多く，また「子ども，親族とほとんど行き来がない」では，港区が10.5ポイント多い。以下，「親しい友人・知人がいない」で港区が7.2ポイント，「正月3が日一人で過ごした」で港区が7.1ポイント，「社会参加活動をしていない」で港区が6.2ポイント，それぞれ多くなっている。

　全体として，港区と山形県との間で一定の差がある項目は，近隣関係，緊急時の支援状況，子ども・親族との関係であり，それほど差がない項目は，友人関係，正月3が日の過ごし方，社会参加状況ということになる。注目したいのは，「子ども，親族とほとんど行き来がない」者は，港区で13.7％いるが，山形県ではわずかに3.2％である。山形県のひとり暮らし高齢者の親族関係は，港区よりも強固といえるであろう。ただし「正月3が日一人で過ごした」者は，港区が33.4％となっているが，山形県でも26.7％と高い割合を占めていることには注目したい。また「緊急時の支援者いない」者は，港区では17.3％である

が，山形県では5.8%となっている。

こうした孤立状況を生み出す要因をどのように考えたらよいのであろうか。筆者は，特に生活基盤の中核にある経済的状況，とりわけ収入を重視して実態把握を行ってきた。収入は社会階層を分類する基礎的指標である。まず，港区での年間収入の分布をみると（図表1-3），50万円未満が4.3%，100万円未満の合計が18.2%，150万円未満の合計が37.0%，200万円未満の合計が56.3%となっている。ほぼ生活保護基準程度である150万円未満のひとり暮らし高齢者が全体の4割程度を占めている。

図表1-3　港区におけるひとり暮らし高齢者の年間収入

	実数	%
50万円未満	148	4.3
50万円以上100万円未満	474	13.9
100万円以上150万円未満	641	18.8
150万円以上200万円未満	660	19.3
200万円以上400万円未満	1,004	29.4
400万円以上700万円未満	299	8.8
700万円以上1000万円未満	84	2.5
1000万円以上	104	3.0
合　計	3,414	100.0

出所：港区におけるひとり暮らし高齢者調査（2011年）。無回答を除く。

山形県における年間収入の分布については（図表1-4），50万円未満が9.7%，100万円未満の合計が28.8%，120万円未満の合計が44.1%，150万円未満の合計が56.6%となっている。年間収入50万円未満，すなわち月4万円程度の年金額で生活するひとり暮らし高齢者が1割程度いるのである。なお，山形県の生活保護基準を120万円程度として，それ以下の合計は4割半となる。

以上のように，生活保護基準以下の生活をしているひとり暮らし高齢者は，港区と山形県ともに4割程度となっている。他方，400万円以上の者は，港区で14.3%を占めるが，

図表1-4　山形県におけるひとり暮らし高齢者の年間収入

	実数	%
50万円未満	443	9.7
50万円以上100万円未満	874	19.1
100万円以上120万円未満	699	15.3
120万円以上150万円未満	572	12.5
150万円以上200万円未満	918	20.1
200万円以上400万円未満	989	21.6
400万円以上600万円未満	56	1.2
600万円以上	20	0.4
合　計	4,571	100.0

出所：山形県全市町村におけるひとり暮らし高齢者調査（2011年）。無回答を除く。

山形県では1.6%に過ぎない。このように年間収入については、大都市と地方の違いを超えて、低所得・貧困層が一定割合で分布していることを指摘しておきたい。さらに、港区におけるひとり暮らし高齢者の生活保護制度の捕捉率は20.7%、山形県のそれは5.2%であることを付け加えておこう。生活保護基準以下で生活保護を受給していないひとり暮らし高齢者の生活実態に目を向けたい。

さて、孤立状態にある人をどのように測定するか。筆者は、量的には抑えられた値になるであろうが、孤立状態であることを疑いなく承認できる指標として「病気や体の不調などの困った時にすぐ来てくれる人」がいない者の量を測定してきた。それが、「緊急時の支援者のいない」者である。その割合は、すでに述べたように港区で17.3%、山形県で5.8%であった。港区のひとり暮らし高齢者の2割弱、山形県のひとり暮らし高齢者の6％程度は明らかに孤立状態にあり、社会的対応が求められる層といってよい。筆者は、この層が孤立状態にある者のうちの一部であり、そして緊急的な対応を必要とするグループであるといいたい。

こうした孤立状態にあるといえる緊急時の支援者のいない者を、経済状況すなわち年間収入別に分析した。図表1-5は、港区調査の年間収入額を4つに区分したものと、緊急時の支援者の有無をクロス集計したものである。これによれば、年間収入が「150万円未満」と「150万円以上200万円未満」の人の割合は、緊急時の支援者が「いない」グループの方が高い。年間収入が「200万円

図表1-5　年間収入別緊急時の支援者の有無

年間収入（4区分）	支援者がいる		支援者がいない	
	実数	%	実数	%
150万円未満	973	35.6	249	42.4
150万円以上200万円未満	509	18.6	131	22.3
200万円以上400万円未満	827	30.2	151	25.7
400万円以上	425	15.5	56	9.5
合　計	2,734	100.0	587	100.0

注：無回答は集計から除外。χ^2値=24.949　自由度3　p=0.000*　*p<0.05
出所：港区調査

図表 1-6　「経済状況の苦しさ」因子得点平均の比較

緊急時の支援者の有無	平均値	実数	標準偏差
いる	-0.082	1,767	0.888
いない	0.375	380	0.928
合計	-0.001	2,147	0.912

出所：港区調査

以上400万円未満」と「400万円以上」の人の割合は，緊急時の支援者が「いる」グループの方が高い。全体的にみて，緊急時の支援者がいない人の方が収入が少ない傾向にあることがわかる。

また，因子分析によって抽出された「経済状況の不安定さ」を示す因子の得点の平均を，緊急時の支援者の有無別に集計したところ（図表1-6）[2]，緊急時の支援者が「いる」場合には，経済状況の不安定さを示す因子得点の平均は-0.082と低く，「いない」場合には0.375と高かった。緊急時の支援者のいないグループは，明らかに経済的に不安定であるといえる。

次に，山形県におけるひとり暮らし高齢者の経済状況と緊急時の支援者の有無との関係についてみてみよう。港区と同様に，年間収入と緊急時の支援者の有無をクロス集計したが，この2つの間には有意差がなかった。そこで経済状況の感じ方と緊急時の支援者の有無とのクロス集計を行ってみた。その結果が図表1-7である。経済的に「やや苦しい」と「かなり苦しい」の合計は，緊急

図表 1-7　経済状況の感じ方別緊急時の支援者の有無

経済状況についての意識	緊急時の支援者の有無			
	いる		いない	
	実数	％	実数	％
かなり余裕がある	44	1.0	4	1.5
やや余裕がある	427	9.4	20	7.3
余裕はないが生活していくには困らない	2,883	63.6	142	51.6
やや苦しい	880	19.4	64	23.3
かなり苦しい	301	6.6	45	16.4
合計	4,535	100.0	275	100.0

注：無回答は集計から除外。χ^2値=43.839　自由度4　p=0.000*　* $p<0.05$
出所：山形県調査

1　社会的孤立問題とは何か

時の支援者がいる者が26.0%，いない者が39.7%と13.7ポイントの差がある。経済的に苦しいと感じている者の方が，支援者がいない者の割合が高い。収入でみると，なぜ有意差がないのか。これは，都市での生活は現金ですべて賄わなければならないが，地方の場合，現金以外の生活手段の存在が生活内容を一定程度決めている側面があることが影響しているのではないかと考えられる。

また，緊急時の支援者が「いる」グループと「いない」グループのそれぞれについて，10項目の意識に関する調査項目の平均値を集計し，平均値の差の検定（t検定）を行った。

図表1-8は，意識の項目ごとに，緊急時の支援者が「いる」グループと「いない」グループのそれぞれの平均値と標準偏差，平均値の標準誤差を示したものである。2つのグループについて比較すると，「今のくらしに張り合いがある」

図表1-8　生活意識と緊急時の支援者の有無（グループ統計量）

	緊急時の支援者	実数	平均値	標準偏差	平均値の標準誤差
今のくらしに張り合いがある	いる いない	4,314 263	2.91 3.47	0.96 1.04	0.015 0.064
今のくらしにはストレスが多い	いる いない	4,289 262	3.28 3.05	1.065 1.167	0.016 0.072
生活は充実している	いる いない	4,292 259	2.84 3.39	0.958 1.007	0.015 0.063
生活していて不安や心配がある	いる いない	4,337 265	2.71 2.31	1.124 1.201	0.017 0.074
趣味をしている時間は楽しい	いる いない	3,982 234	2.27 2.65	1.094 1.224	0.017 0.080
友人との関係に満足している	いる いない	4,296 252	2.12 2.80	0.932 1.109	0.014 0.070
近所づきあいに満足している	いる いない	4,353 259	2.36 3.22	0.975 1.075	0.015 0.067
自分は頼りにされていると思う	いる いない	4,267 258	3.05 3.72	1.063 1.169	0.016 0.073
周囲から取り残されたように感じる	いる いない	4,266 255	3.78 3.19	0.921 1.179	0.014 0.074
将来の生活は安心できる	いる いない	4,346 261	3.23 3.81	1.022 1.077	0.016 0.067

出所：山形県調査

の平均値は,緊急時の支援者が「いる」場合には2.91で,「いない」場合の3.47よりも低い値であり,緊急時の支援者が「いる」グループの方が,くらしに張り合いがあると感じていることがわかる。同様に,「生活は充実している」,「趣味をしている時間は楽しい」,「友人との関係に満足している」,「近所づきあいに満足している」,「自分は頼りにされていると思う」,「将来の生活は安心できる」の6項目についても,緊急時の支援者が「いる」グループの方が平均値が低く,意識面で安定していることがわかる。

他方,「今のくらしにはストレスが多い」については,緊急時の支援者が「い

図表1-9 生活意識と緊急時の支援者の有無(独立サンプルの検定)

		等分散性のためのLeveneの検定		2つの母平均の差の検定						
		F値	有意確率	t値	自由度	有意確率(両側)	平均値の差	差の標準誤差	差の95%信頼区間	
									下限	上限
今のくらしに張り合いがある	等分散を仮定する。	15.256	0.000	-9.142	4575	0.000	-0.560	0.061	-0.680	-0.440
	等分散を仮定しない。			-8.512	289.844	0.000	-0.560	0.066	-0.690	-0.431
今のくらしにはストレスが多い	等分散を仮定する。	0.447	0.504	3.271	4549	0.001	0.223	0.068	0.089	0.356
	等分散を仮定しない。			3.016	288.180	0.003	0.223	0.074	0.077	0.368
生活は充実している	等分散を仮定する。	4.294	0.038	-8.875	4549	0.000	-0.546	0.061	-0.666	-0.425
	等分散を仮定しない。			-8.491	286.900	0.000	-0.546	0.064	-0.672	-0.419
生活していて不安や心配がある	等分散を仮定する。	0.521	0.471	5.610	4600	0.000	0.401	0.071	0.261	0.540
	等分散を仮定しない。			5.290	292.960	0.000	0.401	0.076	0.252	0.550
趣味をしている時間は楽しい	等分散を仮定する。	11.688	0.001	-5.184	4214	0.000	-0.384	0.074	-0.529	-0.239
	等分散を仮定しない。			-4.691	255.343	0.000	-0.384	0.082	-0.545	-0.223
友人との関係に満足している	等分散を仮定する。	27.708	0.000	-11.010	4546	0.000	-0.673	0.061	-0.793	-0.553
	等分散を仮定しない。			-9.438	272.216	0.000	-0.673	0.071	-0.813	-0.532
近所づきあいに満足している	等分散を仮定する。	3.339	0.068	-13.650	4610	0.000	-0.856	0.063	-0.979	-0.733
	等分散を仮定しない。			-12.524	283.866	0.000	-0.856	0.068	-0.991	-0.722
自分は頼りにされていると思う	等分散を仮定する。	18.779	0.000	-9.906	4523	0.000	-0.679	0.069	-0.813	-0.545
	等分散を仮定しない。			-9.100	283.259	0.000	-0.679	0.075	-0.826	-0.532
周囲から取り残されたように感じる	等分散を仮定する。	32.733	0.000	9.863	4519	0.000	0.596	0.060	0.477	0.714
	等分散を仮定しない。			7.929	272.844	0.000	0.596	0.075	0.448	0.744
将来の生活は安心できる	等分散を仮定する。	2.160	0.142	-8.904	4605	0.000	-0.582	0.065	-0.710	-0.454
	等分散を仮定しない。			-8.496	288.800	0.000	-0.582	0.068	-0.716	-0.447

出所:山形県調査

る」グループの平均値は3.28,「いない」グループは3.05で,「いる」グループの方が高く,ストレスが少ないと感じていることがわかる。同様に,「生活していて不安や心配がある」,「周囲から取り残されたように感じる」の2項目についても,緊急時の支援者が「いる」グループの方が平均値が高く,安定している傾向にあることがわかる。t検定の結果についても(図表1-9),有意確率はすべての項目において0.05を下回り,統計的に有意である。また,ノンパラメトリック検定(Mann-Whitney検定)についても有意差が認められた［山形県民生委員児童委員協議会,2012：124-126］。

以上,緊急時の支援者のいない者の意識や生活行動も含めて,その実態をみてきたが,こうした明らかに孤立している者については,その実態の把握を行い,それに基づいた社会的方策を打ち出すことが緊急に求められているといえよう。

③ 社会的孤立問題をめぐる論点

社会的孤立問題を解決するためには何が必要か。この点に関わるいくつかの論点について整理しておきたい。

●家族,生活基盤,地域と孤立問題

孤立問題が起こる背景として,まずあげられるのが,家族ネットワークの希薄化である。家族については,世帯構造が大きく変化してきている。65歳以上の高齢者のいる世帯は,2009年では2013万世帯で,全世帯の41.9％を占めている。高齢者世帯の構造をみると,1980年には3世代世帯の割合が最も高く,50.1％であったが,2009年には17.5％まで減少し,夫婦のみ世帯が29.8％と3割近くを占めている。夫婦のみ世帯と単独世帯をあわせた割合は,1980年には26.9％(夫婦のみ世帯16.2％,単独世帯10.7％)であったが,2009年には52.8％(夫婦のみ世帯29.8％,単独世帯23.0％)と半数を超えた。

こうした世帯構造の変化のなかで,別居している親族,とりわけ子どもとのネットワークのあり方が問われている。親族との関係の度合いは地域によって

異なるであろうが，親族との交流の程度が少なくなってきている。ひとり暮らし高齢者を対象とした調査では，親族関係をみる1つの指標として「お正月3が日の過ごし方」を設問としておいている。お正月は親族とのつながりが深い時期である。その間，ひとりで過ごした者の量を測定した。2011年の港区と山形県でのひとり暮らし高齢者調査結果では，港区調査でお正月3が日を一人で過ごした者は33.4％，山形県では26.7％であった。

　日本の社会保障・社会福祉は，家族扶養や家族からの援助を期待した政策展開が繰り返されているが，いまやそうした政策を展開する基盤が揺らいでいるのではないか。かつて「自助」を強要する「家庭基盤」充実が政策的に強調されたこともあったが，そうではなく，真に家族の愛情に支えられたネットワークをどのように強固にできるのかが問われなければならない。家族ネットワーク再生のための社会的基盤のあり方が問われているのではないだろうか。この社会的基盤の構成要素として重要なものは，各家庭の生活が安定しているかどうか，すなわち生活基盤の問題がある。2010年夏の所在不明高齢者問題で問われたことは，子ども世代の生活困窮であった。子ども世代の生活基盤が脆弱であるが故に，親の年金に頼って暮らさざるをえない現実が明らかになった。このことを重く受け止めなくてはならない。ここには，生涯の中での生活と労働の安定をどのように確保するかという課題があるといえよう。

　また，孤立問題が起こる背景として，さらに地域ネットワークの脆弱化がいわれている。孤立死が発生するのも，地域のつながりの希薄化が関係しているとされ，地域住民による見守り活動，支え合い活動が注目されている。確かに，住民による見守り・支え合い活動の方向性の探求は重要な課題であり，実際にいろいろな取り組みが全国に広がっていることは評価されなければならない。

　他方，地域のつながりがなぜ希薄化したのかの分析を，大きな視点で行う必要がある。住民生活はそれぞれの地域社会の特性に大きく規定されている。戦後の歩みのなかで，日本の地域社会は大きな変化をしてきた。地域格差と都市問題の深刻さの故に，〈希望するところに住み続けられる条件〉はよくない。地域社会の不安定性が住民の移動を強制する面があるといえよう［河合，2007：156］。都市中心部では地域経済が空洞化し生活条件が悪化している。他方，過

疎地域は国土の57%，市町村数の45%を占め［総務省，2011：2］，それらの地域では集落の消滅が続き，高齢化が都市部を上回って進行している。

　地域住民のつながりの基礎条件そのものが脆弱化してきているのであり，その意味では地域づくり，まちづくりを伴った孤立問題解決の取り組みが必須であろう。地域経済の再生を含めた地域づくり，まちづくりの視点が必要である。

◉福祉政策が見落としてきたもの

　孤立死が頻発している背景に，政策の方向性が関係していることを，最後に指摘しておきたい。

　2000年にスタートした介護保険制度，そして同年に施行された社会福祉法は，わが国の社会福祉制度を大きく変化させてきた。その変化の内容は，保険主義が強くなり，社会福祉制度が縮小されてきていることである。介護保険制度と社会福祉法はともに，政策理念として「サービスの普遍化」を掲げたが，この「普遍化」の中身は，国民のすべてがサービスを自由に利用できるようにするというものである。それまでの措置制度は，行政が所得と家族条件で利用を制限してきたとして，措置制度から契約制度に移行させるとした。すなわち，国民の側が主体的にサービスを選択し，利用契約をサービス事業者と締結するシステムが中心に据えられたのである。

　こうしたシステムは，孤立状態に陥っている人々，問題を抱えつつも「助けてと言えない」人々［NHKクローズアップ現代取材班編著，2010］，自分が抱えている問題が何であるのかがわからず，制度の情報ももたない，あるいは制度を利用することなど思いつきもしない人々の存在を見落としてきている。

　また，制度そのものが対象を狭めて，問題を抱えている人々をみないということもある。その典型が高齢者福祉分野である。介護保険制度のサービスを利用している人は，65歳以上高齢者の1割強である。介護サービスを利用している高齢者の問題が，高齢者が抱えている問題のすべてではない［河合，2012a：155-156］。孤立死に至る高齢者が直面する生活上の諸問題のうち，介護問題が占める割合はきわめて少ないのである。

　制度が切り取る対象の問題だけをみていては，地域で孤立し潜在化している

問題を把握することはできないであろう。いま，声をあげない住民へのアウトリーチのシステムが地方自治体によって作り出されてきている。この間の福祉政策が見落としてきたものを見つめ直す試みが始まっている。

1) 2つの調査の報告書は次のとおり。
『港区におけるひとり暮らし高齢者の生活と意識に関する調査報告書』2012年，港区政策創造研究所，『山形県におけるひとり暮らし高齢者の生活と意識に関する調査報告書』2012年，山形県民生委員児童委員協議会。
2) 因子分析に用いた変数は，次の18項目である。
Q8 健康状態，Q25 近所づきあいの程度，Q33（1）外出頻度，Q34 外出時の会話の程度，Q37（1）今のくらしには張り合いがある，Q37（2）今のくらしにはストレスが多い，Q37（3）生活は充実している，Q37（4）生活していて不安や心配がある，Q37（5）趣味をしている時間は楽しい，Q37（6）友人との関係に満足している，Q37（7）近所づきあいに満足している，Q37（8）自分は頼りにされていると思う，Q37（9）周囲から取り残されたように感じる，Q37（10）将来の生活は安心できる，Q38 年間収入，Q39 預貯金額，Q41 経済状況の感じ方，Q14 買物の頻度
以上を変数として探索的因子分析（最尤法，プロマックス回転）を行ったところ，5つの因子を抽出することができた。第1因子は「生活の満足」，第2因子は「経済状況の苦しさ」，第3因子は「人間関係（コミュニケーション）」，第4因子は「不安・ストレス」，第5因子は「外出・買い物の頻度」と解釈することができる。詳しくは，『港区におけるひとり暮らし高齢者の生活と意識に関する調査報告書』2012年，港区政策創造研究所，110-112頁を参照していただきたい。

【引用・参考文献】
NHKクローズアップ現代取材班編著［2010］『助けてと言えない―いま30代に何が』文藝春秋
エンゲルス/浜林正夫訳［2000］『イギリスにおける労働者階級の状態（上）』新日本出版社
河合克義［2007］「地域福祉」真田是・宮田和明・加藤薗子・河合克義編『図説日本の社会福祉〔第2版〕』法律文化社
河合克義［2009］『大都市のひとり暮らし高齢者と社会的孤立』法律文化社
河合克義編著［2012a］『福祉論研究の地平―論点と再構築』法律文化社
河合克義［2012b］「独居高齢者の現状および生活実態と課題」『公衆衛生』vol.76，No.9，医学書院
総務省自治行政局過疎対策室［2011］「2010年度版『過疎対策の現況』について（概要版）」
港区政策創造研究所［2012］『港区におけるひとり暮らし高齢者の生活と意識に関する調査報告書』
山形県民生委員児童委員協議会［2012］『山形県におけるひとり暮らし高齢者の生活と

意識に関する調査報告書』
Peter Townsend [1957] *The Family Life of Old People : An Inquiry In East London*, Routledge and Kegan Paul. (山室周平監訳 [1974] 『居宅老人の生活と親族網──戦後東ロンドンにおける実証的研究』垣内出版)

2 孤独死の実態と社会的孤立

新井康友（中部学院大学）

●はじめに

　1995年1月17日の阪神・淡路大震災後，仮設住宅や災害復興公営住宅での孤独死が社会問題となった。

　兵庫県警によると，阪神・淡路大震災の被災者らが住む災害復興公営住宅で2011年末までに誰にも看とられずに亡くなった独居の孤独死は累計717人になり，仮設住宅の孤独死233人を合わせると全部で950人に達した。このような現状のなかでも地元神戸を除く世間一般では，孤独死への関心は薄らいでいったように感じる。

　今日のように孤独死問題が一般市民にも共通の問題であることを認識させたのは，NHKの特集番組と『東京新聞』の連載記事である。NHKは2005年9月24日にNHKスペシャル「ひとり団地の一室で」を放映し，『東京新聞』が2006年5月より特集「孤独死を追う」を長期連載したことをきっかけに，孤独死問題は再び社会問題として浮上した。そして，2010年1月31日に放映したNHKスペシャル「無縁社会〜"無縁死" 3万2千人の衝撃〜」では，ひとり孤独に亡くなり引き取り手もない死（無縁死）に視聴者は衝撃を受けた。加えて，2010年夏には高齢者の所在不明問題が相次いで発覚し，地域社会のなかでの孤立が注目された。

　さらに，2012年に入って全国各地で孤独死が連続して起き，「なぜ孤独死が防げなかったのか」とマスコミ等でも報道された（図表2-1）。孤独死とは，これまで「ひとり暮らしの者が誰にも看とられずに死亡すること」と思われがちであったが，今回の8件の孤独死事例の特徴は，すべての事例において単身世帯ではなく，同居家族がいたことである。つまり，孤独死は単身世帯だけの問題ではなく，世帯類型を問わず誰にでも起こる可能性がある問題といえる。

図表 2-1　2012年1〜3月の孤独死一覧

1	1月	北海道札幌市	姉（42歳）が病死，知的障害のある妹（40歳）が凍死。
2		北海道釧路市	認知症の夫（84歳）と妻（72歳）が孤独死。
3	2月	埼玉県さいたま市	30代の息子と同居していた60代の夫婦の3人が餓死。
4		東京都台東区	父親（90歳）と娘（63歳）が孤独死。
5		東京都立川市	母親（45歳）が病死し，知的障害のある息子（4歳）が衰弱死。
6	3月	東京都立川市	娘（63歳）が死亡し，認知症の母親（95歳）が衰弱死。
7		東京都足立区	内縁関係にあった70代の男性と80代の女性が孤独死。
8		埼玉県川口市	母親（92歳）と息子（64歳）が孤独死。

　上記のとおり，孤独死問題は，わが国にとって切実なる社会問題である。しかし現在，孤独死，孤立死などの言葉が錯綜しており，定義も定かではない。そこで本章では，まず孤独死などの定義を整理し紹介する。そして，孤独死発生件数の実態と孤独死事例からその対策の一例を紹介する。最後に，孤独死の何が問題か，孤独死問題の本質を述べたい。

1 孤独死の定義の整理

　2008年に改訂された『広辞苑〔第6版〕』では，新語として孤独死が追加され，「看取る人もなく一人きりで死ぬこと」と説明されている。『広辞苑』に掲載されたということは，孤独死という言葉が日本語として定着した証しである。しかし，孤独死は一般的に使用されている言葉であるが，まだ統一された定義はない。現在，孤独死の定義に関しては，さまざまな立場の者が異なる定義を提唱している。そして，孤独死に類似する言葉として，孤立死，独居死などがあり，それぞれ異なる定義づけがされている。ここでは，まず図表2-2のとおり，孤独死などの言葉の定義について一定の整理を行った。それぞれの定義の内容をみると，①単身世帯に限定するか，それとも世帯類型を問わないか，②社会的に孤立した状態を要件にするかどうか，③孤独死などに自死（自殺）を含めるかどうか，④死後，発見されるまでの期間を要件に含めるかどうか，の4つのカテゴリーで構成されている。本節では，それぞれの定義のカテゴリーから，

図表 2-2　孤独死・独居死・孤立死の定義

提唱者	名称	定義
東京新聞	孤独死	ひとり暮らしをしていて、誰にも看とられずに自宅で亡くなった場合。
額田勲	孤独死	①ひとり暮らしの被災者が仮設住宅内で誰にも看とられずに死亡し、事後に警察の検死の対象となる異常死体。 ②低所得で、慢性疾患に罹病していて、完全に社会的に孤立した人間が、劣悪な住居もしくは周辺領域で、病死および自死に至った場合。
	独居死	ひとり暮らしであっても肉親や社会との交流のある人が、心臓発作などによって誰にも看とられず突然死すること。
新宿区	孤独死	「2週間に1度以上、見守りがない独居、または高齢者のみの世帯」とし、死後の発見が遅れても「介護保険や行政サービスを利用していた」、「通院していた」、「家族ら他者と一定の接触があった」、「自殺」などのケースは孤独死に含まない。
都市再生機構	孤独死	【旧定義】「病死又は変死」事故の一態様で、死亡時に単身居住している賃借人が、誰にも看とられることなく、賃貸住宅内で死亡した事故をいい、自殺および他殺は除く。 【新定義】上記の定義に「相当期間（1週間）を超えて発見されなかった事故」を要件に加えた。
厚生労働省	孤立死	社会から「孤立」した結果、死後、長期間放置されるような死。

孤独死の定義の提唱者が孤独死問題をどのように捉えているかを明らかにする。

(1)『東京新聞』による孤独死の定義

『東京新聞』が使用している孤独死の定義は、阪神・淡路大震災時に多くのマスコミ等が使用していた定義である[2]。単身世帯に限定しているが、自殺や社会的孤立の状況については触れられていない。また、死後、発見されるまでの期間についても要件に入れていない。

しかし最近になって、『東京新聞』は孤独死という言葉は、語感として「独り暮らし」「独りぼっち」のイメージと結び付くと指摘している。それに対し、2012年に入って起きた孤独死（図表2-1）のように、同居の家族も一緒に地域から孤立して亡くなる場合、『東京新聞』は孤独死というより孤立死の方が問題がよりわかりやすいとした。そのため、死亡した者の世帯類型や生前の社会

的孤立の状況によって，孤独死と孤立死の言葉を区別して使い始めた。[3]

(2) 額田勲による孤独死と独居死の定義

　額田勲は，阪神・淡路大震災発生から約7カ月後，約1700戸が並ぶ神戸市西区の仮設住宅にプレハブの仮設診療所「クリニック希望」を開設した。額田は仮設住宅で暮らす住民への診療活動を通して，孤独死と向き合ってきた。額田はその経験から，孤独死と独居死を区別して定義づけた。

　額田がいう孤独死の定義の特徴は，自死（自殺）を孤独死の定義に含んでいる点である。そして，「孤独死は緩慢な自殺」と指摘している。また，額田は孤独死の定義に社会的に孤立した状態も要件に入れている［額田, 1999］。一方，独居死の定義は，世帯類型は問わず，生前に肉親や社会との交流があり，社会的孤立の状態ではなく，偶然，誰にも看とられずに突然死した場合としている。つまり，額田は生前が社会的に孤立した状況にあったかどうかに着目している。

(3) 新宿区による孤独死の定義

　新宿区には，『東京新聞』の特集「孤独死を追う」の舞台にもなった都営住宅である戸山団地がある。戸山団地の一部は高齢化率がすでに50％を超え，孤独死に関して深刻な事態に陥っている。

　新宿区の孤独死の定義では，単身世帯または高齢夫婦世帯とし，息子や娘との同居世帯は除外されている。そして，死亡した者が生前，社会的孤立した状態でなければ，死後たまたましばらく発見されないとしても必ずしも孤独死といえず，逆に，生前が社会的孤立した状態であれば，死亡後1週間程度の発見であっても孤独死とすべき場合もあるとしている［厚生労働省, 2007］。しかし，新宿区は，介護保険や行政サービス，病院等に通院していることだけで，社会的孤立はしていないと判断しており，いささか疑問を感じる。

(4) 都市再生機構による孤独死の定義

　都市再生機構（UR都市機構）は，全国に約1800団地，約77万戸の賃貸住宅を管理している。都市再生機構の孤独死の定義としては，誰にも看とられずに

死亡した単身者に限定し，自殺や他殺の場合は孤独死から除外している。そして，2011年10月に，これまでの孤独死の定義に，「相当期間（1週間）を超えて発見されなかった事故」という死後から発見までの期間を要件に加えた。都市再生機構は，この1週間の根拠として「家族で連絡を取ったり，クラブ活動に参加する基本サイクルがおおむね1週間と考えられる」と説明している。死後経過は，警察の遺体解剖による死亡推定日時や，遺族からのヒアリングなどを参考にするとしている。[4] しかし，元東京都監察医務院長である上野正彦は，本来，監察医は死体所見そのもの，腐敗の程度から死亡日を推定すべきであるが，実際は死者が生前にスーパー等で買い物した領収書の日付などの生前の痕跡を参考に死亡日を推定していると指摘している。さらに上野は，法医学はその人の死亡時間を現場から遡って正確にいいあてることができないとも指摘している［上野，2010］。

　つまり，発見時の死後経過の期間については曖昧さが残る。そもそも都市再生機構が示した1週間とする根拠も曖昧である。そして，孤独死の定義に「1週間を超えて発見されなかった事故」を要件に加えることで，都市再生機構の賃貸住宅における孤独死件数が大幅に減少することになる。孤独死問題に関しては，実際は何も変わっていないにもかかわらず，孤独死予防対策が前進したかのような誤解を招き，社会問題となってきた孤独死問題が再び水面下に隠れる可能性がある。

(5)厚生労働省による孤立死の定義

　厚生労働省は，一般的に使用されている孤独死ではなく，孤立死という言葉を使用し，「社会から『孤立』した結果，死後，長期間放置されるような死」と定義づけている。その理由として，ひとり暮らしでなくても高齢者夫婦のみの世帯や，親と子どもとの同居世帯など，社会的に孤立した状態の人々をも対象に含め，幅広い世帯を対象にしているからである［NHK&佐々木，2007］。つまり，2012年1月から連続して起きた孤独死（図表2-1）は，厚生労働省の定義では孤立死に該当するといえる。しかし，厚生労働省の定義の「長期間」という言葉が曖昧であり，どれくらいの期間を示しているのか解釈がむずかしい。

2 孤独死の実態

●身近な孤独死

　内閣府が全国の60歳以上の高齢者に行った「孤独死に関する意識調査」[5]では，孤独死を身近に感じる高齢者は全体の42.9%であった。世帯類型別では，夫婦2人世帯では44.3%であったが，単身世帯では64.7%の者が孤独死を身近に感じていた。また，健康状態がよくない者の49.1%，生きがいを感じていない者の50.0%が孤独死を身近に感じていた。そして都市規模では，大都市が46.7%で，中都市45.1%，小都市39.2%，町村36.4%で，都市部に居住している者ほど孤独死を身近に感じているとわかった。

　上記の調査結果から，今日，高齢者の約6割は孤独死を身近に感じていないものの，孤独死は身近な問題であり，他人事ではないと考えている者も約4割いることがわかった。ここで大切なことは，地域住民が孤独死を身近な問題と感じることではなく，孤独死を身近に感じなくても孤独死対策に取り組むことである。そして，孤独死を高齢者個人の問題ではなく，地域住民全体の問題と捉え，解決策を探ることが重要である。

●東京都監察医務院の孤独死統計

　わが国には監察医制度という死因究明制度があり，東京都23区，大阪市，神戸市（北区・西区は除く），名古屋市，横浜市で運用されている。監察医制度がある地域では，すべての異状死（外因死，外因の後遺症，内因か外因か不明な死亡の事例）について，死体の検案（医師が死体の外表を検査し死因等を判定すること）および解剖を行い，その死因究明を行っている。一方，監察医制度がない地域では，所轄警察署の嘱託を受けた医師（警察医）が検案を行っている。

　東京都には東京都監察医務院があり，東京都23区を担当している。東京都監察医務院は毎年，「事業概要」として監察医が行った検案件数を公表している。

　現在，わが国では孤独死の実態把握ができておらず，孤独死統計がない。そこで，異状死と孤独死の定義は厳密には違うかもしれないが，孤独死の実態把

図表2-3　自宅で死亡した65歳以上のひとり暮らし高齢者の検案件数

(件数) 1989:433 90:722 91:574 92:606 93:690 94:775 95:872 96:818 97:902 98:1051 99:1243 2000:1219 01:1325 02:1364 03:1451 04:1669 05:1860 06:1892 07:2361 08:2211 09:2194 10:2913 (年)

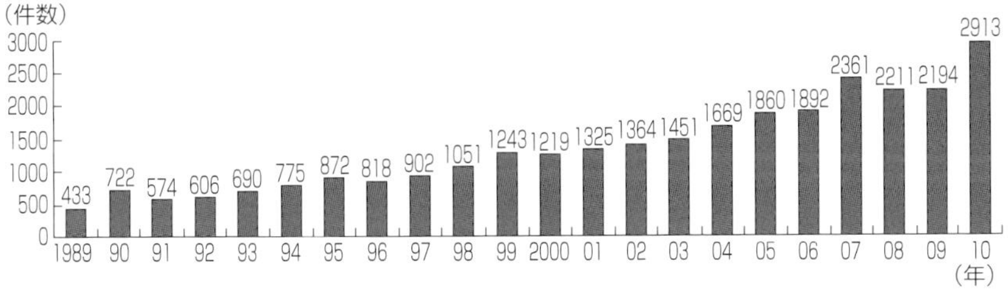

出所：東京都監察医務院『事業概要』（各年版）のデータをもとに筆者作成。

握の方法として，東京都監察医務院が公表している「事業概要」に掲載されている「自宅で死亡した一人暮らし高齢者の検案件数」を参考にすることができる。「事業概要」によると，「自宅で死亡した一人暮らし高齢者の検案件数」は，1989年から2009年までの21年間で，約5倍にも増加している。特に2010年の「自宅で死亡した一人暮らし高齢者の検案件数」は2913件で，前年比約30％増になっている（図表2-3）。一方，国勢調査によると，東京都23区における65歳以上の高齢単身世帯数は，1990年は14万9575世帯であったものが2010年には45万9968世帯に増加し，約3倍になっている。つまり，高齢単身世帯数も増加しているが，それ以上に高齢単身者の検案数が増加している。今後も高齢単身世帯数が増加していく以上に，高齢単身者の検案数が増加することが推測できる。

●都市再生機構における孤独死の発生状況

　都市再生機構が管理している賃貸住宅における孤独死の発生件数は，1999年から2009年までの間に約3.2倍になっている。そのうち，65歳以上の孤独死発生件数は約5倍にもなっている。先述のとおり，都市再生機構は孤独死の定義の見直しを行い，これまでの定義に「相当期間（1週間）を超えて発見されなかった事故」を要件に加えたことにより，孤独死の発生件数は大幅に減少した。2009年の孤独死の発生件数は，旧定義では665件（65歳以上の者は472件）であったが，定義見直し後の新定義で再集計すると169件（同112件）に激減した。2010年度は新定義のみで集計され，184件（同132件）であった（図表2-4）。

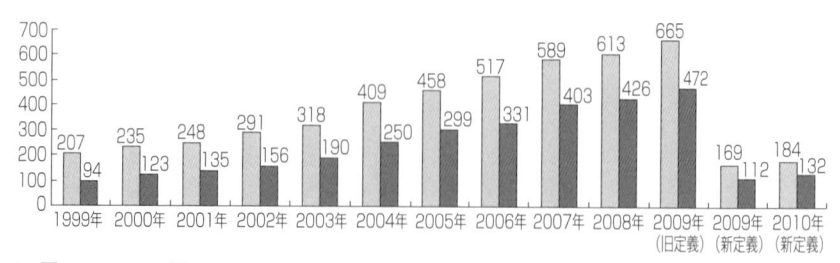

図表2-4 都市再生機構の孤独死発生件数

年	孤独死の総数	65歳以上の者の孤独死
1999年	207	94
2000年	235	123
2001年	248	135
2002年	291	156
2003年	318	190
2004年	409	250
2005年	458	299
2006年	517	331
2007年	589	403
2008年	613	426
2009年（旧定義）	665	472
2009年（新定義）	169	112
2010年（新定義）	184	132

注：■孤独死の総数　■孤独死総数のうち65歳以上の者の孤独死
出所：内閣府『平成23年版　高齢社会白書』と『東京新聞』2011年12月28日付（朝刊）のデータをもとに筆者作成。

③ 孤独死事例とその予防対策

　本節では，A県Bニュータウンの I 台の分譲団地（公団）で2010年5月下旬から6月下旬までの間に，立て続けに起きた3件の孤独死事例について分析する。そして，今回の3件の孤独死事例からその対策についても考察する。
　今回，孤独死事例に関する情報提供について，自治会役員へ研究の趣旨と内容について文書で説明し，調査への協力は任意であること，プライバシーの保護ならびに個人を特定できるようなデータの公表をしないこと，研究目的以外にデータを使用しないことを文書で伝えて，調査への同意を得た。

【事例1】

性別：男性　　年齢：80代後半　　発見者：娘　　発見場所：浴槽内
死因：脳血管疾患　　発見までの日数：1日　　慢性疾患の有無：不明
サービスの利用状況：不明　　地域との関わり：なし
経済状況：年金生活　　居住年数：約5年
発見までの経緯：主は，5年前に市外から I 台の分譲団地（公団）の1階に転居してきた。娘はその真上の2階に住んでいた。娘は独身で昼間働いており，主は昼間ひとりで過ごしていた。食事は娘が用意し，朝食・夕食は一緒に食べていた。
　主は耳が聞こえにくいため，老人クラブなどの社会活動にはまったく参加してい

なかった。しかし，時折，団地の前のベンチに腰をかけて，日向ぼっこをしながら，同じ団地の住民と話していた。
　ある朝，娘が朝食を届けに行った際，居間に主がないので，部屋を探し，浴槽内で死亡しているのを発見した。

【考　察】

　本事例は，額田の定義を用いると，孤独死というよりも独居死である。主は耳が聞こえにくいため，老人クラブなどの社会活動に参加はしていなかったが，近隣住民との関わりもあり，家族関係も良好であった。けっして社会的孤立したはての死ではないといえる。

　本事例のような独居死を防止するには，孤独死予防対策を検討する必要がある。日本人は風呂好きで，熱めの風呂に浸かることを好む者が多く，入浴中の死亡事故が多い。監察医によると，入浴中に溺死する者が年間1万人以上いるという。交通事故死は年間約5000件（2009年は4914件）なので，交通事故死の約2倍である［高木，2010］。入浴は急激な温度変化にさらされることで血圧が急上昇，急降下する「ヒートショック」の危険性も高く，入浴中の突然死を防ぐためにも定期的に健康診断を受け，健康管理に注意をしておく必要がある。そして，体調不良の場合は入浴しないように心掛けることで，独居死の予防にもつながる。

【事例2】

性別：男性　　年齢：70代後半　　発見者：息子　　発見場所：トイレの前
死因：病死　　発見までの日数：7日　　慢性疾患の有無：不明
リーゼスの利用状況：不明
地域との関わり：近隣住民と挨拶する程度。老人クラブなどの参加はなし
経済状況：年金生活　　居住年数：約40年
発見までの経緯：主はBニュータウンの街開きの頃に入居してきた。しっかりした近所付き合いはなかったが，近所の住民とは挨拶をする程度であった。老人クラブ等の社会活動への参加は拒否して，まったく参加していなかった。
　市外に住む息子が主に宅配便を送っても届かないことを不審に思い，主の家を訪

問した。しかし鍵がかかっており，入室できないので，近くの警察署に連絡し，警察官と一緒に入室した。主がトイレの前で死亡しているのを発見した。死後1週間経過していた。

【考　察】

　本事例は，主の生前の生活状況が把握できず，額田の定義による孤独死か，独居死かの判断はむずかしい。本事例は，息子が主に宅配便を送っても届かず，不審に思ったことが孤独死の発見につながったが，息子が主へ宅配便を送らなければ，もっと発見が遅れた可能性がある。近隣住民と挨拶をする程度では，姿を見かけないからといって，誰かが自治会役員や民生委員，警察等に連絡して，主の部屋へ入室する可能性は低い。このような場合，室内で異変が起きていることを室外の者に発信すれば，誰かが自治会役員や民生委員，警察等に連絡して，入室してもらえる可能性はある[6]。

　本事例のような場合，孤独死を早期に発見する仕組みを作る必要がある。見守る側・見守られる側に負担をかけない情報受発信の仕組みとして参考になるのが，京都市下京区亀屋町の地区住民の取り組みである。同地区の全世帯は毎朝，造花のバラを玄関にかかげ，夜にしまい込むことを申し合わせている。バラの有無を住民同士が確認し，住民の異常をいち早く察知できるようにしている[7]。

　また，主は自宅に引きこもっていたわけではないが，老人クラブ等の社会活動には参加していなかった。孤独死予防のためには，生前の孤立予防の取り組みが重要であるが，その特効薬の活動はない。そのため，地域社会のなかにさまざまな種類の居場所作りをし，好みにあった居場所を選べる必要がある。現在，孤立予防の活動の広がりをみせているのが生活協同組合の取り組みである。その1つに西成医療生活協同組合の「モーニング班会」の活動がある［竹中，2011］。「モーニング班会」とは，高齢者が気軽に集まり，食事をしながらおしゃべりをする居場所である。そして，時には健康チェックもしている。西成医療生活協同組合は介護保険事業も運営しているので，いざというときには，医療だけではなく，介護保険制度に関する情報提供もしている。「モーニング班会」

を通して，地域の高齢者のつながりを広げている。

【事例3】

性別：男性　　年齢：70代後半　　発見者：民生委員　　発見場所：不明
死因：不明　　発見までの日数：3日　　慢性疾患の有無：不明
サービスの利用状況：不明　　地域との関わり：民生委員の見守り活動あり
経済状況：年金生活　　居住年数：約40年
発見までの経緯：主は近所付き合いがまったくなかった。老人クラブ等の社会活動にもまったく参加をしていなかった。時折，民生委員の見守り活動が行われていた。しかし，主は民生委員の見守り活動を拒否し，扉を開けることはなかった。主はいつもドア越しに関わりを拒否した。そのため，居室内の様子を確認することもなく，主の生活状況の把握はできなかった。
　ある日，民生委員が主の家を訪問すると，いつもの見守り活動の拒否がないことを不審に思い，警察に連絡し，警察官立ち会いのもと入室すると，居間で死亡しているのを発見した。死後3日経過していた。

【考　察】

本事例は，社会的孤立したはての死，いわゆる「社会的孤立死」といえる。事例分析の視点として，孤立死した現象だけにとらわれるのではなく，生前の生活状況に注目する必要がある。

本事例では，生前から民生委員による見守り活動が行われていた。しかし，地域包括支援センターや福祉事務所等の公的機関がどれだけ関与していたかは明らかではない。本事例のような援助拒否の場合，民生委員だけでは限界があり，見守り活動などの援助拒否や社会的孤立状態は改善されがたい。また，援助拒否の高齢者へのアプローチはむずかしく，生活状態も容易に改善されない。だからこそ，地域包括支援センターや福祉事務所の専門家による長期間に及ぶアプローチが必要になる。

援助拒否事例は介護保険制度施行以前からもあり，当時は福祉事務所のケースワーカーや公務員ヘルパーが援助していた。たとえば東京都世田谷区では，公務員ヘルパーが援助拒否の高齢者への援助方法論を深め，生活状況の改善に至った実績がある［世田谷対人援助研究会，1999］。地域住民や民生委員だけに頼

るのではなく，専門家による援助体制を整える必要がある．

4 孤独死問題の本質とは何か

●これが孤独死の問題なのか

　厚生労働省も2007年度に「孤立死防止推進事業（孤立死ゼロ・プロジェクト）」を実施した．この事業は，都市部を中心に，地域から孤立した高齢者や単身高齢者の死亡が増加したことから，高齢者の孤立死を防止する観点から，国・地方自治体等が主体となって総合的な取り組みを推進することを目的とした．そして，厚生労働省は「高齢者等が一人でも安心して暮らせるコミュニティづくり推進会議（「孤立死」ゼロを目指して）」を立ち上げ，同会議は2007年8月28日に始まり計4回開催され，2008年3月に『高齢者等が一人でも安心して暮らせるコミュニティづくり推進会議─報告書─』が作成された．

　この報告書で，社会問題としての孤立死を，①支援を望まない単身者の増加，②孤立死が発生すると行政の責任が問われる─しかし行政では限界がある，③無視できない「孤立死」の社会的コストの増大（後始末，地域に波風が立つ，マンションなどの資産価値に影響）と述べている．これが社会問題としての孤独死の問題なのか，疑問である．

●孤独死問題の本質

　今日，マスコミ等が孤独死問題を取り上げるが，その多くは，死後，発見が遅れた事実に焦点をあてた内容である．確かに，死後1年経って発見されたと聞くと，「地域とのつながりがなかったのだろうか」，「隣近所の方で誰も気づいてあげられなかったのだろうか」と思う．

　しかし，孤独死問題の本質は，ひとりで死ぬ（誰にも看とられずに死ぬ）ことに問題があるのではない．また，死亡してから発見までの日数でもない．社会的に孤立したはてに死亡したことが問題なのである．つまり，孤独死する以前の生活状態がどうであったのか，なぜ孤独死という死に方をしなければならなかったのか，その背景にあるものは何かを明らかにすることが重要である．けっ

して，孤独死という形態や現象だけにとらわれてはいけないということである。

　そして，孤独死の実態を探求することは，孤独「死」に注目するのではなく，孤独死の実態から「生」に注目することである。つまり，今住んでいる地域で暮らし続けるために，地域に何が必要かを探求し，今後の地域のあり方を検討することこそが求められているのである。

　1）『朝日新聞』2012年1月15日付，朝刊
　2）『東京新聞』2007年5月7日付，朝刊
　3）『東京新聞』2012年3月1日付，朝刊
　4）『東京新聞』2011年12月28日付，朝刊
　5）内閣府［2009］「高齢者の地域におけるライフスタイルに関する調査結果」
　6）『東京新聞』2012年4月18日付，朝刊
　7）『日本経済新聞』2010年4月3日付，朝刊

【引用・参考文献】
上野正彦［2010］『監察医が書いた死体の教科書』朝日新聞出版
NHKスペシャル取材班＆佐々木とく子［2007］『ひとり誰にも看取られず』阪急コミュニケーションズ
厚生労働省［2007］「第1回高齢者等が一人でも安心して暮らせるコミュニティづくり推進会議資料（「孤立死ゼロ」を目指して）」8月28日
世田谷対人援助研究会［1999］『ホームヘルプにおける援助「拒否」と援助展開を考える』筒井書房
高木徹也［2010］『なぜ人は砂漠で溺死するのか？　死体の行動分析学』メディアファクトリー新書
竹中朗［2011］「地域の高齢者のつながりを深めるモーニング班会」『医療福祉生協の情報誌　COMCOM』No.527，7月号
額田勲［1999］『孤独死　被災地神戸で考える人間の復興』岩波書店

③ 子育てと社会的孤立

岩田美香（法政大学）

●はじめに

　子どもを育てていくことの大変さと，支援の必要性については認識されているが，それらの施策の展開についてはいまだ混迷のなかにあり，提供されるサービスについても，運用面や地域格差などの課題が残されている。また，社会的孤立の問題は，高齢者の孤独死だけではなく，親子の孤独死も生じており，さらに近年の子どもと家族の貧困への注目とも相まって，積極的な対応が求められている。

　社会的に孤立している状況は，周囲からは見えにくく，当事者のニード把握も困難となり，先の孤独死というリスクにもつながりやすい。子どもが幼いときには，乳幼児健康診査の未受診者や保健師等による訪問事業が孤立している親子の発見の端緒にはなるが，それさえも強制力をもって介入していけるものでも（いくべきものでも）ない。さらに子どもの年齢が上がっていくと，虐待への対応以外では，家族に立ち入っていくことはむずかしい。

　一方，子育てをしている当事者（多くが母親であるが）にとっての孤立は，日頃の交流も乏しく，社会的なサービスにもつながりにくく，何かのときのSOSも出しづらい。けれども母親たちのなかには，プライバシーを大切にし，他者からの干渉を疎ましく感じて，母と子あるいは父母子と身近な親族だけに囲まれたユニットでの子育てに満足している母親も少なくないであろう。

　日頃の私たちは，町内会をはじめとした地縁的な関わりよりも，各自の仕事や趣味をはじめとした「ライフスタイルの飛び地」［ベラー，1991］といわれるつながりのなかで，交流したり助け合ったりして生活している。震災の影響もあり，最近でこそ人々がつながっていくことや「絆」の重要性を感じているものの，それが「一時的・一過性」のものではなく，「日常的・継続的に」地域

として面としてつながっていくことは容易ではない。

　以下では，筆者が行った調査や援助実践（スクール・ソーシャルワーク）での事例を中心に，子育てを構造的に捉える視点から，母親の心理面も含めた子育てと社会的孤立についての現状と課題について検討していく。

1 現代の子育てと不安

●現代家族の特徴と母親

　子育ての第一義的な責任を任されているのは家族であるが，近代社会における育児構造（子どもと家族の関係，子どもの社会化）について渡辺［1994］は，核家族システムの境界が鮮明となり育児機能が家族に独占・集中され，そこでは家族外部の養育に関わる主体は親によるスクリーニングを経て子どもに届き，親がどのような育児資源や育児機会にアクセス，コントロールしうるかによって子どもの育児構造が規定される，と説明している。渡辺［1999］自身も述べているように，この構造は近代家族の変容のなかで変わっていくものであり，特に最近の携帯やインターネットをはじめとしたさまざまなメディアの発達により，親を介さずに子どもたちに直接に影響を及ぼす要因は増えてきているが，それでも子どもが幼少期には，コーディネーターとしての親という説明は説得性がある。

　実際，親たちは子どもの環境整備のため，胎児・乳幼児期から多様な選択をしている。それは，習い事や早期教育といった教育的なものに限らず，幼稚園や保育所の選択から友だち作り，おもちゃ，衣服，スポーツ，社会的アウトドア体験などといった子どもに関するあらゆるものに及んでおり，容易に育児・教育産業と結びつきやすい性格をもって現れる。

　男女共同参画社会や「育メン（育児する男性）」といわれ，女性のＭ字型就労カーブの底はあがってきているものの，依然として，就労していた女性が第一子出産後に退社してしまう割合は6割を超している［内閣府, 2001］。こうした状況下で育児をする母親たちは，自分のコーディネート能力によって子どもの育ちの環境が決まってしまうという責任と重圧を感じている。働く母親にとっ

ては，育児と仕事の両立のむずかしさから専業主婦のように子どもに十分な時間をかけられないという悩みとなって生じるであろうし，専業主婦にとっては，自分が家庭に入ってしまうことの焦りとともに，さらなる環境整備に向けて奮闘してしまうかもしれない。

　これらの母親たちの心理的な葛藤や焦りは，母親の不安研究の中でも表れていた。次に，その内容について紹介していく。

● 母親の不安と他者との比較
(1) 母親としての不安と女性としての不安

　子育てをしている母親のネガティブな感情は，一般に育児不安といわれており，牧野による一連の育児不安研究［牧野，1981・1982・1983・1985・1987・1988］や，服部・原田による大阪レポート［服部・原田，1991］や兵庫レポート［原田，2006］が代表的である。

　母親が感じる不安について，内容の要因分析を試みたところ［岩田，2000］，①子どもや子育てについての不安＝狭義の「育児不安」と，②母親自身の生活に充実感がない＝「充実感の欠如」という２つの因子を見出し，「母親としてのストレス」に対応するだけではなく，「ひとりの女性としてストレス」をサポートしていくことが，結果として，子育てをしている母親の総体的な不安感を低めていくということが示唆された。さらに，母親の育児不安や充実感を高めたり低めたりする要因としては，母親が社会的な活動を行っているかどうか（就労だけに限らず，社会との接点があるのかどうか），社会的なネットワークが充実しているか，夫が家事・育児に協力してくれているか，夫に対しての満足度，そして他児と比較するかどうか，であった。

　この調査と分析は1993年に行われたものであり，その当時の子育て支援も，まさに「子育て」支援が中心で，在宅の母親が子どもを預けるサービスにしても，次子の出産や傷病，看護，冠婚葬祭等のやむをえない場合を想定しており，母親が美容室に行くため等といった，母親がリフレッシュするために利用することは想定外であった。けれども最近では，理由は問わずに子どもを一時的に預けるサービスを行政が提供している地域も増えてきている。まだ十分とはい

えないが，総体的に子育てのサポートも改善され，夫の協力も増加してきているにもかかわらず，母親たちのイライラ感は急増し，母親の話し相手や子育て仲間がいないといった孤立化も極端に進んでいる［原田，2008］。その背景を探るべく，ここでは先の関連要因の中から，一見「社会的孤立」とは関連がないように思われる他児や他者との比較について掘り下げていく。

(2)他者と比較する子育て

　母親たちが他者と比較する際，何を基準に，あるいは誰と比較しているのであろうか。母親たちへのインタビュー［岩田，2000］では，他児比較について，その功罪も含め，いくつかの特徴が述べられていた。基準については大きく2つあり，1つは近所や同じ育児仲間との比較において「他の子どもより同じか，それ以上を望む」という比較であり，いま1つはマスコミや雑誌における「理想とする育児や子ども・母親」との比較である。そうした比較は，常に母親たちにマイナスになるだけではなく，比較によって「うちと同じ」という安堵感を与えるというメリットもあり，その反面，当然ながら，他者や他児との差異を通しての焦燥感に駆られるというデメリットの性格も有している。

　また，他児比較には段階があり，最初は①情報収集の段階，次に②比較によって，自分の子どもや子育てを吟味・点検していく段階，そして先のデメリットの性格規定とも重なるように③他者や他児との比較を通して自分の優位性を求めて奮闘し，さらに差異を探すように他者との比較もエスカレートしていく段階，と整理できる。①～③の各段階において，育児・教育に関する情報やサービス産業の影響は少なくない。そうした比較のなかで，「みんなと同じかちょっと上」の子育てをめざしていく母親たちであるが，彼女たちの求めるゴール（子どもたちへの期待）は，「ふつう」で「やさしく」て「健康」な人になってほしいと回答しており，みんながわが子を東大や京大に入れたいと思っているわけでも，医者や弁護士にさせたいと思っているわけでもなく，「標準（スタンダード）」をめざしている。

　ここで，縦断的（子どもが3歳時と小学校就学時）に面接を行った調査の中から事例Aを紹介したい。

【事例A】子どもが3歳のときの調査では，夫，専業主婦のAさん，男児の3人家族であり，夫の仕事で引っ越したばかりで地域から孤立していた。生活も安定しており，夫は忙しくて時間的な制約はあるものの協力的でAさんの子育ての大変さを理解しようとしていたが，子どもの言葉が遅いという悩みもあり，当時のAさんの不安得点はかなり高かった。面接調査では，引っ越してきて子育ての友人を作ろうと試みたが，Aさんのおとなしい性格もあって公園ジプシーとなっていたことが語られた。その後，公的な育児の集いに参加するも活動についていけずに第二子を流産してしまい，それからは外に出て行くことを断念してしまっていた。母親にとってのネットワークは，以前に住んでいた所の友人と昔の職場時代の友人であるが，日常的に顔を合わせてつきあえる状況にはなかった。Aさんの親も同じ県内に住んでいるが，車の運転ができないAさんは頻繁に行くこともできず，年末年始やお盆・連休などに帰る程度である。夫の親には，月に1回程度は会いに行っているものの，子どもに与えるおもちゃをめぐってストレスになることはあってもサポーターとはなりえない。

　この4年後，子どもが小学校に入学した後に訪問した際には，どのように変化していたのだろうか。Aさんの家族構成は，男児の下にも弟が生まれて4人家族となっていた。母親のネットワークも上の子が幼稚園に通うようになり，子どもの年齢構成が似通っている親友ができ，子どもを預けたり預かったりして，孤立は緩和されている。近隣の人間関係についても，特に親しくしているのは幼稚園での友人だけであるが，年月とともに，それほど深くはないが友人もでき，また子どもの習い事を通じての知人もできていた。

　Aさんに，4年前に高いスコアを示していた自身の「育児不安」について，現在はどう思っているのかをたずねてみると，今は育児の時期は卒業しているためか，「育児不安」としては相対化して捉えており，その原因も他児と比較することや母親が孤独であることと回答していた。4年前に悩みとして述べていた子どもの言葉の遅れについても，今では朝から晩までよくしゃべることを悩みとしてあげるほどになっていた。Aさんに限らず，面接調査を行った全体的な回答として，自分が3歳児を抱えていたときの「育児不安」は，「今思え

ば大したことではないこと」、「あっという間に過ぎてしまう」、「1つ1つは他愛もないこと」と評していた。

　また、Aさんの現在の子どもの悩みをたずねると、上の子の友人関係を心配しており、全体的に他の子どもと比べて「先取り」してしまう、新たな「子育て不安」や心配は今でも抱えている。この4年間での子どもに関わる心配事は、教育サービスにアクセスするという方法で解決を試みている。すなわち、幼稚園で周囲の子どもに比べて読み書きが遅いことについては「くもん」を習わせ、幼稚園に行っても泳げないことがわかると、小学校へ行ってからのプールの授業を心配しプール教室に通わせていた。悩みや不安の解決を求めて、育児・教育サービスを購入し、そこでまた、否応なしに他児と比較させられて、次なる不安が生じてしまう。筆者が調査に行った際にも、小学校で英語教育が導入されるという情報を入手して、どこの英語教室に通わせたらよいのかと、たくさんの英語教室のパンフレットを見せながらたずねてきた。Aさんは、習い事を通して子育てのネットワークも広がり、地域的・社会的な孤立は緩和されてきているのに、かえって新たな不安を生み出すという皮肉な状況になっている。Aさんだけに限らず、他児との比較が頻繁である母親ほど、「育児不安」は高く、さらに3歳児までに習わせたい習い事の数も多い傾向にあった。

● 「育児不安」の社会的性格

　これまで概観してきた、子育てをしている母親の不安について、社会的な位置づけのなかで性格規定をしてみる。母親が社会的に孤立しがちで、母親だけに責任が集中しやすいという現代の育児を担っていくとき、氾濫している情報や知識のなかでは、「他の子どもや他の母親との比較」をしていくことでしか「育児の標準（スタンダード）」は見出せない。しかし、その標準は、母親の期待とも重なって、常に上昇傾向にある。その結果、他児や他者との比較には、「これで十分」というゴールはなく、母親たちを慢性的に「育児不安」という意識状態へと追いやっていく。

　その「育児不安」にしても、多くは育児仲間や友人との話し合いのなかで緩和されるものであり、子どもの成長とともにいつの間にか解消されてしまうも

のもあろうが，時には，悩みを共有できるような友人をもてなかったり，相談をしてもかえって混乱や比較を強めることとなり，再び，その回答を情報や商業的サービスに求めるという悪循環をもたらす。母親たちにしてみれば，育児・教育サービスと他児との比較とを往復しながら，ますます「育児不安」を高める方向へと続く螺旋階段を上り続けていくようなものである。今日の「育児不安」というのは，現代の育児困難を共通基盤としながらも，母親の心理的側面に注目することによって，問題の表面的な解決が育児・教育サービスへと傾倒していくなかでつくられた産物であると考えられないだろうか。母親たちは，育児や生活を外部化するほど（より外部と接触しているのに），心理的には孤独な子育てとなってしまう。母親は，わが子を想って子育てに孤軍奮闘しているのであるが，市場からみれば子どもが一種の「商品」となっているにすぎない。子どもの「育ち」への影響という視点も検討していかなければならないであろう。

② 社会的弱者にとっての地域

●ひとり親家族と地域

　以下では，これまで述べてきた心理的な孤立感や孤独感をふまえつつ，物理的に社会から孤立しがちな社会的弱者としてのひとり親家族にとって，地域はどのように映っているのかを検討していく。ひとり親家族の親に対して行った調査［北海道民生委員児童委員連盟，2009；岩田，2009］からは，母子・父子家族ともに「近隣」においても「知人や友人」においても，「ほとんどつきあいはない」という回答は，社会経済的に弱い立場の親たちが相対的に高くなっていた（図表3-1・2）。シングルマザーに関していえば，無職・低所得・低学歴の母親たちであるが，なかでも無職の母親は，日中家にいる時間が多く，働いている母親よりも地域での交流が頻繁になると思われがちであるが，実際は反対である。彼女たちが地域に積極的に出向いていくことを阻むものとは，何であろうか。
　また，シングルファーザーについては，全体的にシングルマザーよりも祖父

図表3-1 シングルマザーのネットワークと子育ての援助

(％)

		友人との交流				近所との交流				子どもの悩みについての相談者	自分が病気の時の子どもの預け先	自分の親は頼りになるか	
		お互いの家を行き来する	立ち話をする程度	挨拶をする程度	ほとんどつきあいはない	お互いの家を行き来する	立ち話をする程度	挨拶をする程度	ほとんどつきあいはない	誰もいない	誰もいない	頼りにならない	親はいない
就労	働いている	39.4	39.3	14.5	6.9	10.6	36.1	43.6	9.6	6.0	11.5	19.0	6.2
	働いていない	25.5	29.0	21.5	24.0	7.1	34.3	40.4	18.2	12.1	20.3	32.7	8.6
	回答者全体	36.3	37.0	16.0	10.7	9.8	35.7	42.9	11.6	7.3	13.5	22.0	6.7
税込年収	～200万円未満	36.0	34.2	17.9	11.9	10.0	36.1	41.3	12.5	7.3	14.4	24.0	7.1
	200～300万円未満	36.6	42.5	12.8	8.1	9.0	35.7	44.0	11.3	6.9	13.9	19.7	7.1
	300～500万円未満	43.1	37.2	11.5	8.3	11.4	36.9	44.3	7.5	5.0	5.3	14.2	4.0
	500～700万円未満	46.0	32.0	14.0	8.0	15.4	34.6	38.5	11.5	6.1	4.0	18.0	0.0
	700～1,000万円未満	33.3	25.0	33.3	8.3	25.0	25.0	50.0	0.0	0.0	8.3	16.7	0.0
	1,000万円以上	75.0	25.0	0.0	0.0	20.0	20.0	60.0	0.0	0.0	0.0	25.0	0.0
	回答者全体	37.1	36.9	15.7	10.3	10.0	36.0	42.5	11.5	6.9	13.1	21.5	6.6
学歴	中学卒業	21.5	33.3	23.3	21.9	10.0	33.7	38.7	17.6	13.7	20.0	38.8	16.8
	高校中退	30.8	30.8	19.8	18.7	8.5	30.1	42.6	18.8	10.0	20.4	34.0	5.4
	高校卒業	39.1	37.7	14.6	8.6	10.0	36.1	43.6	10.3	6.5	12.4	20.2	6.2
	短大・専門学校卒業	38.9	39.3	14.2	7.7	9.0	38.2	43.7	9.0	4.8	10.0	14.2	4.2
	大学卒業以上	37.8	43.2	16.2	2.7	21.6	40.5	29.7	8.1	8.3	8.3	13.9	8.3
	回答者全体	36.4	37.0	15.9	10.7	9.8	35.7	42.8	11.6	7.2	13.4	22.0	6.7

注：それぞれの質問から、該当する項目の回答を拾って表を作成した。「非該当者」と「無回答者」を除いてクロス集計を行っている。調査時期は2008年4～5月。調査の回答者数は2884名である。
出所：北海道民生委員児童委員連盟［2009］「ひとり親家庭（父と子、母と子の家庭）の生活と意識に関する調査報告書データ」より筆者作成。

図表 3-2　シングルファーザーのネットワークと子育てでの援助

(%)

		友人との交流				近所との交流				子どもの悩みについての相談者	自分が病気の時の子どもの預け先	自分の親は頼りになるか	
		お互いの家を行き来する	立ち話をする程度	挨拶をする程度	ほとんどつきあいはない	お互いの家を行き来する	立ち話をする程度	挨拶をする程度	ほとんどつきあいはない	誰もいない	誰もいない	頼りにならない	親はいない
家族構成	父＋子	23.2	24.6	30.5	21.7	7.3	35.0	44.7	13.1	19.9	23.6	23.6	19.5
	父＋子＋祖父母	11.8	43.0	28.0	17.2	9.7	30.1	49.5	10.8	6.5	2.2	12.0	0.0
	その他	28.6	28.6	21.4	21.4	14.3	35.7	28.6	21.4	25.0	0.0	36.4	9.1
	回答者全体	20.0	30.3	29.4	20.3	8.3	33.5	45.4	12.8	15.9	16.1	20.5	13.1
年収	～200万円未満	20.8	15.1	41.5	22.6	5.6	25.9	48.1	20.4	22.4	28.0	30.6	22.4
	200～300万円未満	21.0	25.9	27.2	25.9	7.4	27.2	49.4	16.0	25.3	17.8	27.3	16.9
	300～500万円未満	14.9	42.5	26.4	16.1	5.7	37.5	47.7	9.1	11.9	14.9	16.1	9.2
	500～700万円未満	25.0	27.3	31.8	15.9	4.3	43.5	43.5	8.7	11.4	15.2	17.8	8.9
	700～1,000万円未満	28.6	35.7	14.3	21.4	28.6	35.7	28.6	7.1	0.0	7.1	7.1	21.4
	1,000万円以上	20.0	80.0	0.0	0.0	30.0	60.0	10.0	0.0	0.0	0.0	0.0	0.0
	回答者全体	20.1	31.5	28.7	19.7	7.8	34.1	45.4	12.6	16.4	17.1	21.0	13.9
学歴	中学卒業	29.7	18.9	37.8	13.5	18.9	40.5	29.7	10.8	36.7	21.9	20.6	35.3
	高校中退	7.7	30.8	23.1	38.5	7.7	23.1	30.8	38.5	24.0	16.0	28.0	16.0
	高校卒業	19.9	30.1	31.8	18.2	6.2	33.3	49.2	11.3	11.8	15.3	21.3	10.7
	短大・専門学校卒業	22.2	38.9	22.2	16.7	11.1	36.1	50.0	2.8	11.4	13.5	16.7	2.8
	大学卒業以上	15.2	39.4	21.2	24.2	5.7	37.1	51.4	5.7	16.7	18.2	15.2	15.2
	回答者全体	19.8	30.8	29.5	19.8	8.4	34.1	45.7	11.9	15.9	16.2	20.5	13.5

注：それぞれの質問から、該当する項目の回答を拾って表を作成した。
調査の回答者数は321名であり、「非該当者」と「無回答」を除いてクロス集計を行っている。調査時期は2008年4～5月。
出所：北海道民生児童委員連盟[2009]『ひとり親家庭（父と子、母と子の家庭）の生活と意識に関する調査報告書データ』より筆者作成。

母との同居率が高いが,そのなかでも,父と子だけの父子家族,年収300万円未満,高校中退の父親たちのネットワークは小さい(つきあいがない)。とりわけ「高校中退」のシングルファーザーは,その年齢構成が30歳代と40歳代で8割強を占めているにもかかわらず,「友人と交流がない」は4割弱にも上っている。一般の30・40歳代の男性は,職場やプライベートな友人とのつきあいは充実しているであろうが,高校中退という学歴階層で横切りにしたシングルファーザーは,社会的にも孤立しているのである。

さらに,こうした地域との交流が少ない親たちは,子どもの悩みについて相談する相手が「誰もいない」と回答している者が多く,自分が病気になったときの子どもの預け先も,「誰もいない」割合が高い。彼らは自分の親族からの援助も受けておらず,その結果,自分の親が「頼りにならない」と回答しており,地域からも親族からも孤立している。

●親族というサポーター

では社会的に孤立していても,家族や親族に支えられていれば,それでよいのであろうか。次に親族のネットワークの特徴について押さえておきたい。先述の母親の不安調査[岩田,2000]においても,母親にとって夫や親をはじめとした親族は大きなサポーターではあるが,親族以外のサポートが得られず,親族だけでサポートをしている場合には,「サポートしている祖母が高齢で,孫の世話で腰痛を患っている」,「祖父母がお菓子ばかり与えて虫歯が治らない」,「子育ての方針が食い違い,ウンチだけはおむつにしたがる子どもに対して,祖母は叱って育てるようにと言うが,私はじっくり待って育てていきたい」などの葛藤がある。さらに面接調査では,専業主婦で世帯年収が500万円未満のグループ(11ケース)中,親族以外のメンバーがほとんどいないという事例が2ケース存在していた。

【事例B】 夫と3人の子ども,そしてBさんの父母と同居している7人家族である。Bさん夫婦は10代で結婚して以来(Bさんの学歴は中学卒業で,いわゆる「できちゃった」婚),仕事・住居ともに全面的にBさんの両親を頼っており,Bさんの夫の仕事もBさんの父の仕事を手伝っており,年収は300～500万円未満

と回答していたが，親に出してもらっている部分が多い。生活では，自分たち（夫と自分と子ども）の家族という実感がなく，親と別居しようかと悩んでおり，育児では，第一子がBさんの両親にばかりなついて自分にはなつかず，このままだと「自分の子ども」という気がしない，という悩みを抱えている。

【事例C】家族構成は，Cさんと子ども1人，そしてCさんの両親という母子家族＋祖父母の4人家族である。Cさんは専業主婦をしており(学歴は中学卒業)，Cさんの父親の生計で暮らしている。年収は200万円未満である。Cさんは，ヒアリング全体を通してあまり話したがらない方なので，多くは聞き取れていないが，生活上の悩みは「子どもが生まれた当時が大変だった」，また育児では「子どもへの叱り方がわからない」と回答していた。1日の生活では，子どもが幼稚園に行っている間に，自分1人で買い物に行くときが楽しい時間で，反対に子どもが帰ってくると「騒がしくてイヤ」と話している。

同じ専業主婦で，同じ所得階層にあっても，子育て仲間や自分自身のネットワークをつくっている母親たちもいるが，BさんとCさんに共通してみられることは，母親としての生活の基盤が成立していないために，どちらも育児を主体的にすることはなく，その結果，育児の楽しみも悩みもあまり認識されていない。また，両ケースともに，それを気づかせてくれたり，解決のための励ましをくれるようなネットワークも形成されていないことから，問題が潜在化したまま放置され，解決も図られてはいない。家族や親族のネットワークで助けられてはいるが，その限界が両ケースともにみられた。

3 孤立した子育てと子育ちへの対応

● 2つの孤立への対応

これまでみてきたように，子育てと社会的孤立の問題といっても，大別して2つの孤立に対応していく必要がある。1つは，外見上は共同した子育て関係やネットワークがありながらも，内面では子育ての競争関係から生じている心理的な孤立であり，いま1つは，地域からも見えない・見えづらい物理的な孤立である。

前者については，教育における競争が前倒し的に育児期にも下りてきているとみることもできる。さらに最近では，『プレジデントFamily』『日経Kids+（2009年9月号で休刊）』『AERA with Kids』といった子育て雑誌も出ており，従来は子育てになじまない領域も教育や子育て産業に触手を伸ばしており，親たちの不安は煽られるばかりである。本稿で述べた母親の不安調査［岩田，2000］においても，ネットワークをもち，そこでの活動が充実している母親でさえ，「中程度」の不安得点を示していた。子どもを育てている母親であれば誰でも，一定の不安を抱くのはあたりまえのことであろう。そのなかで問題にすべきことは，極端に不安の高い母親たち，そして見過ごしてはならないのが「不安がない（意識されない）」という母親たちの存在である。

　2つの孤立の背景には，前述の調査や事例にも示されていたように，家族がもっている資源の多寡や質の違い，そして，それらの収集能力など，そこには一定の階層性が存在している。育児は一部の階層における母親だけが行うものではなく，たとえば，高学歴化した母親たちが出産とともに職場（社会）から家に入ることで抱く育児不安や大変さと，反対に，貧困の母親家族にとってのそれとは，一部分共通したものはあっても，その表れ方は一様のものとはならないであろう。これらは，どちらも育児における困難を抱えている母親であり，それぞれの問題性は取り上げられているものの，両者を組み入れた包括的な説明はなされていない。

　そうした階層的な制約のもと，母親が主体的に資源を取捨選択していくなかでの困難や不安を明らかにすることが重要となる。その際，従来の社会的階層区分による差を分析していくだけでは，階層グループごとの相違は説明できても，階層内での個々の母親の能動的な育児（資源のやりくり）が描かれなくなってしまう。そこで，ウォルマン［1996］の「構造的資源」と「編成的資源」という資源システムの概念を応用し，具体的な類型把握を試みた［岩田，2000］。構造的資源とは，経済的資源モデルで用いられる固定的な資源を意味しており，筆者の類型化では「所得・職業・学歴」を設定した。また編成的資源とは，より柔軟的な生活のソフト面に関わる資源であり，「時間・情報・ネットワーク」を設定した。これら構造的資源の大小を縦軸に，編成的資源の大小を横軸にと

り，座標平面上の4つの象限に家族をプロットし，その特徴を捉えていった。資源，とりわけ編成的資源を何で捉えるかによって，その母親の位置は変化していくが，やはり第3象限（構造的資源も編成的資源も小さい）に位置づく家族の課題は多く，社会的な孤立とも関わっている。本稿での【事例B】や【事例C】も，ここに位置づいていた。主体的には自らの社会関係を構築あるいは広げることができない母親たち，そして困難は抱えながらも「不安」としては問題が顕在化しない母親たちに対しては，虐待事件や事故が起こるたびに家族への「介入」を強めていこうという声は強まるが，それ以外には具体的な援助策は進まない。もちろん虐待などの場合には，子どもを守るために強制力をもって家族に入っていくことが必要であるが，日常における支援では，事例のBさんやCさんが積極的に出向いて行きたいと思えるような援助が求められる。

ところで，先の類型化をしていくなかで懸念されたのは，母親たちが資源を求めて動いていくコーディネート能力をも「資源」とみるべきかどうか，についてである。近年の貧困研究が明らかにしているように，貧困であることは，単に金銭的な困窮だけではなく，ものごとのやりくりが苦手であったり，コミュニケーションも含めたソフトスキル［シプラー，2007］が欠如している場合も少なくはない。さらにはインセンティブとの関連や自尊心（アイデンティティ）への影響もある。そこでは，母親に対するサービス提供を増やして母親役割を引き算していくだけのサポートでもなく，反対に，個々の親責任を強制するものでもない援助の展開が要請される。子どもが育っていくこと，男性や女性も親として育っていくことを援助するとは，どのようなことか，その根本的な問いから考え直していくことが重要である。なぜならば，親の子育て負担を引き算していくだけでは，子どもを育てている主体として，子どもへの愛着が湧かなかったり無関心にもつながるおそれがあるからであり，その援助も「資源を供給する」援助と同時に，「（個々の親のもつ）資源を育てていく」ことについても，ていねいに検討していかなければならない。

● つながりに向けて

一方，物理的には孤立していない母親たちについても，「比較しない子育て

を」,「『子育て競争』は愚かなこと」と一般論を説いても解決にはならない。こうした親たちについても個別的な相談援助だけではなく，地域の物理的に孤立している母親たちをも一緒に巻き込んでいくような，つながりの工夫が必要となる。最後に「子育ち」の側面から，とりわけ社会的に排除されがちな非行少年たち（少年院生）に行った調査結果［岩田・二瓶，2008；岩田，2008］を紹介したい。アンケートからみる彼らにとっての地域は，「声をかけてくれる大人」は6割程度いるものの，8割以上が，かつて自分がいた地域は，「困ったときには頼りにならない」と回答している。それでも，少年院を出た後には，「住んでいた地域に戻りたい」という少年が7割半もいる。しかし地域が，こうした少年たちを暖かく見守ってきたかといえば，必ずしもそうとはいえない。少年院生へのインタビュー調査でも，「近所の人は，小さい頃には声をかけてくれる人もいたが，自分が大きくなるにつれて，自分が悪さを重ねるにつれて，自分のことを『見て見ぬ振りをする感じ』になった」と回答している（面接時16歳の少年）。

　筆者が行っているスクール・ソーシャルワーク実践においても，「悪さ」をする少年たちに対しては，PTAの父母たちも自らの子どもが非行少年に近づくことを禁じ，地域社会としても彼らを疎んじ，「厄介者」には関わろうとはしない。彼らは，自分たちが周囲からどのようにみられているのかを知っており，ますます孤立してしまうことになる。地域住民としてのリスク回避からは，彼らを避けるのは「あたり前」のことかもしれないが，非行が悪化する前に，彼らが低年齢のうちに，地域の大人として「叱る」ことも「ほめる」ことも含めた関わりがもてなかったことが残念である。

　そのなかで，少年院生にとって「学校の先生」は重要な位置を占めていた。学校では先生と衝突することも多かったであろうが，意外にも少年院生の学校の先生への評価は高く，「好きな先生がいる」者は7割もいる。とりわけ，少年院生の半数が最終学歴となる中学校の先生を「好きな先生」として回答している。さらに，その先生との関係を7割近くが満足しており，困ったときにも頼りにしている。その割合は，親戚に対する信頼度よりも高い。このことは，学校の先生という存在の大切さを確認できる一方で，他には少年院生を見守っ

ている大人たちが少なかったことをも示している。中学生にもなれば，親や親戚だけではなく，塾・習い事や部活などを通して，さまざまな大人に囲まれて過ごし，そのなかで「学校の先生」の位置づけは相対的に落ち込むものであろう。けれども少年院生には，「先生しか」いなかったのである。ここで鍵となるのは，「子ども」でつながっていくこと，そして，その場所が特別の場所ではなく「誰もが行く」学校であった，という2点である。とりわけ学校は，たとえ親自身が非行や不登校で学校から遠ざかっていた経験があったとしても，社会的に特別な相談窓口でも施設でもなく，昔から存在する子どもが行くところ，であるという要因が大きい。

　先述の【事例A】についても，4年後の訪問では，子どもが幼稚園に入ることで必然的に地域とつながっていた。やはり，子どもでつながっていくことが大切であり，しかも新たな支援場所を設けるのではなく，既存の子どもの施設であることが関係を築いていくことの下支えをしてくれている。学校でいえば，教員をはじめとした見守り役が子どものさまざまな状態に気づくのは，どの子も学校に登校することが日常であり，健康問題であっても不登校であってもいじめであっても非行であっても，日々の学校生活のなかから，それらを子どものサインとして受け止め，家族へとつながっていくからである。

　しかし，小学校や中学校になってからでは遅すぎる事例も多く，もっと早期に，子育ての初期の段階から，子どもと家族の日常を支えていく仕組みが必要となる。現行では保育園や幼稚園，認定子ども園が担っているが，それにしても，金銭的余裕の有無や母親の就労の有無にかかわらず入所できる施設とならなければ意味をなさないであろう。社会から孤立しがちな親たちにとって，子育て相談・情報提供と母親同士の交流の場といった子育て支援のメニューだけでは，物理的に孤立した親たちを引きつけるものとはなりがたい。子育ての相談窓口が多様な形で用意されても，親が家庭で孤立している状態は，親からサインを出さない限りは把握できない。子どもと家族が必然的に保育施設につながっていること，しかもそれは，子どもを預かってくれる，ひととき子育てのストレスから解放されるなどの，親にとってもメリットであると同時に，親も育っていくような仕組みとしてつなげていくことが必要となる。さらにいえば，

少年院生の調査からみえてきたように，私たちが日頃から地域の子どもたちをどのようにみているのか，その姿勢も問われているのである。

【引用・参考文献】
岩田美香［2000］『現代社会の育児不安』家政教育社
岩田美香［2008］「少年非行からみた子どもの貧困と学校―見守り役としての学校」浅井・松本ほか編『子どもの貧困』明石書店
岩田美香・二瓶隆子［2008］「少年院生の生活と意識に関する調査結果」『教育福祉研究』北海道大学大学院教育学研究院・教育福祉分野
岩田美香［2009］「ひとり親家族から見た貧困」『貧困研究』Vol.3，明石書店
ウォルマン，S.（福井正子訳）［1996］『家庭の三つの資源』河出書房
シプラー，D・K.（森岡孝二・川人博ほか訳）［2007］『ワーキング・プア―アメリカの下層社会』岩波書店
内閣府［2011］『平成23年度版　子ども・子育て白書』
服部祥子・原田正文［1991］『乳幼児の心身発達と環境―大阪レポートと精神医学的視点』名古屋大学出版会
原田正文［2006］『子育ての変貌と次世代育成支援―兵庫レポートにみる子育て現場と子ども虐待予防』名古屋大学出版会
原田正文［2008］「子育ての過去・現在・未来」『そだちの科学　特集：子育て論のこれから』 No.10，日本評論社
北海道民生委員児童委員連盟［2009］『ひとり親家庭（父と子・母と子の家庭）の生活と意識に関する調査報告書』
牧野カツコ［1981］「育児における〈不安〉について」『家庭生活研究所紀要』第2号
牧野カツコ［1982］「乳幼児をもつ母親の生活と〈育児不安〉」『家庭生活研究所紀要』第3号
牧野カツコ［1983］「働く母親と育児不安」『家庭生活研究所紀要』第4号
牧野カツコ・中西雪男［1985］「乳幼児をもつ母親の育児不安―父親の生活および意識との関連」『家庭生活研究所紀要』第6号
牧野カツコ［1987］「乳幼児をもつ母親の学習活動への参加と育児不安」『家庭生活研究所紀要』 第9号
牧野カツコ［1988］「〈育児不安〉の概念とその影響要因についての再検討」『家庭生活研究所　紀要』第10号
ベラー, R.N.ほか（島薗進・中村圭志訳）［1991］『心の習慣―アメリカ個人主義のゆくえ』みすず書房
渡辺秀樹［1994］「現代親子関係の社会学的分析―育児社会論序説」社会保障研究所編『現代家族と社会保障―結婚・出生・育児』東京大学出版会
渡辺秀樹［1999］「変容する家族・子ども・教育」渡辺秀樹編『変貌する家族と子ども

―家族は子どもにとっての資源か』教育出版

4 障害者の社会的孤立

岩田直子（沖縄国際大学）

●はじめに

　昨今，親兄弟の孤独死の道連れで障害者も死に至るニュースが目立つようになった。例として，2011年12月6日には横浜市で母（74歳）と知的障害をもつ息子（44歳）が母子ともに病死，2012年1月20日には札幌市で姉（42歳）と知的障害をもつ妹（40歳）が，姉の病死後妹が凍死，2月13日には立川市で母（45歳）と知的障害をもつ息子（4歳）が死後数カ月経過してから発見，といったことがあげられる。これらの悲惨なニュースを受けて，該当する対象者を調査した旭川市や釧路市では，衰弱している知的障害者を発見したという。新聞報道の，「家族ごと孤立死深刻」「見守りの盲点」等といった記事タイトルからも，事態の深刻さと同時に，他人事ではないと思う家族の方が多いのではないかと推測できる。

　わが国において「社会的孤立」の問題は主に高齢者の領域で活発に議論されてきた。「無縁社会」「孤立死」といった用語も，主に高齢者のニーズとして研究されてきた。この背景には，高齢者の社会的孤立がメディアで取り上げられて社会的関心が高まったこと，また，それ故に研究に対する社会的要請が強くなったためである。さらに，多くの人々は「社会的孤立」の要因となる「ライフイベント」を高齢期に経験するからである［後藤，2009］。しかし，人間関係が希薄化した現代社会においては，高齢者のみならず，若者や中高年など世代を超えて社会的孤立が拡大している［土堤内，2010］。この社会的孤立の拡大を新たな社会的リスクとして捉えた「一人ひとりを包摂する社会」特命チームによる『社会的包摂政策を進めるための基本的考え方』（2011年8月）は，この新たなリスクの実態として，教育の機会が不足していたり不安定就労につながりやすいことから貧困状態に陥るリスクが高いことや，非正規就労等の不安定就

労は生活に大きな影響を与える出来事（失業やリストラ，病気）に対して脆弱で，そのような出来事の発生を契機に社会的排除状態に陥ると指摘している。

　それでは，社会的孤立を障害者の立場から捉え直してみるとどうだろうか。歴史を振り返ると，健常者を中心につくられた社会にあって，障害者はメインストリーミングから排除され，差別や抑圧を受けてきた。近代社会になってからは，教育，就労，地域生活などにおいて専門職者主導の援助システムが作られたが，結果として社会から隔離された特別なシステムのなかで生きざるをえなかった。1970年代に活躍したイギリスの身体障害者団体UPIASは，健常者が作り出した健常者中心の社会で身体障害者がおかれた状況を分析し，以下のように鋭く指摘した。

　我々は，依然として，隔離されていて劣悪な施設にいることに耐えるよう強制される。我々は特別の学校やトレーニングセンターに送られる。我々は，意図的に隔離された工場やセンター，施設，クラブに運ばれるのだ。［UPIAS，1975］。

　このように長い歴史のなかで障害者が排除され孤立状態におかれたことに対して，障害当事者や関係者はアクションを起こし，新しい価値を提示した。たとえば，国際連合は，1981年国際障害者年行動計画のなかで，「ある社会がその構成員のいくらかの人々を締め出すような場合，それはもろく弱い社会である」と表明した。また，1995年3月にコペンハーゲンで開催された世界社会開発サミットでは，「社会開発に関するコペンハーゲン宣言」のなかで，障害者は世界最大のマイノリティーの1つとして，貧困，失業および社会的孤立にしばしば追い込まれていると指摘した。さらに，2006年に採択され2008年に発効された障害者権利条約では，第19条自立した生活〔生活の自律〕及び地域社会へのインクルージョン（b）において，「障害のある人が，地域社会における生活及びインクルージョンを支援するために並びに地域社会からの孤立及び隔離を防止するために必要な在宅サービス，居住サービスその他の地域社会支援サービス（パーソナル・アシスタンスを含む）にアクセスすること」と，権利として孤立と隔離を防止することを表明した。

しかし，最初に触れた孤立死の事例にもみられるように，障害者の多くは今日も日常生活のちょっとした変化や思わぬ歯車の狂いなどが重なって孤立状態に陥っている。死亡以外にも，たとえば，兵庫県盲ろう者実態調査報告書（2012年3月）によると，盲ろう者の生活実態として，外出の回数が週1回以下の者が約半数おり，外出の機会が非常に少ないことがわかった。また，コミュニケーションの時間も短く，家族や支援者との会話も限定的で，限られた生活範囲のなかで生きづらさを感じていることが明らかになった。盲ろう者向け通訳者の派遣の充実が求められるが，このような高度な技術をもつ者をみつけることは困難であり，社会的孤立に陥る要素が十分にある。

　入所施設に長期入所している障害者の存在についても述べる必要がある。2008年度社会福祉施設等調査結果の概況によると，知的障害者施設の退所理由のトップは他の社会福祉施設等に転所することであり，施設から施設へ移動する選択が多いことがわかる。アランホールズワースは，デイセンターや入所施設利用者を「（植民地の）プランテーションに置き去りにされた人」と例えたが［バーンズ，2004；Campbell & Oliver, 1996］，置き去りにされてメインストリーミングから排除され孤立状態になる障害者は多いだろう。

　各地で障害者の生活実態を明らかにする調査活動が活発に行われているが，社会的孤立につながる権利侵害や差別の事例を多数目にすることからも，社会的孤立を障害者の立場から考え，問題の争点を探る作業は，障害者が直面するニーズの根幹を見つめる作業ともいえる。困難な作業だが，まずは一歩踏み出すことに意義を見出し，障害者の社会的孤立に関する問題の争点を検討する。そのうえで，事例を通してその争点をより具体的に理解する。そして，これらをふまえて障害者の社会的孤立をなくしていくための課題を提示する。

1 障害者の社会的孤立——問題の争点

●メインストリームから疎外されてきた障害者

　障害者に対するネガティブな態度は，古代ギリシャやローマの時代に遡ることができる［Barnes, 1997］。この時代，ギリシャには市民権があったが，それ

はギリシャの男性のみに該当することで、奴隷や女性は劣ったものであり、抑圧や搾取が正当化された。障害者も価値の低い者とみなされていたが、障害に対するネガティブな態度は文化と深くつながって、障害を邪悪なもの、不道徳なもの、災い等と捉えたり、過去の罪や悪事に対する罰とみられたりしていた。ギリシャ神話では、神の怒りを招いて罰として障害を与えられたという話がある。

日本においても、古事記では、イザナギとイザナミとの間に最初に生まれた子どもは田んぼにいるヒルのような姿で生まれ、3歳になっても歩かないことから葦の舟に乗せて川に流してしまった話がある。また、因果応報の思想は本人や家族を苦しめてきた。

これら神話や宗教、社会の価値が現代の私たちの価値につながっているとするならば、私たちの歴史は障害者を排除してきた歴史ともいえる。障害者の社会的孤立は、長い歴史がつくりあげた孤立であるということ、また、障害者の社会的孤立問題を議論する際には、私たちが暮らす社会はそもそも障害者が社会的孤立状態に陥りやすい社会なのだということを前提に考えることが必要だろう。

●障害の定義と社会的孤立

(1) ICFの限界

障害者の社会的孤立について、その争点を問ううえで、そもそも障害の定義が社会的孤立をどのように捉えているのかを分析することは有効であろう。ここではWHOの障害の定義と「障害の社会モデル」を比較しながら問題の争点を明らかにしたい。

今日、国際的に広く活用されている障害の定義としてWHOが定義した国際生活機能分類（ICF：International Classification of Functioning Disability and Health）がある。ICFは、ICFの前身の障害の定義（ICIDH）が医学的視点に偏っていると批判されたことから、自然環境や社会環境を取り入れる等の再検討を経て誕生した。しかし、ICFに対しても当事者団体から批判が出た。具体的には、権利侵害や社会的孤立の要因が十分に表現されないこと、政策分析への活用が

むずかしいこと，個人因子と環境因子の関連は描かれないことなどである。また，健康状態の内容は社会や文化によって異なるが，それを説明できないという指摘もある。さらに，そもそも，ICFの目的は，国際疾病分類（ICD-10）と相互補完的に活用することによって健康と保健ケアに関する諸専門分野，科学にまたがる国際的情報交換を可能とする共通言語を提供することだったことからも［WHO, 2001］，社会的孤立状態を表す定義にはならないことが指摘されている［Barnes, 2011：バーンズ，2004ほか］。

（2）障害の社会モデルが示したこと——障害は社会がつくりだした障壁

　ICFに対して，障害の社会モデル（social model of disability）は，障害を社会がつくりだした問題，社会がつくりだした障壁と捉え直して定義している。障害の社会モデルは，イギリスの身体障害者団体UPIAS（Union of the Physically Impaired Against Segregation）が，従来の医学モデル（medical model of disability）に対する批判から提唱したものである。UPIASは，まず，障害を"impairment"と"disability"に分類した。そのうち"disability"は作為的，不作為的な社会の障壁のことと定義し，それによって引き起こされる機会の喪失や排除のことを障害と捉えた。以下は，UPIASが二分類したインペアメントとディスアビリティの定義である［オリバー，2006：34］。

　　インペアメント：手足の一部，または全部の欠損，あるいは手足の欠陥や身体の組織または機能の欠陥をもっていること。

　　ディスアビリティ：身体的なインペアメントをもつ人々をまったく，またはほとんど考慮せず，そのことによって彼らを社会活動の主流から排除する現在の社会組織によって生じる不利益，または活動の制約。

　繰り返しになるが，UPIASは，障害者が資本主義社会のメインストリーミングから排除されたこと，システム的に特別な場所に集められた事実に注目し，今日の社会は構造的バリアや障害者に対する否定的態度などがあふれていて，障害者を「無力化させる社会（disabling society）」だと主張する。そして，社会の側がつくりだした障害をなくすための負担を負おうとしない社会をいかに変革するかということを重視した。こうした主張から障害の社会モデルは誕生し，

社会的孤立を含め障害者が直面するさまざまな社会的障壁の原因を明らかにすることをめざした。ICFの定義とは目的も分類方法も異なるが、社会的孤立をしっかり見据えていることがわかるし、また、障害者団体の活動に影響を与え、障害者権利条約や国内法の制度改革に方向性を示していることからも重要なモデルといえる。

　以上、ICFと社会モデルを比較検討したが、障害をどのように定義するかで社会的孤立の議論が大きく左右されることがわかる。

◉社会的孤立の諸要素――フェントンによる社会的孤立の諸要素の分析を中心に

　障害者の社会的孤立の争点を問ううえで、次に、障害者の社会的孤立の状態を分析した研究として、イギリスのフェントン（Melissa Fenton）の研究を取り上げる。フェントンは、イギリス障害リハビリテーション協会が発行テキスト「障害者の生活技術カリキュラム」のなかで、障害者が社会的孤立につながる要因を具体的に示しているが、障害者の社会的孤立の要因を示す研究が少ないなかで、非常に貴重な研究である。

　フェントンは、社会的孤立の具体的要因として、貧しい自己イメージ、ソーシャルスキルの欠如、他者に対する否定的態度、地理的孤立、公共の障害者に対する態度、社会経験の欠如、移動・交通手段の困難・欠如をあげている。図表4-1はこれらの諸要素を図にしたものであり、双方向に伸びた矢印でつながっている［Fenton, 1989；小川, 1998］。この図から、社会的孤立の要素として、学ぶ機会を奪われたことから生じる個人的な要素と、社会の側のさまざまな困難や欠如が影響し合って生じる社会的要素とがあることが読み取れる。障害者の社会的孤立の議論のむずかしさも理解できる。

　フェントンは、**図表4-1**（原著ではFactors Involved in Social Isolationというタイトル）を用いて社会的孤立につながる諸要素を紹介するだけでなく、その諸要素の悪循環の鎖を断ち切るための取り組みも紹介している。フェントンによると、多くの若者は機械的に人間関係を学ぶことはなく、仲間との関わりや社会経験を積みながらそれを学ぶが、障害をもつ若者の場合は、ソーシャルスキルが欠如していること、セルフイメージが貧しいこと、社会的に孤立してい

図表4-1　フェントンによる社会的孤立の諸要素

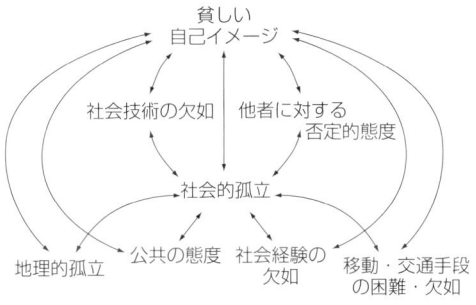

```
            貧しい
            自己イメージ
       ／  ↑  ↑  ＼
   社会技術の欠如  他者に対する
              否定的態度
           ↓
         社会的孤立
    ／    ／  ＼    ＼
 地理的孤立  公共の態度  社会経験の  移動・交通手段
                  欠如    の困難・欠如
```

出所：[小川，1998：166]

と，社会的孤立状態にあることによってセルフイメージや他者との関わりがネガティブになる［Fenton, 1989：84］ことから，他の若者のように学ぶことが非常に困難な状況にある。また，自立をするうえでバリアとなる（公共の人々や専門職者の）態度のバリア，環境のバリア，雇用における差別，ロールモデルの欠如，ケアを提供する人（主に親）へのサポートシステムの欠如も人間関係を構築することを妨げている［Fenton, 1989：20-24］。

しかしながら，フェントンは，障害者がセルフイメージとソーシャルスキルを高めることで，社会的孤立に陥る要素を断ち切り，諸々のバリアをなくしていくことができると述べた。そして，その具体的方法として，関係性スキルトレーニング（Relationship Skills Training）を紹介している。この関係性スキルトレーニングでは，①アサーティブ，②コミュニケーションスキル，③フィードバック，④助けを拒否する，⑤トラブルを解決する，⑥関係を終わらせる，の6つの技術を学ぶ。

この関係性スキルトレーニングには，以下の4つのコンセプトが根底に流れていて，トレーナーも受講生も関係を構築・進展させるうえでの基礎としている。その4つのコンセプトとは，①信頼（Genuineness）＝伝える能力。忠実で誠実であることを伝える能力，②尊敬（respect）＝あなたのことが重要で価値があると伝える能力，他者を尊敬することが根底にある，③共感（empathy）＝あたかも相手の立場になって相手の世界に入って理解しようとする能力，④適

正（appropriateness）＝判断する能力である。フェントンは，これらのコンセプトを抜きにした関係性スキルに価値はないと強調していることからも，社会的孤立を解決する上で基本となる関係構築のコンセプトといえる。

●無力化された人生から自らの生活をコントロールする人生へ

以上，障害者の社会的孤立の問題の争点を，障害の定義，および社会的孤立の諸要素と解決に向けた取り組みという視点から述べた。

イギリスの身体障害者団体UPIASは，たとえば，疎外された障害者の多くが送り込まれる入所施設のことを，この社会の究極の人間スクラップ蓄積場（the ultimate human scrap-heaps of this society）と鋭く批判して，社会の側が障害者を特別の場所に隔離し孤立させていることを指摘した。そして，そもそも障害は，個人の悲劇ではなくて社会によってつくられたものだと主張し，障害の社会モデルを世に問うた。また，この社会モデルから障害を捉え直している障害学の研究者らは，国際的に活用されているICFは社会的孤立を十分に説明できないことを指摘した。

フェントンの社会的孤立の諸要素についての分析では，社会的孤立状態に陥る諸要素を図式化して明解にするとともに，その諸要素のつながりを断ち切るための社会関係トレーニングを通して社会的孤立の状態を解決していくことを提案した。このトレーニングは，無力化（disabling）された状態から新たな関係を構築するトレーニングであり，社会的孤立を解決するうえでは重要な取り組みといえる。同様の取り組みはほかにもあり，代表的なものとして自立生活運動が実践しているピアカウンセリングや自立生活プログラムがあげられる。自立生活運動のリーダーのひとり，エヴァンス（John. Evans）は，自立生活運動は社会的孤立を解決（overcome）するために障害当事者が始めた運動だと述べている［Evans, 2002］が，自立生活運動では，パワレスな状態におかれた障害者が仲間とともに内なる力を取り戻し，当事者主導／主権のあり方や自分の生活を主体的につくることを学び，社会的孤立を解決することを支援している。

これらの取り組みに共通することは，パワレスな状態におかれた障害者のエンパワメントを重視していることであり，障害者の社会的孤立の問題の解決に

向けて重要な争点になるだろう。

②　障害者と社会的孤立の実態

●特別支援学校卒業後の進路──地元のつながりがないまま成人に

　第1節では，障害者の社会的孤立の争点について障害の定義および社会的孤立に至る諸要素と解決に向けた取り組みという視点から分析した。次に，事例を通してより具体的に障害者の社会的孤立の争点を明らかにしたい。

　1つめに，特別支援学校卒業後の進路を選択するときの実態を取り上げる。特別支援学校に在籍する障害児の多くは地元から離れた学校で学ぶため，幼少のころから地元の同年代の児童との交流がもちづらい。寄宿舎生活を選択した児童はさらに疎遠な存在となってしまう。学校生活を終えていざ社会に出ようとするときには，特別支援学校との関係も途切れてしまう。このことは本人にとっても家族にとっても大きな不安であり，卒業後の進路は親の会等で頻繁に取り上げられるテーマになっている。最近では比較的多くの選択肢のなかから進路を選べる地域が増えたり，大学や専門学校に進学したりするケースも増えた。しかし，選択肢が少ない地域では社会との接点が限られてしまい，居場所を失い，社会的孤立につながるケースが少なくない。家族による扶養に限界がある場合は施設入所を選択することになるが，そのことで家族との関係も変化することになる。

　就労を希望する場合，就労移行支援のサービスを利用する障害者が多い。就労移行支援のサービスは，社会包摂政策（ソーシャルインクルージョン）の政策を受けて国内外で活発に取り組まれている。しかし，社会包摂政策は障害者のニーズを考慮した政策になっているだろうか。イギリスの研究者モリス（Jenny Morris）は，重度障害をもつ若者が社会的に排除されていることについて研究している。モリスは，社会的排除の諸要因ばかりに焦点をあて，そもそも社会的排除とは何かということを明らかにしていない国の姿勢に疑問を呈しつつ，「すべての国民は価値があって排除されず潜在能力を伸ばす機会があると首相は述べたが，結局，社会的排除を撲滅する政策は雇用重視であり，個々のウェ

ルビーイングは物質的にも精神的にも仕事とリンクしていることである」と批判した。モリスはまた，雇用偏重の社会包摂策は，つまりは包摂（inclusion）ではなく既存の雇用の場に統合（integrate）できる障害者の数を増やして財政負担を減らすことが目標なのだと批判した［Morris, 2001］。介助者派遣など重度の障害者に不可欠な支援が得られるようにしたり，人権をベースにした政策にすることが重要だと主張した。

　日本でも，関連法に基づいて就労移行支援が活発に行われるようになった。しかし，就労移行支援で訓練をした利用者が雇用に結びついているかというと，実態はたいへん厳しい。モリスが指摘したように既存の企業体質に合わせられない利用者にとって現行法は有効とはいえない。無力化された状況から社会に参画し就労するためには，エンパワメントのプロセスを重視した就労移行支援システムに改善すること，そして利用者こそが社会や就労の場の変革者になるような支援が求められる。また，障害者の多くが地域とのつながりをつくる機会を奪われ，就学中から社会的に孤立する傾向にあることは上述したが，生活の充実のためには地域社会とのつながりを構築することが求められる。就労を通した社会的包摂政策だけでは障害者の社会的孤立の解決は図れない。障害者の社会的孤立を解決するうえで有効なスキルトレーニングやピアカウンセリングが必要だ。

　モリスは，障害者にとって「社会からシャットアウトされる」ことは，人権を否定されることであり，具体的には地域の一員となる権利，偏見や先入観から解放される権利，交流を図る権利，日々の生活で自己選択できる権利を否定されていることだと結論で述べている。そして，アクセス面の不平等と偏見に満ちた態度にみられる障害者を無力化するバリアにタックルすべきかを考えることの重要性を説いた。モリスが主張しているように，権利に基づいた社会的包摂政策と地域に根差した政策（教育制度も含む）が社会的孤立の解消につながることが確認できた。

●累犯障害者──家族からも地域ネットワークからも孤立

　次に，累犯障害者の事例を取り上げる。厚生労働省によると，矯正施設入所

者のなかには，支援なしには生活を送ることが困難であるにもかかわらず，過去に必要とする福祉的支援を受けてこなかった高齢者や障害者が少なくない。また，親族等の受入先を確保できないまま矯正施設を退所する高齢者，障害者も数多く存在することが指摘されている（厚生労働省HPより）。

　彼らの生い立ちを振り返ると，社会のなかに居場所がないばかりでなく，すさまじい虐待やいじめを受けた過去をもち，社会から孤立した状態となり，不幸にして罪を犯すに至ってしまった犯罪者が多い。社会のあらゆるセーフティネットからこぼれ落ちてしまい，罪を犯すことでようやく司法というネットに引っかかったのだ［山本，2006］。さらには，知的障害者は大方が軽微な罪による再犯を繰り返してしまう。矯正統計年報によると，知的障害のある受刑者の7割以上が刑務所への再入所者［山本，2006：14］，具体的には，劣悪な生活環境のなかで，生きていくために無意識のうちに起こしてしまう万引きや自転車泥棒，無賃乗車，無銭飲食などの犯罪だ。しかし，知的障害者は軽微な犯罪でも執行猶予がつく率が低く，実刑になってしまうケースが多い。

　厚生労働省社会援護局によると，親族等の受入先がない満期釈放者は約7200人で，そのうち高齢者または障害を抱え自立が困難な者は約1000人である（2008年法務省特別調査）。また，65歳以上の満期釈放者の5年以内刑務所再入所率は70％前後と，64歳以下の年齢層（60％前後）に比べて高い（2008年法務省特別調査）。しかも，65歳以上の再犯者のうち約4分の3が2年以内に再犯に及んでいる（『平成19年版犯罪白書』）。さらに，調査対象受刑者2万7024人のうち，知的障害者または知的障害が疑われる者が410名，そのうち療育手帳所持者は26名だった。知的障害者または知的障害が疑われる者のうち犯罪の動機が「困窮・生活苦」であった者は36.8％だった（2008年法務省特別調査）。

　犯罪を繰り返す障害者は地域社会に居場所がなく，また，彼らを孤立状態になるのを引き留める社会資源が地域にはなかった。さらに，軽度の知的障害者が現状では社会福祉サービスの対象者の範囲には入らないために支援が行き届いておらず，社会生活をサポートするようなフォーマルなサポートも，家族などインフォーマルな人々もいないのが実態だ。刑務所が福祉施設の代替施設になっているとメディアも取り上げている。

厚生労働省は，2009年度に「地域生活定着支援事業」を創設し，各県に設置した。さらに，2012年度からは矯正施設退所後のフォローアップ，相談支援まで支援を拡大・拡充し，入所中から退所後まで一貫した相談支援を行う「地域生活定着促進事業」を開始した。矯正施設から地域への移行支援，引き継ぎ，フォローアップを実施することで再犯を防ぎ，安定した地域生活を実現することをめざすことになった。また，『地域生活定着支援センター運営の手引き　平成22年改訂版』によると，今後の課題は，①知的障害者の基準，②保証人および身元引受人の問題（住宅賃貸，手術，福祉事務所サービス），③司法から福祉へ引き継ぐうえでの課題（福祉へのつなぎの基準，準備期間，緊急で医療が必要な人）である。さらに，軽度の知的障害者も適切な支援を得ることができるように，障害の定義と支援の対象範囲を見直すことが求められる。

　上記のような環境整備と並行して，累犯障害者が社会のなかに信頼できる人間関係と安心できる居場所をみつける支援や，社会的孤立状態から新しい人生へと踏み出すために不可欠な地域社会の理解を広めていくことも求められる。本人の生活を支えるためのフォーマルサポートとインフォーマルサポートを連携させた長期にわたるきめ細やかな支援が求められている。

●過疎地域に暮らす障害者──生活圏が地理的に孤立している過疎地域

　次に，過疎地域に住む障害者の暮らしに注目し，フェントンが社会的孤立の要素のひとつとして取り上げた「地理的孤立」が障害者の暮らしにもたらす影響を考える。

　2010年4月1日現在，全国の過疎地域市町村数は776市町村であり，全国の1724市町村の45％にあたる。過疎市町村の人口は約1123万人で（2005年国調人口），全国の人口の8％余に過ぎないが，その面積は日本国土の半分以上を占めている。振興山村に目を向けると，まとまった平地が少ないなど平野部に比べて地理的条件が厳しく，また，産業も全国平均に比べて農業や林業など第一次産業に依存する割合が高い。役場や医療機関，スーパーマーケット等の生活関連施設や学校，図書館等の教育施設が住居から遠くに位置しており，住民生活は不便なものとなっている。また，2008年の国土交通省調査の人口減少・

高齢化の進んだ集落等を対象とした「日常生活に関するアンケート調査」の集計結果（中間報告）によると，住民が生活するうえで困っていること・不安なことについての質問に対しては，「近くに病院がない」，「救急医療機関が多く，搬送に時間がかかる」，「近くで食糧や日用品を買えない」等，医療を中心に生活に必要な基礎的サービスの不足をあげる者が多い。また，「子どもの学校が遠い」等，子どもの教育面での不安を感じる者も多い。

　次に，島嶼地域に目を向けると，2010年4月現在，日本は6852の島嶼によって構成されている（国土交通省統計）が，このうち本州，北海道，四国，九州および沖縄本島を除く6847島が離島で，これらのうち，258島の有人離島が離島振興法による離島振興対策実施地域に含まれている。NPO法人コミュニティ沖縄によると，離島地域が抱えている主たる課題には，①人口の減少と高齢化，②後継者，担い手の不足，③高校進学や進学に伴う経済的負担，④出産にかかる負担，救急医療体制，介護問題，⑤水・エネルギーの安定供給，費用負担，⑥ごみ処理，漂着ゴミ，資源リサイクルの問題，⑦航路・航空路の維持，運賃・物流のコスト低減困難，⑧産業振興，担い手，ノウハウの不足，情報通信機器の格差，⑨自然環境の悪化，サンゴ礁の保全がある［岩田，2012］。沖縄の場合，39有人島のうち飛行場があるのは12島のみで，移動の経済的負担，天候による不安定航路，バリアフリー設計ではない飛行機等の課題がある。これらは地域全体の問題だが，障害者にとってはより困難度が増してしまう。

　高齢化，若年層の流出，農業・水産業の担い手不足，（利用者減少や自家用自動車利用の増加による）公共交通網の崩壊，商店街の衰退，医療保健福祉環境の未整備遠征，進学など教育に関わる経済的負担といった多分野にわたる課題を抱える過疎地。その過疎地で障害をもつ者が暮らし続けるには，地理的孤立状態を含めてさまざまな制約を克服し，かつ，既存のサービスに囚われない柔軟な発想が求められる。

　過疎地での障害者福祉の現状をより具体的に把握するために，沖縄県南大東村を事例に過疎地（離島）の実態を概観する。南大東村は那覇から空路360kmにある太平洋に浮かぶ島であり，2012年4月末現在，人口は1389人，706世帯が住んでいる。主たる産業はサトウキビを中心とする農業と漁業である。固有

の動植物が生息し，地中には美しい鍾乳洞がある。八丈島と沖縄の文化が交じり合った独特の文化があり，年中行事が島の結束を強めている。教育面では，高等学校が設置されていないので，高校に進学する若者は島を出て行かなくてはならない。ほかにも他の過疎地が抱える課題と同様の課題があり，人口の高齢化，若年層の流出，産業の担い手不足，医療保健福祉環境の未整備，島外への移動の経済的負担等が日々の生活に影響を与えている。沖縄本島に親戚が住む世帯は多く，南大東島と本島の両方に拠点をもつことで広い生活圏を築いている。そして，南大東島ではできない出産，長期治療を本島でまかなっている。子どもたちは長期休暇になると沖縄本島に長期滞在し，映画を観たりショッピングをしたりするそうだ。

　社会福祉サービスに注目すると，要介護になった高齢者は，現在，社会福祉協議会が提供するデイサービスと小規模多機能サービスを利用している。また，警察が役場や社会福祉協議会と連携しながら定期的に見回り訪問をし，高齢者の在宅生活の安否を確認している。障害者福祉については，気軽に集う場として保健師が開催するサークルがある。しかし，就労移行支援や継続支援，デイサービス等は対象者が法律で定められた最低利用人数を下回ることもあって行われていない。必要なサービスを利用したい場合は，島外に移住し福祉サービスを利用している。障害者のなかには幼少期から家族と離れて沖縄本島の入所施設に入所する者もいる。島外での暮らしを選択するケースが多くなると，村内の障害者福祉サービスの利用者が少なくなり，村行政のなかでの障害者福祉施策の優先順位が低くなる。しかし，そうするとさらに島外に移住することを選択する者が増えるというサイクルがある。村内の社会福祉サービスの質と量の向上を実現するためには，担い手と財源を確保する必要がある。しかし，財源を確保するためには産業が活性化することが求められ，産業を活性化するためには沖縄本島や本土との対等な関係や多額の投資が必要である。また，担い手を確保するために島外からの人材に期待したいが，提供するアパートがほとんどないので，担い手を確保するためにはまずはアパートを新築しなければならない。

　このように，島の社会福祉サービスを充実させ，社会的孤立を解決していく

ためには島全体のエンパワメントとボトムアップを図ることが不可欠となる。島全体がボトムアップしていくプロセスのなかで，ともに社会福祉サービスの向上を考えていくことが求められているが，この難問の糸口はどこにあるのだろうか。筆者は，糸口のひとつに，社会開発の「障害と開発（Disability and Development）」分野で活発に研究，実践されている「開発アプローチ」があると考える。開発アプローチとは，障害者が直面するバリアの解消を，地域全体が直面するバリアの解消と一緒に促進していくアプローチをいう。開発アプローチは，ある程度の開発が達成されたあとに改めて障害者の救済が社会的弱者の問題として取り上げられるパターンではなく，開発過程に障害者がその主体的な一員として関わる［森編，2008］。また，開発アプローチは，障害者のエンパワメントとメインストリーミングの2つを基盤としたアプローチ（ツイントラックアプローチ）に基づき，障害者も含めたインクルーシブな発展（disability Inclusive Development）をしていくことを推進している。

　過疎地の課題解決のプロセスに当事者が参画し（メインストリーミング），その地域全体の活性化に貢献するとともに障害者の暮らしを創る（エンパワメント）。障害と開発の視点は，地理的孤立を解決するうえでも，島の産業や生活環境と密接につながっている過疎地の社会福祉を充実するうえでも有効なアプローチと考えられる。過疎地が抱える問題をその地域で解決するための研究が求められている。

3 障害者の社会的孤立の解決に向けて

●障害者の社会的孤立状態をより具体的に理解するための研究の必要性

　社会的孤立の視点から障害者の暮らしを捉え直してみると，そもそも障害者が社会的孤立状態にあることを理論的に示す研究の蓄積が少ないことがわかる。堀は，社会的排除を克服しようとするならば，排除と周縁化を生み出す構造的要因を直視し，その克服を志向しなければならないと述べているが［堀，2012a：273］，このような視点からの研究の蓄積が必要だ。また，障害者の社会的孤立の諸要素を研究することや，社会的孤立を解決に導くプログラム研究も

期待される。

●権利に基づく自立生活の実現に向けたシステム構築の必要性

社会的孤立を解決していくためには，累犯障害者を含め，障害者が安心して暮らせる地域社会をつくることが不可欠だ。2009年12月に内閣府に設置された「障がい者制度改革推進本部」では，国連・障害者権利条約の内容に見合うよう国内法を整備しており，また，地域レベルでは障害者の権利を守る条例づくりが活発で，地域レベルで権利に基づく暮らしを実現するための取り組みが進められている。国レベル，地域レベルのこれらの取り組みでは，差別を禁止し，人権が保障され，個々のライフスタイルに寄り添う支援をいかに実現するかが議論の中心になっている。就労支援施策や地理的孤立の問題について，恩恵の体質が残る既存の支援システムから権利に基づく支援システムへの転換，そして，多様な人々を受容できる地域社会の構築が求められる。

●個人と地域社会のエンパワメント

社会的孤立に陥っている障害者が孤立状態から抜け出し，地域で自分らしく暮らすうえで障害当事者のエンパワメントは重要なプロセスである。また，社会を変革する担い手としても期待される障害当事者が自尊感情を高め，日々の営みのなかで自己選択・自己決定し，社会に参画したり仲間をサポートしたり活き活きと働いたりするためにもエンパワメントは不可欠である。さらに，本人だけでなく，障害者に関わる人々や障害当事者が住む地域のエンパワメントも欠くことはできない。特に地理的孤立状態におかれている過疎地は地域全体をエンパワーすること，しかも過疎地に都市型サービスを提供しても実態に合わないことからも，オリジナルの地域支援をつくることが期待される。非常にむずかしい課題であり，これらの課題解決に向けて学術的分野を超えた研究，実践が求められる。

【引用・参考文献】

青い芝の会神奈川県連合会編［1970］『あゆみ』11，青い芝の会行動綱領（横田弘）。

岩田直子［2008］「第 4 章　障害のある人の運動から生まれた自立理念」志村健一・岩田直子編著『障害のある人の支援と社会福祉―障害者福祉入門』ミネルヴァ書房
岩田直子［2012］「第 1 章　自立生活の多様性を求めて―沖縄県宮古島市を事例として」堀正嗣編著『共生の障害学―排除と隔離を超えて』明石書店
小川喜道［1998］『障害者のエンパワーメント―イギリスの障害者福祉』明石書店
オリバー，M.（三島亜紀子ほか訳）［2006］『障害の政治―イギリス障害学の原点』明石書店
後藤広史［2009］「社会福祉援助課題としての『社会的孤立』」東洋大学／福祉社会開発研究 2 号
ジョンストン，D.（小川喜道ほか訳）［2008］『障害学入門―福祉・医療分野にかかわる人のために』明石書店
田島良昭ほか［2007］『虞犯・触法等の障害者の生活生活支援に関する研究』厚生労働科学研究費障害保健福祉総合研究事業
土堤内昭雄［2010］「若者の社会的孤立について―公平な人生のスタートラインをつくる」「REPORT」JULY, 2010 NLI Research Institute.
野崎康伸［2006］「青い芝の会と分配的正義―誰のための，何のための正義か」『生命と倫理・社会（オンライン版）』Vol.5, No.1／2
バーンズ，C.，マーサー，J.，シェイクスピア，T.（杉野昭博ほか訳）［2004］『ディスアビリティ・スタディーズ―イギリス障害学概論』明石書店
堀田義太郎［2005］「障害の政治経済学が提起する問題」『生命と倫理・社会（オンライン版）』Vol.4, No.1／2
堀正嗣［2012a］『共生の障害学の地平』明石書店
堀正嗣編著［2012b］『共生の障害学―排除と隔離を超えて』明石書店
森壮也編［2008］『障害と開発―途上国の障害当事者と社会（研究双書567）』日本貿易振興機構アジア経済研究所
南大東村役場編［2011］『平成23年度村勢要覧』南大東村役場
山本譲司［2006］『累犯障害者―獄の中の不条理』新潮社
『読売新聞』2012年 3 月25日「家族ごと孤立死深刻　見守りの盲点」
「一人ひとりを包摂する社会」特命チーム［2011年 5 月31日］『社会的包摂政策を進めるための基本的考え方』
Barnes, C., Mercer, G. and Shakespeare, T.［1999］Exploring Disability：A Sociological Introduction, *Policy Press*
Barnes, C.［2011］Understanding Disability and the Importance of Design for All, *Journal of Accessibility and Design for All*, 2011-1（1）
Campbell, J. and Oliver, M.［1996］disability politics：understanding our past, changing our future, *Routledge.*
Evans, J.［2002］How Disabled People are Excluded from Independent Living― Presentation for Madrid Conference On Europe Disabled People―, *Centre for*

Disability Studies, The Disability Archive UK, University of Leeds
Fenton, M. [1989] Passivity to Empowerment : A Living Skills Curriculum for People with Disabilities, *The Royal Association for Disability and Rehabilitation*
Goodley, D. [2011] Disability Studies; An Interdisciplinary Introduction, SAGE.
Johnstone , D. [2001] *An Introduction to disability Studies ― Second Edition*, David Fulton Publishers.
Morris, J. [2001] Social exclusion and young disabled people with high levels of support needs, *Critical Social Policy*, Vol. 21(2).
UPIAS [1975], Priestley, M. ed. "Fundamental Principles of Disability", *Centre for Disability Studies, The Disability Archive UK*, University of Leeds
World Health Organization [2001] International Classification of Functioning, Disability and Health FINAL DRAFT (Full Version)
http : //www.nivr.jeed.or.jp/download/houkoku/houkoku67_03.pdf

障がいのある人もない人もいのち輝く条例づくりの会　http://inochikagayaku.ti-da.net/

国土交通省国土計画局総合計画課「人口減少・高齢化の進んだ集落等を対象とした『日常生活に関するアンケート調査』の集計結果（中間報告）」概要，2008年12月，http://www.mlit.go.jp/common/000028508.pdf

5 社会的孤立と行政

小川栄二（立命館大学）

●はじめに

　本章では，社会的に孤立した人々の社会福祉援助が必要な生活状態について，高齢者に焦点をあてて考察する。また，その生活問題に対応すべき自治体行政の現状と課題について考察する。

　人々の「社会的孤立」の問題は高齢者に限らない。周産期や子育て中の母親（たとえば，育児の孤立），子どもから青年に至る若年層（たとえば，いじめ，引きこもりなど），就労世代で社会生活が困難な人々（たとえば，失業，障害者の地域生活など），引退した高齢者（地縁・血縁・社縁の希薄化など）にまで及ぶ。

　そのなかでも，高齢者に焦点をあてるのは，第1に，「所在不明高齢者」「無縁社会」などとして高齢者世帯の社会的孤立が特徴的に社会問題化していること，第2に，社会保障・社会福祉に関する制度・政策・行政の体制の変容が高齢者領域で最初に現れ，今日でも変容の最先端にあり，かつサービスの保険原理と私的契約，さらに最近顕著になっている厳しい利用抑制のために，高齢者のサービスからの乖離が懸念されること，第3に，住民全般の社会的孤立は筆者にとっては広すぎること，筆者自身がこの30年間高齢者の地域生活領域において研究してきた一定の蓄積があること，のためである。

　社会的に孤立した人々の社会福祉援助が必要な生活状態については，援助が必要だが，「積極的に援助を求めない」「拒否的」な高齢者の状態と，社会的孤立と結びついて現れかつ公的な取り組みが必要な「生活後退」（セルフ・ネグレクト）とについて取り上げる。行政については，行政の機能・働きのうち，相談援助とアウトリーチの組織および活動のあり方・課題を取り上げる。

1 高齢者の生活後退，社会的孤立

●孤立する高齢者の実態把握とその困難性

　2000年前後は，介護保険制度・市場サービス万能論が盛んだったが，当時，保険給付の複雑な仕組みと給付諸要件・費用負担などの厳しさから，サービス利用が困難な人々，契約型・企業型サービスの仕組みになじまない人々が生まれる危険性は無視されていた。[1]筆者が心配したのは，社会福祉サービス，介護サービスが必要にもかかわらず，援助・サービス利用から遠ざかり，生活が悪化しても孤立したまま潜在化してしまう高齢者が増えるのではないかということであった。

　孤立傾向の高い高齢者の生活実態の把握は，非常にむずかしい。そこで，筆者らはそうした人々の周囲にいる民生委員，介護支援専門員，地域包括支援センターなどの関係者への質問・聞き取り調査を行うことによって事実を明らかにしようとした。調査から明らかになったことは次のことである。すなわち，①多くの関係者が高齢者の生活の悪化（筆者はそれを「生活後退」と呼びたい）と援助への消極性・拒否に出会っていること，②そうした高齢者が周囲からの通報を受けるまでの間にタイムラグがあること，③姿自体が周囲から見えなくなっている場合と，周囲がある程度気づいているが対処できない状態（問題が小地域・事業所内に潜在化している状態）とがあること，④援助へ消極的あるいは拒否的な人々は単身高齢者に限らず，同居家族のいる世帯もあること（世帯丸ごとの孤立），⑤姿すら見えない場合は救急搬送や孤立死という緊急事態に至ること，などである。

　筆者らが行った調査のうち本章で取り上げるものの概要を以下に示す。

●2003年民生委員調査

　2003年，京都市上京区の民生児童委員157人に直接配布。回収率98.1％。

　報告書：立命館大学・孤立高齢者調査チーム「京都市上京区における見守りと支援を必要とする高齢者と民生児童委員の活動にかんする調査報告」2004年3月

●2005年介護支援専門員調査

2005年，中央社会保障推進協議会などを通じて調査票を配布し，426件回収。

報告書：立命館大学高齢者の援助拒否・孤立・潜在化問題研究会「要援護高齢者の援助拒否・社会的孤立・潜在化問題に関する調査報告書（第1次）」2006年7月

●2009年地域包括支援センター調査

2009年，近畿圏全地域包括支援センター560カ所に郵送。回収率29.8%。

報告書：立命館大学高齢者の援助拒否・孤立・潜在化問題研究会「地域包括支援センターにおける介護予防・地域支援事業実施状況に関する調査報告書（第1次集計）」2009年11月

●2010年地域包括支援センター調査

2010年，近畿圏全地域包括支援センター560カ所に郵送。回収率24.6%。

報告書：立命館大学高齢者の援助拒否・孤立・潜在化問題研究会「地域包括支援センターにおける高齢者の援助拒否・社会的孤立・潜在化問題に関する調査報告書」2012年2月

◉接近困難な高齢者――援助「拒否」と社会的孤立

民生委員等の関係者が高齢者宅を訪問したときに，面会やサービス利用に消極的または拒否的で，援助が展開できない事態はしばしばある。2003年に行った京都市上京区民生委員への調査では，介護保険制度実施以降，地域で生活上の支援をする必要がある高齢者のいる世帯の支援で「困ったことのある」と答えた人は42.2%おり，自由回答では，食事，不衛生，室内のゴミや散乱，被服の状態の悪化，未入浴など深刻な生活の後退が記述されていた。

2005年の介護支援専門員調査で「あきらかに介護または生活援助が必要にかかわらず本人が援助を拒否」の自由記載の一部を紹介しよう。

[本人が家族の状態や意向，介護サービスの必要性などを理解しておらず援助を拒否]
○70代女性，独居。隣接する妹夫妻に対し依存心が強く，訪問介護や配食サービスを利用しても，妹にやってもらうからとサービスを断ってしまい，妹の精神的負担が大きい。

○家族（子ども）は介護のために十分就労できず（中略）サービスを勧めても，「それなら死んだらええのや」と言い拒否するため，にっちもさっちもいかない。
［本人の認知症，精神障害，精神疾患等による介護に対する理解の問題から援助を拒否］
○認知症，要介護4で一人暮らし。毎日ご飯を1升炊き食べないので腐ったり，その腐った物を食べたり，電気釜の中にいろいろな物を入れてスイッチを入れ，本人は自分できちんとやっていると言い，ヘルパーを拒否。
○何が散乱していても気にならない。ご飯が炊けなくても（コードを切ったりする）酒がある。親族が見兼ねて食品を時々届けているが，知らない人の訪問は拒否。
［経済的な要因から援助を拒否］
○独居，認知症，室内は物が散乱，尿悪臭，不衛生，着替えできていない，外出困難，他人を部屋に入れない，近くに住む子が夜食事弁当援助。経済的困窮と本人が他人の援助拒否のため，介護保険制度の利用勧めるが利用に至らず。
［社会的体裁などから援助を拒否］
○90歳の母親はプライドがありヘルパーの利用を拒み，訪問看護師が食事作り・買い物・掃除などを行い，4年がかりで徐々に受け入れてくれるようになった。
［関係機関との関係が不良であることから援助を拒否］
○独居の男性。手足の動きが悪くなり生活援助が必要とケースワーカーから連絡があった。利用者はベッドの貸与を希望し，介護保険の説明をして翌日訪問調査の予定だったが，ケースワーカーと折り合いが悪く，本人が介護保険証を破り捨てたことが医師にも伝わっていたことを不信に思い，拒否された。
［制度や契約行為，介護サービスの理解がむずかしいことから援助を拒否］
○「ゴミ屋敷」（玄関から寝室まで一人が通れ，横になれるすき間のみあり。他は天井まで様々なものが壁のように積まれている）に住んでおり，入浴できないので好きなときにデイサービスのみ利用させて欲しいとの依頼があり，他は全ての介入拒否。
○家族（本人独居）の連絡先を教えてもらえず，ご本人は全盲で，契約ができない状況であったが，当初契約ができず動くことができず困った。週1回掃除の援助のみを希望され，他の必要と思えるサービスは全て拒否された。

（「2005年介護支援専門員調査」24頁。下線は筆者）

　本人と家族の葛藤，困り果てた家族，認知症および心身の障害，経済的困難，生活の悪化など，家族のいる世帯も含めた困難な状態が明らかである。同調査では，本人の拒否と同時に家族による拒否も多数ある。それは，家族が自分で介護が可能と譲らない例，家族が介護の必要性を理解しない例，家族関係が悪化している例，虐待例など，どれもが深刻である。
　次に，親族ネットワークの弱い世帯をみてみる。2009年調査の「初回相談

の時点で既に対象者の生活状況や健康状態が極端に悪化し,緊急性の高い事例」の自由記載の中から,親族以外の通報事例の一部を紹介しよう。記載された状態は,拒否の様子,心身状態,室内状態の悪化など,まさに危機そのものである。通報者は民生委員が多く,通報者未記載のものの一部は地域包括支援センターの見守りケースと思われる。

○新聞が溜まっている独居男性宅に民生委員と共に訪問したところ,食事もほとんど食べず,病院通院も拒否され,民生委員と共に毎日訪問して様子を確認したケース。
○民生委員の相談。寝たきり状態になり,尿失禁しているようなのに,受診全て拒否。子供は精神疾患があり,通報能力が無かったケース。食事―往診手配。親戚へ連絡。
○高齢者夫婦ふたり暮らしで近隣とあまり付き合いがない。玄関,庭にゴミが山積み(中略)近所の方は(中略)最近はあまり姿を見ないということで民生委員が救急隊に連絡,警察が入り玄関で声をかけるも反応なし。ガラスを割るも夫は中に入れようとしなかった。妻はやせて起き上がれる状態ではないが,本人も病院に行くのを拒否する。緊急出動が日曜日だったため月曜日に警察から市に連絡が入り,市と一緒に包括と訪問。夫は介入の拒否は強かったが,根気強く毎日訪問すると家の様子も見えてきた。人が通るのがやっと。布団を敷いてある所以外は空間がない。妻は褥瘡ができており,布団・衣類は汚れ,長い間清拭はできていない。訪問の度に清拭処置を行い,排泄介助の仕方を指導するなど関係作りからはじめ,妻の入院・治療までできるようになった。
○ひとり暮らしの認知症の女性。要介護の認定を受けるもサービスすべて拒否し,遠くに住む家族や地域の民生委員,センター職員等で見守りしていたが,夏のある日,家族がたまたま訪問した折,脱水症状おこし,室内で倒れていた。
○ゴミ屋敷に住んでいた人が,判断力低下のため,生活費を失い,インシュリンの注射も適当(多め)に打っていた。金銭管理等の支援も拒否していた。
○電気,ガス,水道は止められ,ゴミ屋敷の状態の中で暮す高齢者,別居する息子が弁当を運ぶ。本人はサービスを拒否,キーパーソンとなる息子は包括支援センターとの関りを避ける。

(「2009年地域包括支援センター調査」28〜33頁より抜粋。下線は筆者)

上記自由記載(簡単なものから詳しいものまで113例)のうち,心身状態の記載のあるものを数えたところ,心身状態が悪化していた例の記述は重複を含み83例あった。栄養状態の悪化・脱水という危険な状態が13例あり,なかには羸痩(るいそう。劇痩せ)というものもあった。認知症も13例あり,精神疾患または精神症状と整理したものが7例,癌・末期癌も6例あった(図表5-1)。

図表 5-1
悪化した心身状態の内訳

症状	件数
栄養・脱水	13
認知症	13
精神疾患・精神症状	7
寝たきり	7
癌・末期癌	6
アルコール	5
衰弱	4
転倒	4
倒れたまま・動けず	4
虚弱・軽度	3
腰痛	3
ADL	2
ヤケド	2
全身状態	2
その他	8

出所：「2009年地域包括支援センター調査」データから筆者作成。

心身状態が悪化していた例は，上述のとおりである。虐待の自由記載は34例で，「虐待」とだけ記載したもの15例，「身体的虐待」6例，「放置・放棄」6例，「経済的虐待」3例であった。

こうした高齢者が社会的に孤立傾向が強いことを，2010年の調査で通報された緊急事例でみてみよう。「初回相談の時点で既に対象者の生活状況や健康状態が極端に悪化し，緊急性の高い事例」の自由記述を集計したところ「発見者（通報者）」は図表5-2のとおりである。記載数合計117件のうち，保健福祉関係者64件（54.7%）が圧倒的に多く，次いで隣人13件（11.1%），家族11件（9.4%）となっていた。この項目は，東京都監察医務院の発見者（通報者）項目に揃えて再集計したもので，保健福祉関係者64件の内訳は，民生委員が保健福祉関係者の42.2%を占めていた。このなかには近隣が民生委員に通報したものもありうる。他は福祉事務担当者や介護保険サービス事業者などであった。一般的に地域包括支

図表 5-2　緊急性の高い事例の経路（記載数合計117件）

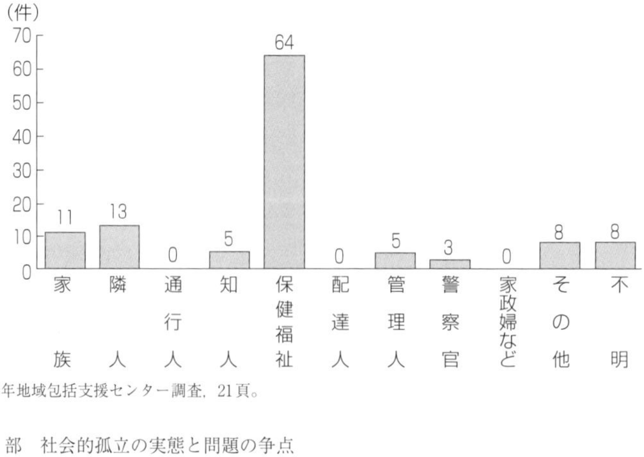

家族	隣人	通行人	知人	保健福祉	配達人	管理人	警察官	家政婦など	その他	不明
11	13	0	5	64	0	5	3	0	8	8

出所：2010年地域包括支援センター調査，21頁。

援センターへの相談者は「2009年地域包括支援センター調査」では家族の割合が高い（複数回答で70%）が，2010年調査のように，状態が極端に悪化して初めて通報される場合では家族以外の人が多く，この乖離に着目したい。

この調査では多くの克明な自由記載を書いていただけた。それはたとえば，発見までの経過とその後の経緯であり，以下のような様子である。

高齢者（男）。ひとり暮らしにて，団地に居住し，近隣住民より地域担当民生委員さんに異臭がすると連絡あり，民生委員さんより包括支援センターに連絡あり，同行訪問行う。近隣，住民，民生委員，包括職員で訪問するも応答なし。管理会社にも連絡する。何回も扉を叩く。少し物音が聞こえる。合鍵にて入室。部屋は散乱し生ゴミ，糞尿もまきちらし，異臭を放ち，奥の部屋で万年床の布団の上で横たわっている。（中略）救急車を要請し病院に搬送。管理人に保証人を確認し〇〇市の親族に連絡とれる。医療保険（料）も滞納しており，行政，包括，地域民生委員，近隣住民連絡のもと，家の掃除を行う。

「発見までの経過」をみると，重大な状態になるまでサービスに結びついていないのが特徴的である。経過の一部を簡単に整理すると，「民生委員→包括→救急搬送→入院」というタイプが比較的多く，「近隣→民生委員→役所→包括→訪問」，「役所→包括→生保ワーカー→往診→介護認定申請」など間に行政が入っているものも少なからずあった。さらに「かかりつけ医→入院→飲酒・自己退院→状態悪化→往診→包括訪問→ケアマネ→サービス導入」という，現場ではしばしばみられる展開が克明に記されているものもあった。

また，サービス利用状況は，「なし」72.6%（85件），「あり」16.2%（19件）であった。「発見までの経過」の自由記載でも，通報・訪問・救急搬送後，介護認定を受ける事例が数多く記載されている。サービス未利用・サービスからの乖離は社会的孤立の重視すべき一側面である。しかもそのうちのいくつかは生活保護受給世帯であった。福祉事務所の機能のあり方が問われる。

こうして，親族関係が薄く，サービスにも結びついていない高齢者が緊急ケースとして通報される，という事態が明らかとなった。ただし，緊急対応の多くは地域からの何らかの通報に基づいているから対応に至ったのである。つまり，完全に孤立してはいないが，重大な事態になって，幸いにもやっと近隣関係，

民生委員などの手によって通報されたのであり，状態悪化の始まりから通報までのタイムラグからみて「潜在化していた期間」があるということができる。

●社会的に孤立した高齢者世帯に現れる生活後退と「ネグレクト」

これまでみてきたように社会的に孤立した高齢者には，深刻な心身の状態，生活全体の悪化がみられる。それは「ゴミ屋敷」と書かれている室内状況，身体・被服・室内の不衛生・未入浴，貧困で偏った食事・低栄養，親族・近隣関係の悪化，そして自律的な回復の困難な状態である。それを筆者らは「生活後退」と呼び，「高齢者・障害者など生活障害がある人々の衣・食・住を中心とした基本的な生活の局面で現れる生活内容の貧困化・悪化及び自律性の後退」と現象レベルで表現してきた。

この生活後退のプロセスの全体像はまだ解明されていないが，①本人に内在する問題，②家族・知人など介護者の問題，③生活手段の問題，④医療，保健・福祉サービスの問題，⑤地域・社会関係の問題，が原因となり，生活の縮小と低レベルでの均衡，そして閉じ込もり・社会関係の縮小が悪循環となり，やがて生活後退に至るものと考えている。これは1980年代半ばにホームヘルパーによって研究が始められて以来，次第に明らかになってきたものである。[2]

近年，類似した事態を「セルフ・ネグレクト」という用語で表現することが一般的になっている。[3]この言葉はアメリカの虐待（自己放任）の考え方の日本への紹介がルーツになっている。筆者は生活後退を「虐待・自己放任」の範疇では捉えず，多様な要因に目を向けている。多様な要因とは前述の①〜⑤であり，現実には本人の心身や生活力の状態に加え，所得や住居・生活手段の貧困，親族や地域など社会関係の孤立，本人と家族の状態理解，介護，相談力，情報に欠けていること，介護保障制度へのアクセスのむずかしさなどの社会的背景と個人要因とを考えなければならない。もし「虐待」の範疇で捉えると，それは本人の態度の問題であり，虐待者は自分自身ということになり，自己決定＝自己責任に帰される危険もある。公的対応は「虐待防止」に限定されてしまう危険性があることから，むしろその放置は人権に関わる問題で公的責任において対応すべき問題であり，「放置」こそが「社会的ネグレクト」とみた方がよ

いのではないかと考えている。

　ここでは詳細を述べることはできないが，これまでの筆者らの研究によって，高齢者の「孤立」，「生活後退」，「潜在化」の特徴と対応のあり方を総括すると，以下のように整理できる。

① 社会的に孤立した高齢者は，周囲から気づかれ，援助を受けるまでに一定のタイムラグ＝潜在化した期間があること，または，周囲が気づかなければ危険な状態になりうること──老人福祉法に基づく公的責任においてアウトリーチを行うことが必要である。

② 社会的に孤立した高齢者は，サービスへの消極性や拒否的傾向にあり，「接近困難」な場合もあること，同時にしばしば健康の悪化，生活後退が現れること，姿自体が見えない場合（姿としての潜在化），救急搬送，孤立死に至る危険があること──孤立的，拒否的な高齢者への対応には，「介入」という要素が含まれることから，公共性のある機関による専門的対応が行われなければならない。拒否的な高齢者の生活の背景は実に多様である。筆者たちは「介入」の技法を研究したが，公的機関による粘り強い接触と接近の技法によって，拒否，健康悪化，生活後退に直接対応できる，公的な保健師・ホームヘルパーなどの専門職の活動がきわめて有効であることがわかってきた。[4]

③ 潜在化した期間でも，地域の人々（近隣・町内会・民生委員など），事業所などが気づき始め対応に困っている期間があること──小地域潜在化と事業所内潜在化には地域，事業所のネットワークとチームアプローチが必要である。

2 高齢者の孤立問題に関わる行政組織・機能の変遷

●高齢期の社会的孤立と制度・政策的背景

　高齢期のライフステージ上の特徴は，①引退に伴う日常生活の変化，②引退による収入の途絶・減少，③引退に伴う家族内・社会的な地位の変化，④加齢に伴う心身の変化と環境との不適合性，⑤以上に対して生活の再設計を行う時期，ということができる。そして，再設計にあたり，①本人自身に内在化・蓄積されたもの（健康・生活力など），②生活手段の状態（年金，貯蓄，住居・設備な

ど），③家族・地域・社会の関係などの現役期の「貧困と格差」を新たな形で引き継ぐ。

　生活の再設計時期の，社会保障・社会福祉制度の状況は重要である。減少し続ける年金（生活保護老齢加算の廃止）は，すでに切り詰めている食費や被服費だけでなく社会的強要費目とされる交際費に影響するし，医療・介護制度の保険料と自己負担金の増加は，保険料未納者を生み出し，受診・介護サービス利用を抑制する。前述した，人権として保障されるべき領域の契約制度・商品サービス化は介護保険制度の複雑なシステムを理解しがたいものとする。

　低収入のための交際費の節約は社会関係を縮小させ，閉じ込もりがちな高齢者の生活スタイルを作り出すことも，筆者はケースワーカーとしてみてきた。

●高齢者福祉に関わる行政制度の変遷（1990年代までの概観）──老人福祉法に示されたアウトリーチの必要性と福祉事務所機能のアウトソーシング

　ここで，アウトリーチと相談・援助に関わる行政制度の経緯を概略的にみてみよう。自治体行政における戦後の相談援助活動は，1951年の福祉事務所制度発足によって制度化され，福祉事務所は保護と措置の機関として位置づけられた。戦後から1960年代にかけて生活保護法，社会福祉五法が制定され，福祉六法体制がつくられた。

　1963年に施行された老人福祉法第７条で，福祉事務所は「老人の福祉に関し，必要な実情の把握に努めること」（1989年の福祉八法改正により第５条の市町村が行わなければならない業務となった）という義務規定が定められた。老人福祉法による措置は職権主義をとっているが，1963年に本法が制定された当時の厚生省社会局長によって著された『老人福祉法の解説』では「公的機関に措置義務があることから派生する反射的利益である」と住民の申請権を認めない立場をとりながらも，「本法も……職権によって措置をとることとしているが，これは，本法も制定の趣旨にかんがみ，老人からの申請を待つという態度を一歩進めて，措置は実施機関自ら管内の老人の実態を把握し，積極的に措置を要する老人の発見に努めることを要請するものである」と述べており，いわば「職権探知」を求めていたのである。

福祉事務所が住民生活に責任を負う考え方は，福祉事務所を第一線機関と位置づけた，厚生省監修の1971年『新福祉事務所運営指針』にも現れていた。そこでは「現業サービス機関の3つの特色」として「迅速性」「直接性」「技術性」を掲げた。その主旨は以下のとおりである。「直接性」については，福祉事務所は自己の名と責任において住民に対し直接かつ具体的にサービスを提供する機関であり，措置や給付を直接的に行う機能を多くもっていることを述べた。行政が直接援助機能をもつことの必要性を指摘していたことに注目したい。「技術性」については，福祉事務所は住民に直接，福祉サービス行う機関だから，対人行政に伴う特殊な技術性が必要との主旨を述べ，思いあまった末に相談に来る人々に援助できる伎倆を身につける必要性を述べた。

　その後の福祉事務所は，標準的な福祉事務所の六法総合組織から単法組織への多様な組織形態をとることとなる。前出の「直接性」については，1970年代までは，ケースワーカーが専任の吏員であることはもとより，ホームヘルパーも原則として常勤の公務員か社会福祉協議会の職員とすべき，とされていた。

　しかし，1970年代はオイルショック後の福祉見直し路線，1980年代の臨調「行革」路線によって，福祉事務所・行政の相談機能はアウトソーシングの方向に向かう。それは，福祉公社方式や社会福祉協議会の在宅サービス供給組織のもとでのソーシャルワーク（コーディネート）機能作り，郡部福祉事務所の現業員の配置基準の緩和，在宅介護支援センター方式による相談機能の外部化などであったといえる。

　1990年代には行政のタテワリが批判され，「保健・福祉の総合化」が政策として打ち出され，各地で「保健福祉総合窓口」，「保健福祉センター」といった組織改編も試行された。背景には老人保健法以来の入院抑制と在宅化の政策，医療再編，保健所解体の政策があったと考えられる。

　こうして，公的な相談援助機能が次第に変容するとともに，アウトソーシングの素地が出てきたのであった。

　なお，イギリスで生まれたケアマネジメント方式の日本への紹介では，ケアマネジメントの最初の取り組みは「ケースの発見」であった。しかしこの議論は，介護保険制度とともに消えてしまった。

● 基礎構造改革以降の行政組織――行政機能を担う地域包括支援センター

　介護保険法，基礎構造改革によって2000年以降，「措置」方式は「契約」方式に切り替わり，行政の相談機能は縮小へと向かう。「措置」は老人福祉法に残ったが「やむを得ない事由がある場合」に限られた。この縮小は福祉事務所の専任の老人福祉指導主事の減少（2000年対前年比68%），後述する措置の激減に端的に現れている。

　こうした情勢に対して，2000年以降一部の自治体では，行政直営の居宅介護支援事業所，直営の訪問介護事業所，事業者連絡会を通じた民間事業所との連携の維持，「やむを得ない措置」を重視しケースワーク機能を維持する仕組み，介護予防・地域支え合い事業内での直営ホームヘルプの維持など努力と組織機能の工夫が試みられた[5]。しかし，高齢者領域では「丸投げ」が支配的であった。

　一方，2006年から介護保険法による地域支援事業と地域包括支援センターが動き出した。地域支援事業はそれまでの，老人保健事業（老人保健法），介護予防・地域支え合い事業（国庫補助事業），在宅介護支援センター事業（老人福祉法）を介護保険財源で市町村が実施するものである。地域包括支援センターを設置できるのは，市町村と法人――「包括的支援事業を適切，公正，中立かつ効率的に実施することができる法人であって」，「市町村が適当と認め」（施行規則第140条の67）た法人――である。

　地域包括支援センターが行う「地域包括支援事業」は，市町村が行う「地域支援事業」（法第115条の45）のうち，介護予防ケアマネジメント事業，総合相談・支援事業，権利擁護事業，包括的・継続的ケアマネジメント支援事業である。そして包括的支援事業についての市町村と法人の関係は，「市町村は，老人福祉法第20条の7の2第1項に規定する老人介護支援センターの設置者その他の厚生労働省定める者に対し，包括的支援事業の実施を委託するができる」という委託関係である（法第115条の47）。これによって，行政圏域をもち公的性格の強い「地域包括支援事業」が民間の法人に委託される。一般には地域包括支援センターの民間委託といわれるが，法の仕組みでは，地域包括支援センターは届け出によって法人も設立しうるのであり，委託されるのは地域支援事業であると筆者は理解する。「直営の」地域包括支援センターは年々割合を低下さ

せており，2009年時点で「直営」は28.3%である。

　地域包括支援センターには上述のように公的責任の強い事業が委託されるが，さらに「発見機能」が求められている。厚生労働省老健局長通知「地域支援事業の実施について」(2006年6月9日老発第0609001号) で「地域包括支援センターは，支援を必要とする高齢者を見い出し，保健・医療・福祉サービスをはじめとする適切な支援へのつなぎ，継続的な見守りを行い，更なる問題の発生を防止するため，地域における様々な関係者のネットワークの構築を図る」(傍点は筆者) とし，手引き，業務マニュアルでも詳しく説明されている。孤立し，潜在化する高齢者を「発見」するためには積極的な「アウトリーチ」を重視する必要がある，というのである。

　なお，2005年の高齢者虐待防止法により市町村に立ち入り調査権が認められているが，地域包括支援センターには認められていない。

●老人福祉法による措置

　介護サービスが措置制度から契約制度に切り替えられたことにより，老人福祉法の大半の居宅・施設サービスは介護保険制度に移行し，養護老人ホーム等の施設サービスと，いわゆる「やむを得ない措置」が老人福祉法の措置として残った (図表5-3)。2000年に大半の要介護者は介護保険制度に移行した。2008年頃から特養ホームへの措置が増えているのは，「虐待防止法」の効果だと推測する。

　この「やむを得ない措置」は一般に「認知症と虐待」以外は認められないと解釈されているが，正確ではない。老人福祉法第10条で，身体上または精神上の障害があるために日常生活を営むのに支障がある65歳以上の高齢者が，やむをえない事由によって介護保険法に規定する居宅サービスや施設サービスを利用することが著しく困難であると認めるときに行われるもの，としている。

　このやむをえない事由とは，2000年の時点では「老人ホームへの入所措置等の指針について」のなかで，「(1) 本人が家族等の虐待又は無視を受けている場合，(2) 痴呆その他の理由により意思能力が乏しく，かつ，本人を代理する家族等がいない場合等が想定されるものである」(平成12年11月22日老発780

図表 5-3 老人福祉法の措置による訪問介護員の派遣対象世帯数，特養ホームの在所者数（年度末現在）

年度末	訪問介護員派遣世帯	特養ホームの在所者数
1998年度	457,714	266,140
1999年度	513,476	287,942
2000年度	162	88
2001年度	92	67
2002年度	63	105
2003年度	84	268
2004年度	178	280
2005年度	88	247
2006年度	333	274
2007年度	119	367
2008年度	251	448
2009年度	220	655
2010年度	120	714

出所：「社会福祉行政業務報告」(e-Stat) 各年度版，年次推移表より筆者が作成。

号改定「老人ホームへの入所措置等の指針について」）と，「……等が想定される」であって限定列挙ではなかったが，2006年ではさらに「事業者と『契約』をして介護サービスを利用することや，その前提となる市町村に対する要介護認定の『申請』を期待しがたいことを指す」（平成18年3月31日老発0331028「老人ホームへの入所措置等の指針について」）とさらに広く解釈できる説明になっている。

前述した，深刻な生活後退と援助拒否を伴う孤立傾向の高い高齢者は，老人福祉法の職権主義からみても，私契約主義ではなく行政の働きかけによってサービスにつなげる努力が必要である。さらに，「認知症と虐待」だけでなく，孤立的で拒否的な自発性が低い高齢者も措置の対象とできるはずであり（むりやり措置するのではない。粘り強く接触し，サービスに結びついたときに本人が「ああよかった!」と言うような取り組みである），生活後退を無理にネグレクト=虐待と解釈しなくてもすむのではないだろうか。

3 社会的に孤立した高齢者への援助のあり方
―― 公的イニシアティブの再構築

社会的孤立について，筆者は社会保障の公的責任の追求と，国民の自治と協同による主体形成の必要性を考えているが，ここでは行政のあり方に絞って述べる。また，「地域主権改革」とその先取りとも思える在宅介護での「ローカ

ルルール」（たとえば，同居家族がいたら家事援助は給付しないなど）の横行や2012年法改定による「日常生活支援総合事業」（後述）は，ナショナルミニマムの放棄と地域間格差をもたらすことになるので，国レベルの行政課題は重要なテーマだが，ここでは自治体行政の福祉活動について述べる。

今日，高齢者へのアウトリーチおよび相談・援助機能は，福祉事務所から居宅介護支援事業所，地域包括支援センターへと大きくシフトしてきており，さらなる変容も予想される。よって，現段階では，具体的に組織形態を提起せず，行政の守備範囲と活動形態を提起したい。

●市町村の行う行政サービス・機能・体制

上記の諸課題に対する行政組織と機能について，以下のように考える。

第1は，孤立し援助を拒む高齢者世帯などに対する，老人福祉法による援助＝措置の積極的な取り組みと，それが可能な組織と専門的人材（ケースワーカー，保健師やホームヘルパーなど）の確保である。これはサービスの現物的提供のためにも必要なことである。

第2は，市町村の組織のなかに，アウトリーチ＝直接訪問の機能を維持させることである。すでに高齢者虐待問題では市町村に立ち入りの権限が付与されたが，市町村は直接援助のノウハウを失っている例がしばしば聞かれる。二次予防対象者への直接訪問，虐待や「困難」ケースに直接対応できる上記の専門的人材の配置，チームアプローチができる直接援助体制を行政内部に維持することが大切である。

第3は，介護認定者に限定しない高齢者への社会福祉制度・サービスの確保である。特に「軽度者」とされる非該当者のなかにも社会福祉課題があり，介護問題についても要介護＝重度化する前に「軽度な」時期が必ずあったはずである。2012年制度改定では，要支援者は介護保険の予防給付か「市町村が行う事業及び介護予防・日常生活支援総合事業」のどちらかが適用されるとされている（法文ではどちらか一方の選択とは書かれていない）。介護を心身機能の一部で判定する保険事故とみるのでなく，「軽度者」も高齢期の社会福祉の対象として市町村のサービスのなかに総合的な位置づけを行う「保健福祉計画」が求

められる。例示するならば，誰でも参加できるミニデイや会食などの場所づくり，歩行可能な高齢者でも必要な買い物支援，かつての「介護予防・生活支援事業」でメニュー例示のあった非該当者への軽度生活支援事業や，いわゆる「困難ケース」に対する生活管理指導事業家事援助，不十分な住居設備等のため自宅入浴が困難な高齢者に対する入浴保障など，ADL（日常生活動作）の援助は，「自立」でも社会福祉の観点から必要なサービスである。

　第4は，相談窓口，通報対応組織は，住民生活を総合的にみることができる総合性をもつ必要があることである。認知症の親を殺してしまった事件の場合，介護のため失業した息子が福祉事務所に生活相談したところ，「就労可能」として保護を受けられなかったが，そのときに介護サービスの利用に結びついていないのであった。ライフラインも止められた要介護の母親と知的障害の子どもが生活相談に行ったが援助を受けられず孤立死した事件もあった。市町村の相談窓口・面接職員には生活全体をみる姿勢と伎倆が必要であり，そうした専門性を行政内部に蓄積することが必要である。

　第5は，住民の自主的・主体的活動，委託した地域支援事業の担い手（民間の地域包括支援センター），民間事業所をはじめとして諸資源のネットワークを育成するとともに，行政組織も対等平等な立場で参加することである。

　以上は，住民の自主的活動を支援することを否定するものではなく，「新しい公共」，「パートナーシップ」などの考え方で公的責任を民間に転化しない，というものである。

●公務労働・社会福祉労働の重要性

　上記の組織・機能は，現実の担い手の実践（公務労働・社会福祉労働）によって実現する。しかし，その実践方法の検討においては，組織論や機能論だけにとどまり「絵」だけに終わる危険性もある。実践方法の検討にあたっては，公務労働・社会福祉労働は住民の共同業務を担う住民自治・住民本位の側面と，官僚支配の末端という2つの側面があることを考えなければならない。さらに契約時代のサービスには，労働のあり方に新たな分岐点が生まれる。それは，利用者の生活を理解した理念的で専門的裁量権が認められた労働か，営利的プ

ランどおりの言われるがままの即物的労働か,という分岐点である[6]。こうした対抗関係のなかで,「担い手」は憲法の人権保障を担う公務労働者・社会福祉労働者として自覚し,具体的な労働を追求する必要がある。その保障は労働組合の実践的研究運動(地方自治研究運動)や諸団体との協働的実践と共同の研究運動にあると考える。

　公務労働・社会福祉労働の担い手のなかには,民間法人の地域包括支援センター職員のように委託された公務を担う労働者もいるし,民間事業所のケアマネジャーやホームヘルパーのように,民間事業所に雇用されながら,実質的に公共性の高い社会福祉労働に従事している労働者もいる。自治体労働者と民間労働者の共同と連帯が必要である。

1）そのようななか,日本弁護士連合会『契約型福祉社会と権利擁護のあり方を考える』(あけび書房,2002年,84-87頁)は,自ら必要な福祉サービスにアクセスできない利用者として,介護拒否,孤立,虐待を指摘しておりきわだっている。
2）高齢者の生活後退のうち,最も早くに研究されたのは,ホームヘルパーらによる「雑然とした荷物問題群の整理」(1987年12月公的扶助研究南関東ブロックセミナー報告)がある。「生活後退」という言葉は,この研究でいつしか使われるようになった。
3）1990年代からの多々良紀夫氏の紹介,近年の津村智恵子氏の研究,内閣府の調査,ニッセイ財団の調査などがある。
4）河合克義編『ホームヘルプの公的責任を考える』あけび書房,1998年,世田谷会対人援助研究会ほか『ホームヘルプにおける援助「拒否」と援助展開を考える』筒井書房,1999年の各事例参照のこと。
5）石川満ほか『自治体は高齢者介護にどう責任を持つのか』萌文社,2002年
6）真田是は基礎構造改革以前から「労働の分岐点」を指摘していて教訓的である。「社会福祉労働をめぐる若干の問題」『賃金と社会保障』1992年7月下旬号。

6 社会的孤立と社会福祉協議会

板倉香子(東京都港区政策創造研究所)

●はじめに

 2000年に社会福祉法が改正・成立し,その目的に「地域福祉の推進」が掲げられた。地域福祉は,児童福祉や高齢者福祉,障害者福祉といった対象別の社会福祉を横断し,それら多様なニーズをもつ人々が暮らす「地域」をフィールドとして,地域の視点から社会福祉のあり方を考え,実践する領域である。社会福祉協議会(以下,社協という)は,その推進を担う中核的組織として社会福祉法に規定され,その役割に多くの期待が寄せられている。各地で住民の身近な生活課題を取り上げ,地域とともに歩んできた社協活動において,では,社会的孤立問題はどのような位置にあるのか。本章では,社協のこれまでの歩みをひもときながら,社会的孤立という今日的課題に対し,社協が何をなしうるのか,社協に求められる役割とは何かについて考える。

1 社会福祉協議会のあゆみ

●社会福祉協議会の設立・発展と「住民主体」の原則

 1951年に中央社会福祉協議会(現・全国社会福祉協議会)が発足してから,60年以上が経過した。同年成立した社会福祉事業法に規定されたのは,全国および都道府県社協についてであったが,全国各地の市町村においても,社協の設立が図られていった。当時の社協は連絡調整を主たる機能としていたが,特に市区町村段階では,住民の生活に密着した活動の展開が課題となった。そこで,全社協は,1957年「市区町村社協当面の活動方針」において,住民参加を得ながら,地域の「福祉に欠ける状態」を克服することを目的とする社協活動の方向性や使命を提示した。また1959年には,保健福祉地区組織育成中央協議

会(育成協)が結成され[3]、各地で公衆衛生と社会福祉の地区組織化活動を展開した。この経験は、広く住民の生活問題全般を活動対象とする社協の住民組織化活動につながっていった。

1962年、全社協は「社会福祉協議会基本要項」を策定する[4]。「社協基本要項」では、「住民主体の原則」を掲げ、住民のニーズを基礎に、住民の立場に立った活動を展開することがめざされた。そして、社協の基本的機能は組織活動にあるとされた[5]。1960年代から70年代にかけては、高度経済成長を背景に、公害問題などに対する住民運動が活発化した時期である。各地の社協は、季節保育所づくりや出稼ぎ対策、当事者の組織化や施設づくりなどの住民活動を後押しした。地域の福祉課題を的確に把握し、住民の組織化活動を通して地域の課題解決をめざす「運動体」としての社協の取り組みである[6]。それはまさにコミュニティ・オーガニゼーション理論の実体化であり、社協が地域に潜在化する課題への視点やアプローチ方法を磨いた時期といえよう。

●高齢化社会の到来と『在宅福祉サービスの戦略』

1970年には高齢化率が7％を超え、わが国は高齢化社会に突入する。高齢化率の伸展は要介護高齢者の増大も含み、従来の施設福祉を中心とした福祉施策では、地域の要介護ニーズにまでは手が回らない状況を生み出していた。全社協では、1968年に「寝たきり老人実態調査」を行い、その後、厚生省(当時)も「全国老人実態調査」を実施し、地域における要介護高齢者の実態把握に乗り出している。それらの結果から、在宅高齢者の介護ニーズが明らかとなった。在宅の要介護高齢者に向けては、老人家庭奉仕員事業への国庫補助が開始され、社協は、各地でボランティアによる配食サービス等の組織化などの取り組みを進めていった。また、1973年には、全社協は全国民生委員児童委員協議会(全民児協)とともに、「孤独死老人ゼロ運動」を展開している。これは、地域住民の参加のもと、関係機関と協力しながらひとり暮らし高齢者等の孤独な死をなくそうとする運動であった［全社協, 1982 : 127-128］。

こうした取り組みの一方で、わが国の社会福祉をめぐる状況に変化が起きる。1973年に起きたオイルショックを契機に、わが国の高度経済成長は終焉を迎

え，社会福祉についてもその路線変更を余儀なくされていく[7]。変化のさなかにあった1979年，全社協は『在宅福祉サービスの戦略』を刊行した。ここでは，新しいサービスシステムである「在宅福祉サービス」の理論や体系についてまとめられ，わが国の社会福祉を「在宅福祉型に転換させるうえで重要な契機となった」[右田・高澤・古川編, 2001：413]。そして，そのサービス供給システムにおける民間の中核的存在として，社協を位置づけたのである。

1983年の社会福祉事業法改正で，ようやく市町村社協の法制化が実現する。社協の法的な位置づけが明確になり，社協活動の拡充が期待された。そこでの2つの柱は，従来からの組織化活動と新しい在宅福祉サービスの推進であった。

● 「新・社協基本要項」の策定と「事業型社協」の展開

1989年の福祉関係3審議会合同企画分科会「今後の社会福祉のあり方について（意見具申）」では，市町村の役割の重視や福祉と保健の連携強化等と並んで，在宅福祉の充実を謳っている。翌90年の福祉関係八法改正により[8]，在宅福祉サービスの法制化がなされ，わが国の社会福祉は本格的に在宅福祉重視の方向へシフトする。このときに改正された社会福祉事業法によって，市区町村社協事業に「社会福祉事業の企画および実施」が加えられることとなり，社協は事業実施主体としても位置づけられることになった。

こうした動向を受けて，1992年，全社協は「新・社協基本要項」を策定する。そこでは，1962年の「社協基本要項」から守り育ててきた「住民主体」を「理念」として引き継ぎ，その活動原則として，住民ニーズ基本の原則や住民活動主体の原則など5つの原則を掲げた[9]。そして，社協について，地域住民のニーズに立脚した活動を展開し，関係機関のネットワーク構築と地域住民の組織化を図り，民間の立場から地域福祉の推進を担う専門的機関と規定した。

また，1994年には「事業型社協推進事業」が国庫補助事業として開始され，同年，全社協は「『事業型社協』推進の指針」（1995年に改訂）をまとめている。ここで事業型社協とは，住民の福祉問題を受け止め，解決し，素早く確実に地域生活支援に取り組むため，公的福祉サービスを積極的に受託していくことや住民参加型サービスの開発・推進を行うこと等を通して，福祉コミュニティの

形成を進めていく社協のことと説明されている。これは,「新・社協基本要項」において示された事業体としての社協のあり方を進めるものであり,以後,多くの社協が公的福祉事業の受託を進めていくこととなる。[10]

②　社会福祉基礎構造改革と社会福祉協議会

●社会福祉基礎構造改革と社協

1990年代半ばからその議論が始まった社会福祉基礎構造改革は,わが国が戦後形成してきた社会福祉のあり方を根本から見直し,改革しようとするものであった。いわゆる「措置から契約へ」の旗印のもと,1997年には先行して児童福祉法が改正され,また介護保険法が成立(施行は2000年)している。1998年には,中央社会福祉審議会社会福祉構造改革委員会により「社会福祉基礎構造改革について(中間まとめ)」と「社会福祉基礎構造改革を進めるにあたって(追加意見)」が出され,改革の内容が公表された。そして,改革の1つの区切りをみたのが,2000年の社会福祉事業法から社会福祉法への改正である。

社会福祉法では,法文に初めて「地域福祉」という用語が登場した。第1条(目的)には「地域における福祉(地域福祉)の推進を図る」と記され,第4条(地域福祉の推進)においては,「地域住民,社会福祉を目的とする事業を経営する者及び社会福祉に関する活動を行う者は(中略)地域福祉の推進に努めなければならない」との規定がなされている。地域福祉推進の主体は,地域住民を筆頭に,民間の社会福祉事業者および活動者であることが明記されたのである。そして,都道府県および市区町村社協については,社会福祉法第109条・第110条において,「地域福祉の推進を図ることを目的とする団体」と規定された。

さて,同法で新たに二種社会福祉事業として加えられたものの1つに,「福祉サービス利用援助事業」がある。それを具体化した事業が,日常生活自立支援事業(当初の名称は「地域福祉権利擁護事業」)である。この事業は,社会福祉基礎構造改革によって,社会福祉サービス利用に「契約」の仕組みが導入されたことから,サービスを自分で選択し,利用することが困難な人々の権利を守

る仕組みとして1999年にスタートした。都道府県社協が実施主体となり，市区町村社協等にその業務を一部委託している。事業の対象は，認知症高齢者，知的障害者，精神障害者などのうち判断能力が不十分な人であり，福祉サービス利用の援助や金銭・書類等の管理などの支援活動を行っている[11]。この事業を実施することにより，これまで，どちらかといえば高齢者を中心とした在宅福祉サービスや住民活動の支援を展開してきた社協は，知的障害者や精神障害者への直接的対人福祉サービスの提供という新たな役割を担うことになった。

●**地域における今日的福祉課題──新たな福祉課題と地域福祉**

　今日，少子高齢化の進展や家族構造の変化，長引く不況と雇用の不安定化などを背景に，新たな福祉課題が次々に私たちの目の前に立ち現れている。2000年「社会的な援護を要する人々に対する社会福祉のあり方に関する検討会報告」（厚生省）では，経済環境の変化や家族の縮小，都市や地域の変化を背景として，「心身の障害・不安」（社会的ストレス問題，アルコール依存等），「社会的排除や摩擦」（路上死，中国残留孤児，外国人の排除や摩擦等），「社会的孤立や孤独」（孤独死，自殺，家庭内の虐待・暴力等）などの問題が重複して，あるいは複合的に起きていることが示されている［厚生省，2000］。そして，こうした課題に対しては，「今日的な『つながり』の再構築を図り，全ての人々を孤独や孤立，排除や摩擦から援護し，健康で文化的な生活の実現につなげるよう，社会の構成員として包み支え合う（ソーシャル・インクルージョン）ための社会福祉を模索する必要がある」とし，「つながりの再構築」という命題を示している［厚生省，2000］。

　この考え方は，2008年「これからの地域福祉のあり方に関する研究会報告」（厚生労働省）においても重視されている。報告書では，地域ニーズに対応していくうえで，住民同士の「新たな支え合い（共助）」が求められるとされ，「住民が地域の生活課題に対する問題意識を共有し，解決のため協働することは，人々のつながりの強化，地域の活性化につながる」ことから，地域福祉が「地域社会の再生の軸になりうる」としている［厚生労働省，2008］。

　確かに，住民同士が支え合い，つながりを構築することで，たとえば，地域で孤立しがちな高齢者を見守り，変化をいち早くキャッチし，専門職やサービ

ス支援につなぐ効果も期待できよう。しかし，社会的に孤立しがちな課題を抱える人々，もっといえば社会的排除の対象となるような課題について，住民同士の「支え合い」はどの程度機能するのだろうか。たとえば，援助拒否ケースにみられるように，自ら地域とのつながりを拒み，関係性を構築しにくい人々に対し，住民はどのように「つながって」いくことができるのか。アルコール依存や薬物依存などのアディクション問題を抱える当事者，刑務所を出所した後に行き場のない人々，ネットカフェ難民を含む野宿生活者など，社会的に排除されやすく，一般の地域住民の目に触れにくい人々と「つながる」ための素地，すなわち彼らの「生活課題に対する問題意識を共有」するだけの理解は進んでいるのか。地域福祉が地域社会の再生を担うというのなら，そこには専門職集団による意図的なアプローチやしかけが必要である。住民の地域課題への関心を喚起し，理解を進め，活動を起こす。さらに関係機関との連携を図り，フォーマル・インフォーマルを含めたネットワークの構築を図っていく。その役割を担うのが社協である。そしてその遂行のためには，社協自身が地域の課題を的確に把握し，それを解決するシステムの見取り図を描けていなければならない。

③ 社会的孤立の実態把握──千葉県君津市社会福祉協議会の取り組み

●高齢者2人世帯の社会的孤立

本書第Ⅰ部第1章，第2章および第5章においても論じられているように，高齢者世帯の社会的孤立は深刻である。ひとり暮らし高齢者の孤独死などはマスコミによる報道によっても注目が高まっており，その防止のために，安否確認や見守りなどの住民活動が各地で展開されている。また，民生委員児童委員（以下，民生委員という）による訪問活動も活発に行われている。地域で孤立させないための取り組みである。

ところで，ひとり暮らしの高齢者だけではなく，高齢者のみで構成される2人世帯もまた，社会的に孤立するリスクを抱えている。2人世帯の多くは夫婦であるが，不十分ながらも互いに支え合ってしまうことから，外から問題状況

がみえにくく，ニーズを見逃されやすい。たとえば，要介護状態になった夫を，高齢の妻が献身的に介護するという図は，一見すると安定しているようで，周囲の介入をためらわせてしまう。しかし，介護によって地域社会とのつながりが縮小あるいは断たれていき，世帯全体で地域から孤立してしまう状況に陥る場合もある。そのため，問題が深刻化してから発見されるということにもなりかねない。

　以上のような問題関心から，千葉県君津市社協では地域の2人暮らし高齢者の孤立の実態を調査によって把握している。同社協はその調査から明らかになった事実をふまえて，地域組織活動の新たな展開を始めている。そこで，以下では調査で得られた結果の一部を紹介し，その後の社協活動についてみていく。現代的な社協活動の方向性を示すものとして，多くの示唆を得られるだろう。

●千葉県君津市の概要

　千葉県君津市は房総半島のほぼ中央に位置している人口9万人の都市である。東京湾に面した北西部は工場（製鉄所）と市街地で構成され，東部・南部の内陸部は農業が盛んであり，広大な市域に，特徴の異なる地域を抱えている。

　君津市の大きな特徴は，東京湾岸で操業する新日本製鐵（以下，新日鐵という）君津製鉄所と関連企業の存在である。高度経済成長期の1965年に君津製鉄所が操業を開始すると，従業員やその家族が次々に転入してきた。図表6-1にあるように，人口は1965年には4万人であったが，5年後の1970年には7万人に，1990年にはおよそ9万人にまで達している。また，人口の増加は，新日鐵の従業員用の団地があった君津地区において顕著であり，それが現在の地区別の人口構成にも影響を残している。君津市住民基本台帳（2012年4月末）によれば，新日鐵の工場があり市街地を形成する君津地区には，人口のおよそ7割にあたる6万3300人（71.1%）が集中しているほか，小糸地区に8954人（10.1%），清和地区に3031人（3.4%），小櫃地区に5472人（6.1%），上総地区に8253人（9.3%）である。高齢化率は，君津市全体では24.2%で，地区別には，君津地区が20.6%，小糸地区が29.3%，清和地区が39.5%，小櫃地区が29.0%，上総地区

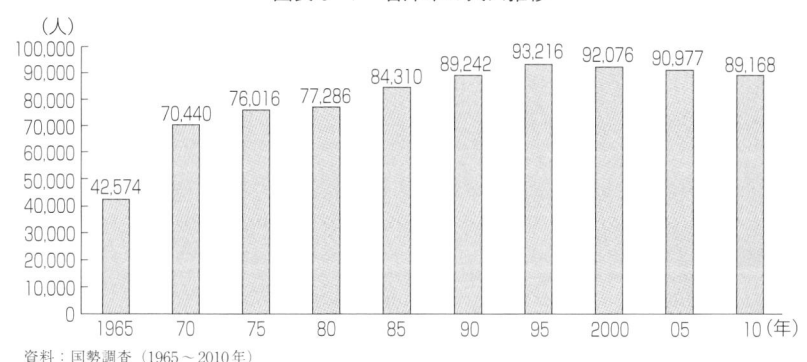

図表6-1 君津市の人口推移

年	人口（人）
1965	42,574
70	70,440
75	76,016
80	77,286
85	84,310
90	89,242
95	93,216
2000	92,076
05	90,977
10	89,168

資料：国勢調査（1965～2010年）

が37.9％であり，地区によって幅がある。

君津市社協は1971年の君津市制誕生とともに発足し，現在では，福祉施設の運営管理や介護保険事業など幅広く事業を行っている。特に地区社協活動には力を入れており，市内の中学校区8地区すべてに地区社協を組織化し，その活動を多方面から支援している。

●君津市における高齢者2人世帯の生活と意識に関する調査

2009年，君津市社協は，明治学院大学河合克義研究室と共同で，市内の2人暮らし高齢者を対象とした実態調査を実施した。筆者もその一連の工程に携わった。調査対象は，市内に居住する65歳以上の2人世帯で，民生委員がその活動対象として独自に把握している全1346世帯である。

調査は，アンケート調査（1次調査）と直接訪問面接調査（2次調査）の2段階で構成されている。1次調査は2009年9月に実施した。調査票を郵送で送付し，回収を民生委員が担った。有効回収率は87.4％である。2次調査は，1次調査の回答者を類型化したのちに典型例として23ケースを抽出し，2009年12月に各家庭を訪問して実施した。

以下に調査の結果の一部を紹介する。なお，調査結果の詳細については，『千葉県君津市における高齢者2人世帯の生活と意識に関する調査報告書』（君津市社協発行，2010年）を参照されたい。

(1) 調査回答者の特徴

調査回答者について，世帯主の97.5%は男性で，同居者の96.7%は女性であった。また，全体の96.0%が夫婦世帯であった。回答者のほとんどは夫婦ということになる。ただし，わずかではあるが，兄弟姉妹等その他の世帯もおり，その世帯の抱える課題もあることを指摘しておきたい。

(2) 地区と出身地の関係

先述のように，かつて君津市は，新日鐵の進出により多くの従業員とその家族が県外から転入してきた。それによる人口増加は，特に新日鐵工場と従業員家族用の団地があった君津地区，そして，のちに新日鐵のあっせんにより宅地分譲が進んだ小糸地区において顕著であった。この影響は，高齢者2人世帯にも現れている。図表6-2に見るように，君津4地区・小糸地区では県外出身者が77.9%を占め，一方，清和・小櫃・上総地区では市内出身者が73.5%を占めている（いずれも世帯主の出身地について集計している）。

(3) 緊急時の支援者と家族・親族ネットワーク——出身地との関わり

今回の調査では，病気やけがなど誰かの手助けを必要とする場合にすぐ駆けつけてくれる人のことを，緊急時の支援者としている。緊急時の支援者の存在は，高齢期の2人暮らしの安心感にもつながり，住み慣れた家での生活を支えるものとなる。その有無について尋ねた結果，およそ9割の世帯が「いる」と回答した。支援者は「子ども・子どもの配偶者」が圧倒的に多く，86.3%の人

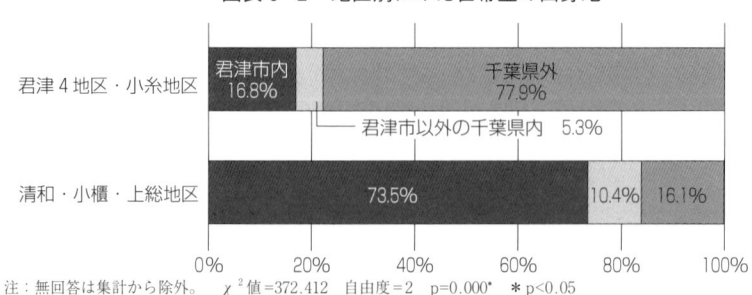

図表6-2　地区別にみた世帯主の出身地

地区	君津市内	君津市以外の千葉県内	千葉県外	
君津4地区・小糸地区	16.8%	5.3%	77.9%	
清和・小櫃・上総地区	73.5%		10.4%	16.1%

注：無回答は集計から除外。　χ^2値=372.412　自由度=2　p=0.000*　*p<0.05

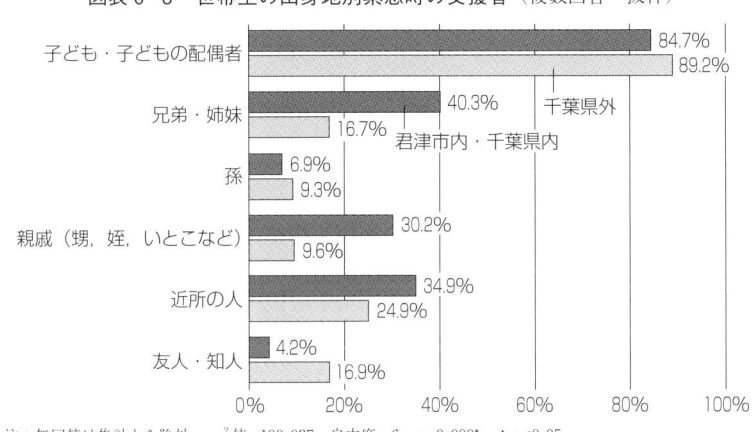

図表 6-3　世帯主の出身地別緊急時の支援者（複数回答・抜粋）

支援者	千葉県外	君津市内・千葉県内
子ども・子どもの配偶者	84.7%	89.2%
兄弟・姉妹	40.3%	16.7%
孫	6.9%	9.3%
親戚（甥，姪，いとこなど）	30.2%	9.6%
近所の人	34.9%	24.9%
友人・知人	4.2%	16.9%

注：無回答は集計から除外。χ^2値=199.037　自由度=6　p=0.000*　＊p<0.05

があげていた（複数回答）。それ故，子どもがいない世帯のみを取り上げると，緊急時の支援者がいる人はおよそ7割と少し低くなり，支援者はきょうだいや親戚などに分散する。

　また，緊急時の支援者の構成は，出身地によっても異なっている。図表6-3は，世帯主の出身地を「君津市内・千葉県内」と「千葉県外」の2つに区分し，それぞれのグループにおける緊急時の支援者のうち，「子ども・子どもの配偶者」，「兄弟・姉妹」，「孫」，「親戚」の構成割合を示したものである。

　「子ども」や「孫」については，出身地による大きな差はない。これは，世帯主の出身地にかかわらず，行き来のある子どもの居住地は君津市内や千葉県内など，比較的近いケースが多いからである。しかし，そのほかは出身地により大きく異なっている。

　市内・県内出身者は，「兄弟・姉妹」や「親戚」が3割から4割にのぼっているのに対して，県外出身者は1割から1割半程度である。これはなぜか。緊急時には，支援者の居住地との距離が近いことが重要な要素となる。市内・県内出身者の場合，そのきょうだいや親戚も地元にとどまっている可能性が相対的に高い。比較的近居であることから，日頃からのつきあいもあり，また，緊急時にも対応しやすいのではないか。一方，県外出身者の場合には，きょうだ

いや親戚が千葉県内にいる可能性は相対的に低い。その出身地は九州など関東圏から離れた地域である人が多い。この距離は緊急時にすぐ駆けつけるにはあまりに遠すぎ，現実的に緊急時支援ネットワークとして機能することを阻害しているといえよう。実際，県外出身者の場合，緊急時の支援者がいない人は10.7%で，市内・県内出身者の5.1%と比べて割合が高いこともわかっている。

このように，緊急時の支援者は出身地によっても違いがある。地区により県内・県外出身者の構成が異なることから，特性をふまえたアプローチが求められる。

(4) 介助を要する人がいる世帯の外出と社会参加

次に，介助を要する人がいる世帯について注目したい。今回の調査では，日常生活を送るうえで，何らかの介助を必要とする人がいる世帯は，全体の2割程度であった。世帯主・同居者のどちらかが介助を必要とすれば，おのずともう一方が日常の介護など生活支援を担うことになり，いわゆる「老老介護」の状況が生まれる。その場合，地域との関係性はどのように変化するのだろうか。ここでは，主に外出の視点から考える。

世帯主・同居者ともに，世帯に介助を要する人がいる場合には，全体的に外出頻度が低下する傾向がある。特に自分自身が介助を要する場合には，外出頻度はぐっと低下する。では，自分自身は介助を要しないが，同居している相手が要介助である場合はどうか。ここに，世帯主と同居者の違いが現れた。世帯主は，同居者が要介助であっても，自身が介助を要しなければ，外出頻度に変化はない。しかし，同居者は，自身が介助を要する場合にはもちろんのこと，自身は介助を必要としなくても，世帯主が要介助であれば外出頻度がやや低下する。それを見たものが図表6-4である。「世帯主のみが要介助」の場合，同居者の外出頻度は「毎日1回以上」が28.2%，「ほとんど外出しない」が22.7%で，介助を要する人がいない場合に比べて，外出頻度が低下していることがわかる。

ここには，交通手段の問題が関わっている。もっといえば，「車の運転の可否」である。全体的に，世帯主は主な交通手段として「自分で運転する車」が6割

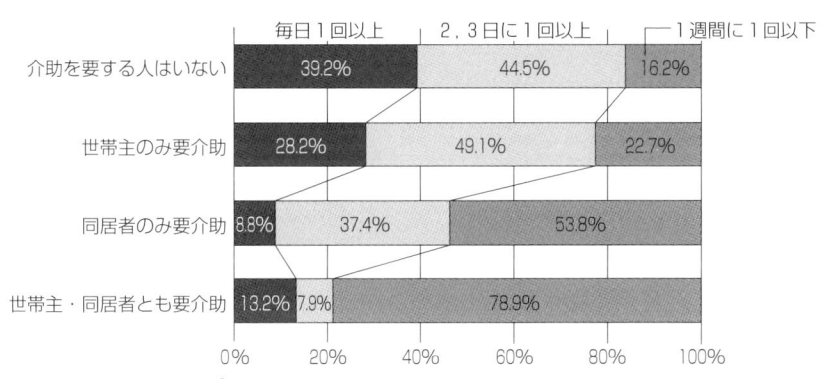

図表6-4　世帯の介助の必要性別にみた同居者の外出頻度

	毎日1回以上	2,3日に1回以上	1週間に1回以下
介助を要する人はいない	39.2%	44.5%	16.2%
世帯主のみ要介助	28.2%	49.1%	22.7%
同居者のみ要介助	8.8%	37.4%	53.8%
世帯主・同居者とも要介助	13.2%	7.9%	78.9%

注：無回答は集計から除外。χ^2値=151.466　自由度=6　p=0.000*　＊p<0.05

を占めているが，同居者は2割程度にとどまり，代わりに「家族が運転する車」が4割を占める。つまり，世帯主が運転を担い，自身と同居者の外出を支えているのである。それ故，世帯主が要介助になり車を運転できなくなると，世帯主のみならず同居者の外出頻度も少なくなってしまうのだ。2人とも運転ができない場合には，別居する子どもや近隣に送迎を依頼するケースもある。しかし，その場合には，通院や買い物など必要度の高い用事が優先され，社会活動への参加が後回しになり，やがて参加を断念することにつながる。それは地域社会とのつながりを弱め，接点を失うことでもある。2次調査で訪問したあるケースでは，世帯主が自家用車の運転をやめ，子どもに送迎を依頼するようになってから，社会活動への参加を控えるようになったという。このケースは，同居者は要介助で社会参加ができず，世帯主本人の社会参加の機会がなくなっている例であるが，車の運転と社会参加の関わりがうかがえる。ほかに，調査結果からは，外出頻度が低い人は社会活動への参加率も低いことがわかっている。社会的孤立の視点から，地域との接点を確保し増やすという意味で，社会活動への参加も視野に入れた多様な外出支援策の展開が求められる。

また，地域との関係でいえば，近所づきあいが大きな位置を占めている。これも世帯主と同居者では状況が異なることがわかっている。世帯主（男性）は，近所づきあいが同居者（女性）よりも希薄な傾向にある。近所づきあいの窓口

を担っていた女性が要介助となり,近所づきあいができなくなると,世帯全体の地域とのつながりが弱まることにもなりかねない。

このように,世帯主と同居者の別,換言すれば性別によって,外出状況や近所づきあいの程度には違いが生じる。それは,「老老介護」による生活課題が,一面的に捉えられないものであることを示唆している。問題を捉えていくためには,全体的な傾向を俯瞰しつつ,誰が,どのような状況で生活しているのかを的確に把握することが求められよう。

◉君津市地域福祉活動計画の策定──調査結果の活用

君津市社協では,2011年3月に「君津市地域福祉活動計画」を策定した。今回の調査はその一環として取り組まれたものであり,調査結果を計画に反映させている。地域の課題は高齢者2人世帯のみではなく,子育てから障害児者を取り巻く状況までさまざまである。対象を絞った1つの調査だけですべてを把握することはとうていできない。だが,その結果を分析することを通して,地域の特殊性を反映した課題や,普遍性のある課題などを洗い出し,整理することは,社協そして住民にとっても,地域を理解する助けとなるはずである。

今回,計画の策定過程では,地区社協が組織化されている8地区すべてにおいて,地区懇談会を3回ずつ,のべ24回開催している。調査結果にも現れたように,君津市は地区によって住民の構成や交通事情,生活課題などが大きく異なることから,地域性に配慮した実効性のある計画作りを重視したのである。地域福祉活動計画策定委員会に地区懇談会運営部会を設置,さらに地区ごとに実行委員会をおき,地区懇談会の実施にあたった。委員は,地区社協関係者のほか,民生委員や自治会関係者,老人クラブ,社会福祉団体,ボランティアなど,地域に関わるさまざまな立場の人で構成されている。社協職員も,すべての地区に複数名の担当をおき,支援体制を整えた。

地区懇談会には,委員も含め多くの地域住民の参加があり,そこでの話し合いの結果は地区ごとの実施計画(地区活動計画)に反映されている。そして,計画策定後は,地域住民がその推進に向けて積極的に活動を行っている。地区社協では,高齢者世帯の社会的孤立を意識した活動もみられ,調査により明ら

かになった課題を地域活動につなげる取り組みを始めている。

このように，住民同士が顔を合わせて地域の課題を洗い出し，その解決に向けた意見を出し合う過程を通じてこそ，課題の共有化が進み，地域の実態がよりみえやすくなる。地区懇談会の開催は，地区社協関係者にとどまらない，地区全体の組織化を進めるうえでも重要な位置を占めたといえよう。

君津市社協の取り組みは，地域課題を把握する調査活動と，それを素材として地域住民が課題を共有し，解決行動の第一歩を踏み出す支援を行うこと，その過程を通じて住民の力量を高める道筋をつけていくものであった。今後，地域福祉活動計画の推進を通して，さらなる住民の力量形成とその支援活動の展開が期待される。

④ 社会的孤立と社会福祉協議会活動の可能性

社協は，時代によりさまざまな役割と期待を背負いながらも，これまで一貫して，住民の立場に立った活動を行おうとしてきた。そのめざすところは，住民が地域に関心をもち，主体的に地域に関わり，生活課題を発見・共有し，その解決に向かう力をもった地域づくり，コミュニティ形成である。そこで扱ってきた課題は，農繁期保育所づくりや子どもの遊び場づくり，在宅の高齢者への食事サービスや地域でのミニデイ活動など，地域の声を丹念に拾い集めた結果みえてきた，地域の潜在的ニーズであった。そして，社協はその課題を住民と共有し，ともに活動をつくり上げてきたのである。君津市の事例では，調査結果から，高齢者2人世帯における社会的孤立に関わる状況として，外出や社会参加，親族ネットワークの現状が把握された。これもまた，地域の実態を把握し，潜在的ニーズをあぶりだす方法の1つであり，その結果の活用が，地域づくりに連なっている。調査結果にもみられたように，社会的孤立問題は，社会との接点を失っている，あるいは希薄であることが特徴の1つである。それだけに，問題が地域住民の目にもみえにくい。その現状を捉え，住民と共有することは，社協が地域での組織化活動を通じて社会的孤立問題に対峙していくときに重要な一歩となる。

一方で社協は，いまや多くの事業を抱え，現代的福祉課題の最前線に立たされてもいる。生活福祉資金貸付事業の相談窓口には，リーマンショック以降，連日多くの相談が舞い込み，対応に追われている。日常生活自立支援事業の利用件数は年々増え続け，しかも問題は複雑化している。そこに立ち現れるのは，地域に潜在化した社会的孤立問題でもある。社協はこれらの事業を通して，地域の埋もれた課題を見出す機会を得たともいえる。

　こうして見出された社会的孤立問題に対応するためには，住民同士が支え合い見守り合うという「つながり」だけでは十分ではない。複雑化し，介入のむずかしい問題に対しては，専門職による支援が必要不可欠となるからである。地域で発見された課題を，住民だけで抱えるのではなく，専門職や関係機関につなげられるようなネットワークの構築が求められている。また，社会的孤立問題のなかには，地域住民になじみが薄く，その理解を深めるところから取り組む必要のある課題も多い。福祉教育等の取り組みを通して，地域活動のベースとなる住民の理解を広げていく地道な取り組みも不可欠である。

　人は地域で生活する。地域は暮らしの現場である。そこで社会的に孤立している人々を発見し，地域住民とのつながりをつむぎながら，一方で具体的な生活支援のネットワークを構築する。住み慣れた場所で，誰もが孤立することなくその人らしく生活できるような地域づくりを，住民とともに進めていくことが社協の使命である。

1) 日本社会事業協会，全日本民生委員連盟，同胞援護会の3団体の統合による。社協組織の設置は，GHQによる「社会福祉行政に関する6項目」のうちの1つとしてあげられ，民主化政策の一環でもあった（重田信一「戦後社会福祉の動向と社会福祉協議会の位置づけ」[日本地域福祉学会地域福祉史研究会編，1993：106]）。
2) 当初より社協の基本的機能はコミュニティ・オーガニゼーション（CO）とされていたが，当時のCO論の主流は連絡調整であり，当時の社協活動は機関や団体間の連絡・調整機能が重視されていた（永田幹夫「『社協基本要項』策定の意義および背景」[日本地域福祉学会地域福祉史研究会編，1993：121]）。
3) 全社協，日本公衆衛生協会，全国衛生自治団体連合会，環境衛生協会，結核予防会，寄生虫予防協会，国保連合会，母子愛育会による組織。住民を中心に，身近な地区における生活課題を解決するための組織化活動を展開した（山口稔「地域福祉の進展と社会福祉協議会の歩み」[和田・山田編，2011：48]）。

4) 1960年に山形県において開催された都道府県社協組織指導職員研究協議会（山形会議）において，1950年代の社協活動を総括し，社協活動の方向性を明確にすることの必要を確認したことに基づき，「社協基本要項」がまとめられた（山口稔「地域福祉の進展と社会福祉協議会の歩み」[和田・山田編，2011：50]）。
5)「社協基本要項」には，「社会福祉協議会の基本的機能は組織活動にあるので，問題解決に必要な計画の実施を促進するが，関係機関・団体の活動との競合摩擦をさけ，それら機関団体が社会福祉協議会との協力に信頼をよせることができるよう，住民に対する直接サービスを行なうことを原則としてさけるべきであると解されている」とある［全社協，1962］。
6) 全社協により「社協の基本的性格は，『福祉向上のための運動体』である」との説明がなされている［全社協，1970］。
7)「福祉元年」における社会保障給付水準の引き上げの背景には，高度経済成長の成果による国家財政の豊かさと，「福祉国家」実現に向けた議論，福祉拡大路線を進む「革新自治体」の台頭などがあった。しかし，オイルショックを経て国家財政の収支が悪化し始めると，福祉見直し路線に転換することになる［富永，2001：186-190]。
8) 老人福祉法等の一部を改正する法律の公布により，老人福祉法や社会福祉事業法など社会福祉関係の8つの法律が改正され，市町村における在宅福祉サービスと施設福祉サービスの一元的提供体制づくりをめざした。
9) 5つの活動原則とは，①住民ニーズ基本の原則，②住民活動主体の原則，③民間性の原則，④公私協働の原則，⑤専門性の原則，である。
10) 全社協による「事業型社協」の推進の方向について，真田是は，社協の基本的機能である住民組織化を事業活動に吸収し，社協を変質させることになると指摘している［真田，1997］。
11) 日常生活自立支援事業のサービスの対象者は，判断能力の不十分な人とされているにもかかわらず，このサービスを受けるためには，実施主体である社協と「契約」を結ばなければならないという矛盾も抱えている。

【引用・参考文献】
右田紀久恵・高澤武司・古川孝順編［2001］『社会福祉の歴史　政策と運動の展開〔新版〕』有斐閣
井岡勉・坂下達男・鈴木五郎・野上文夫［2003］『地域福祉概説』社会福祉ライブラリ2，明石書店
岡崎祐司・河合克義・藤松素子編［2002］『現代地域福祉の課題と展望』（講座21世紀の社会福祉　第5巻）かもがわ出版
河合克義・板倉香子［2008］「千葉県君津市における住民福祉活動と社会福祉協議会──住民の主体的活動展開の条件」『賃金と社会保障』No.1478, 旬報社
君津市社会福祉協議会［2010］「千葉県君津市における高齢者2人世帯の生活と意識に関する調査報告書」
厚生労働省［2008］『これからの地域福祉のあり方に関する研究会報告　地域における「新

たな支え合い」を求めて──住民と行政の協働による新しい福祉』全国社会福祉協議会
厚生省［2000］「社会的な援護を要する人々に対する社会福祉のあり方に関する検討会報告」
真田是［1983］「地域福祉の基礎視角」立命館大学産業社会学会『産業社会論集』第33号
真田是［1992］『地域福祉の原動力──住民主体論争の三〇年』かもがわ出版
真田是［1997］『地域福祉と社会福祉協議会』かもがわ出版
柴田謙治［2007］『貧困と地域福祉活動──セツルメントと社会福祉協議会の記録』みらい
柴田謙治［2009］『地域福祉』［新・プリマーズ／福祉］ミネルヴァ書房
全国社会福祉協議会［1962］『社会福祉協議会基本要項』
全国社会福祉協議会［1965］『社会福祉と住民運動──市区町村社会福祉協議会・活動実績調査報告書』全国社会福祉協議会
全国社会福祉協議会［1970］『住民福祉と社会福祉協議会活動』全国社会福祉協議会
全国社会福祉協議会［1979］『在宅福祉サービスの戦略』全国社会福祉協議会
全国社会福祉協議会［1982］『全国社会福祉協議会三十年史』全国社会福祉協議会
全国社会福祉協議会［1995］「『事業型社協』推進の指針〔改定版〕」
塚口伍喜夫・岡部和夫・松澤賢治・明路咲子・川﨑順子［2010］『社協再生──社会福祉協議会の現状分析と新たな活路』中央法規
富永健一［2001］『社会変動の中の福祉国家』中央公論新社
日本地域福祉学会地域福祉史研究会編［1993］『地域福祉史序説──地域福祉の形成と展開』中央法規
山口稔［2000］『社会福祉協議会理論の形成と発展』八千代出版
和田敏明・山田秀昭編［2011］『概説社会福祉協議会2011・2012』全国社会福祉協議会

7 社会的孤立と自治会・町内会
■実態調査からみた福祉活動の現状と課題

菅野道生（岩手県立大学）

●はじめに

本章では，都市部の自治会・町内会[1]による社会的孤立問題への取り組みについて，主にその福祉活動の現状と課題に焦点化して検討する。

いうまでもなく自治会・町内会は，地域福祉をめぐる近年の議論のなかで強調される「地域の支え合い」において，重要な役割を担うことが期待されている組織の1つである。2008年に公表された「これからの地域福祉のあり方に関する研究会報告」では，「地域の生活課題に対処するための関係者」として，ボランティア，民生委員，NPO，PTA等とともに，自治会・町内会を位置づけている。そこでは自治会・町内会について「地縁に基づいた組織であり，住民の生活を多くの側面で支えている。近年組織率が落ちたといわれるものの，今なお地域に於いて重要な役割を担う団体である」とされ，「地域における支え合いの担い手」としての期待が表明されている[2]［厚生労働省，2008：50］。

もちろんこれまでにも地域福祉における自治会・町内会の役割については繰り返し指摘されてきた。たとえば沢田は，小地域福祉活動の取り組みについて論じるなかで「小地域で住民福祉活動を起こしていく場合，（略）そうした既成の住民自治組織とまったく無関係に活動を起こすことはできないことではないが，現実問題としてはかなり難しい」として，住民福祉活動を「自治会の活動のなかに位置づけるか，少なくとも自治会と協力・協働していくことが，住民自治を福祉の面から強化発展させるという意味で大切」であることを指摘している［沢田，1991：66］。また実践面においても，自治会・町内会が独自に高齢者等の安否確認や見守り活動，ミニデイサービス活動等の福祉活動に取り組む事例は枚挙にいとまがない［東京都社会福祉協議会，2007：3など］。

しかし，近年ふたたび自治会・町内会による福祉活動にスポットライトがあ

てられていることの背景のひとつには，地域における孤立問題が社会問題として浮上してきたことがある。すなわち2000年代以降,各地における「孤独（立）死」報道をきっかけに，「無縁社会」論が急速に台頭し，「コミュニティの再興」や「地域の支え合い」が政策的に推進される状況が生まれた。こうした状況において，自治会・町内会は「地域のつながり」の象徴的な存在として，「社会的孤立の解消・防止」の役割期待が強く寄せられるようになっているのである。

その一方で，少子高齢化や地域社会の変容が進むなか，現在の自治会・町内会を取り巻く状況は，日々厳しさを増している。特に都市部では，定住人口の流動化や集合住宅の増加，住民の高齢化や多国籍化，人々のライフスタイルの変容やコミュニティ意識の希薄化などを背景に，自治会・町内会の実質加入率の低下や役員の高齢化，担い手や後継者育成の困難などがその課題として指摘されて久しい［色摩，2001；岩崎・小林，2006；山田，2009など］。活動基盤が掘り崩されるなかで，困難な活動展開を余儀なくされる自治会・町内会も少なくない［新宿区社会福祉協議会，2008など］。

その活動基盤が掘り崩されるなかで，近年の社会的孤立問題を背景に，地域福祉や福祉コミュニティの維持・再生に向けた役割が改めて問われている。これが今日の自治会・町内会をめぐる議論の特徴といえよう。

では，そうした役割期待が強まる一方で，実際の自治会・町内会活動はどのような状況にあるのだろうか。また，自治会・町内会リーダーたちは，福祉活動の取り組みについてどのような意識をもっているのだろうか。これが本章で取り組む基本的な問いである。

町内会・自治会に関する調査研究は大規模なものも含め，すでに膨大な業績がある［辻中ほか，2009；吉原，1980；鳥越，1994；中田ほか，2009など］。しかし，福祉活動に焦点化して自治会・町内会活動の実態を探る研究はそれほど多いとはいいがたい。[3] 地域における社会的孤立問題対策において自治会・町内会による福祉活動の役割を考えるならば，まずは現に地域で取り組まれている活動の実態をデータに基づいて明らかにする必要があるだろう。社会的孤立問題は特に大都市における問題の広がりに関心が高まっていることも特徴のひとつである［河合，2009］ことをふまえ，ここではひとまず都市部の状況に焦点をあて

ることとする。上記の問題意識にたって，本章では都市部の一定地域における調査データの検討を通じて，自治会・町内会における福祉活動の現状と課題，および今後の方向性について考えてみたい。

1 自治会・町内会の福祉活動——実態調査から

●調査対象地域と調査の実施概要

　ここでは東京都葛飾区における実態調査で得られたデータをもとに，自治会・町内会活動，特に福祉関連活動についての実態と意識を探っていく。葛飾区は人口43万99人，世帯数20万943（2009年2月1日）の自治体である。なお，2009年1月1日現在の高齢化率は21.8％で，区が2008年に実施した調査では，65歳以上の高齢者9万2590人のうち，14.8％にあたる1万3698人がひとり暮らし高齢者となっている。もともと区内には地区社会福祉協議会などの住民福祉活動の基礎組織はおかれておらず，2008年に策定された社会福祉協議会の地域福祉活動計画において，行政区を単位とした地域福祉推進基礎組織の計画的な組織化が初めて盛り込まれている。本調査もそうした一連の動きのなかで住民活動の実態を探る目的で，区の社会福祉協議会が主体となって実施されたものである。

　調査は2009年の11月に，区内の全自治会・町内会長241名（2009年11月1日現在）を対象として実施した。調査方法は質問紙票を用いたアンケート調査（自記式）である。具体的には各自治会・町内会連合会長を通じて手渡しによって質問紙票を配布し，郵送による回収を行った。調査票の配布数241票に対して，有効回収数は168票で，回収率は69.7％である。

　なお，アンケート調査とともに，実際に福祉活動に取り組む自治会・町内会に対して，訪問によるヒアリング調査も実施した。本章ではこのヒアリング調査で得られたデータについても検討の対象とする。ヒアリングの実施概要については後述する。

　アンケート調査の集計結果から，①回答者（会長），および団体の基本的な状況，②福祉活動の取り組みの状況，③地域における孤立問題のひとつの象徴

としてひとり暮らし高齢者について自治会・町内会長がどのように捉えているか，④自治会・懲戒として福祉活動に取り組むことの必要性についての認識，⑤福祉活動に取り組むうえでの条件は何か，といった点を検討する。また自由記述の一部を紹介し，リーダーたちの生の声から自治会・町内会における福祉活動の課題を読み解いてみたい。さらにヒアリング調査の結果を通じて，自治会・町内会による福祉活動の具体的な状況を探る。最後に，これらの作業を通じてみえてくる，今後の地域福祉推進のあり方について若干の考察を行うこととする。

●回答者，および組織の基本的特性

(1) 回答者（自治会・町内会長）のプロフィール

調査に回答した自治会・町内会長の基本属性は図表7-1のとおりである。性別では男性が94.6%，女性が5.4%で男性が圧倒的多数を占めた。年齢構成をみると「70歳代」が50.6%，次に多いのは「60歳代」で32.7%となっており，この2つのカテゴリで全体の8割以上を占めている。最年少は45歳，最高齢は84歳，平均年齢は70.23歳（n=166，SD=7.745）だった。

会長の在任年数は，「2年」までが回答者全体の4分の1で，「5年未満」ま

図表7-1　回答者（自治会・町内会長）の基本的特性

		実数	%	累積%	範囲	平均	標準偏差
性別 (n=168)	男　性	159	94.6	94.6	－	－	－
	女　性	9	5.4	100.0			
年齢階層 (n=166)	60歳未満	13	7.8	7.8	45 – 84	70.23	7.745
	60歳代	55	33.1	41.0			
	70歳代	84	50.6	91.6			
	80歳代	14	8.4	100.0			
会長在任年数 (n=166)	5年未満	83	50.0	50.0	1 – 40	7.35	7.213
	5 – 9年	39	23.5	73.5			
	10 – 14年	21	12.7	86.1			
	15 – 19年	10	6.0	92.2			
	20年以上	13	7.8	100.0			

でが50%を占めた。最短は1年，最長は40年となっており，全体の平均在任年数は7.35年（n=164, SD=7.213）だった。中央値は5年，最頻値は2年となっている。また回答者全体の4分1が10年以上にわたって会長職にある。

（2）組織のプロフィール

次に回答した自治会・町内会の組織の概要を図表7-2に基づいてみていく。

図表7-2　組織の基本的特性

		実数	%	累積%	範囲	平均	標準偏差
地区内における住居の状況 (n=167)	戸建住宅のみ	8	4.8	4.8	−	−	−
	戸建住宅と集合住宅が混在	105	62.9	67.7			
	公営集合住宅のみ	45	26.9	94.6			
	民間集合住宅のみ	9	5.4	100.0			
加入世帯数 (n=166)	200世帯未満	44	26.5	26.5	15-6000	752.45	792.117
	200－400世帯未満	26	15.7	42.2			
	400－600世帯未満	15	9.0	51.2			
	600－800世帯未満	17	10.2	61.4			
	800－1000世帯未満	17	10.2	71.6			
	1000－1500世帯未満	25	15.1	86.7			
	1500－2000世帯未満	10	6.0	92.8			
	2000世帯以上	12	7.2	100.0			
加入率 (n=163)	50%未満	13	8.0	8.0	10-100	74.48	19.834
	50%台	19	11.7	19.6			
	60%台	36	22.1	41.7			
	70%台	23	14.1	55.8			
	80%台	16	9.8	65.6			
	90%以上	56	34.4	100.0			
年間予算 (n=153)	100万未満	24	15.7	15.7	24-21360	3112.64	2968.608
	100万円台	41	26.8	42.5			
	200万円台	24	15.7	58.2			
	300万円台	19	12.4	70.6			
	400万円台	18	11.8	82.4			
	500万円以上	27	17.6	100.0			
最も多い役員の年齢層 (n=167)	60歳以下	19	11.4	11.4	−	−	−
	61－65歳	39	23.4	34.7			
	66－70歳	64	38.3	73.1			
	71－75歳	38	22.8	95.8			
	76－80歳未満	7	4.2	100.0			
平均的な役員の在職期間 (n=167)	1－2年で交代する人が多い	21	12.6	12.6	−	−	−
	3－4年で交代する人が多い	19	11.4	24.0			
	5－6年で交代する人が多い	26	15.5	39.5			
	7年以上勤めている人が多い	96	57.5	97.0			
	その他	5	3.0	100.0			

加入世帯数（法人含む）では最も割合が多いのは「200世帯未満」で有効回答全体の4分の1以上を占めた。次いで「200-400世帯未満」と「1000-1500世帯未満」がそれぞれ15%前後ずつで続いている。500世帯未満までで有効回答全体の47.0%を占めており、1000世帯以上の自治会・町内会は28.3%だった。なお、最も会員数の多い自治会・町内会は6000世帯、逆に最も少ないのは15世帯だった。平均は752.45世帯（n=166）となっている。全体的にみて自治会・町内会の規模には大きなばらつきがあることが改めて確認できる。

　加入率については、「90%以上」が34.4%で最も多く、次いで「60%台」、「70%台」が続いている。「100%」との回答は全体の20.2%だった。

　それぞれの地域における住宅形態の状況では、「集合住宅と戸建て住宅が混在」が62.9%、「公営住宅のみ」が26.9%、民間集合住宅を合わせて「集合住宅のみ」の自治会・町内会・町内会は32.1%であった。

　自治会・町内会の役員で最も多い年齢層は「66～70歳」（38.1%）で、「61～65歳」、「71～75歳」が20%台で続く。役員の平均的な在任期間では「7年以上務めている人が多い」が有効回答の6割弱を占め、長期にわたって役員を務めるケースが少なくない[4]。

●福祉活動について

（1）福祉部会等の設置状況と活動内容

　自治会活動内に「福祉部」「厚生部」「衛生部」等、福祉関連の部会等が設置されていると回答した自治会・町内会は有効回答161団体のうち112団体（69.6%）だった。約7割の団体でこうした部会等を設置していることになるが、具体的にはどのような活動をしているのかをみたのが図表7-3である。回答した団体のうち9割が「敬老行事」をあげている。「敬老行事」は年に1回、地域内の高齢者宅を訪問して記念品（団体によっては金品の場合もある）を手渡す活動である。「募金活動」は年に一度の赤い羽根共同募金の活動を意味している。

　福祉部や厚生部といった名称の部会を設置してる団体は約7割であるが、その活動内容は多くの場合こうした単発的な年間行事が中心となっていることがわかる[5]。日常的な見守りや茶飲みなど、日常的な福祉活動を展開している団体

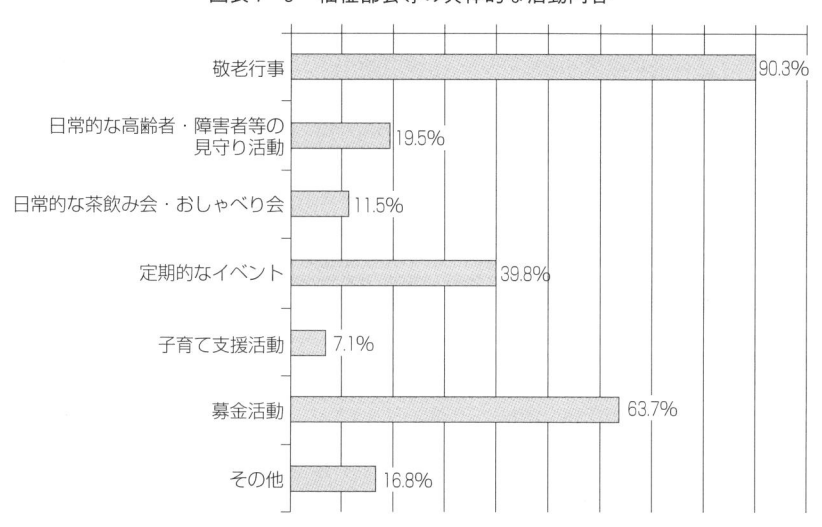

図表 7-3　福祉部会等の具体的な活動内容

- 敬老行事　90.3%
- 日常的な高齢者・障害者等の見守り活動　19.5%
- 日常的な茶飲み会・おしゃべり会　11.5%
- 定期的なイベント　39.8%
- 子育て支援活動　7.1%
- 募金活動　63.7%
- その他　16.8%

は全体としてはそれほど多いとはいえない。しかし数として少ないとはいえ、実際にこうした活動が自治会・町内会の部会活動として展開されていることを改めて確認することができた。これらの活動の実態について丁寧に探っていく必要があるだろう。

(2) 地区内における福祉活動の有無とその活動

　上記の「福祉部会」以外に、地域内における住民による福祉活動や、福祉活動に取り組むグループなどがあるかどうかについては、「ある」が47.9%、「ない」は52.1%だった (n=140)。「ある」と回答した人に、その具体的な団体と活動内容について自由回答で聞いたものの一部を図表7-4にまとめた。活動団体の種別では高齢者クラブ (老人会) が圧倒的多数を占めたほか、民生委員による活動、または婦人会や日赤部等の自治会・町内会の関連部会等による自主的活動などが多くみられた。活動内容の種別では①「サロン・趣味活動・同好会活動」、②イベント、③見守り、④施設訪問、⑤介護予防活動等がみられた。内訳としては「サロン・趣味活動・同好会活動」が大多数を占めている。

　これらの結果からは「福祉部」「厚生部」といった名称の部会がない自治会・

図表7-4　地区内における住民福祉活動の事例（一部）

団体種別	具体的活動内容
町会の部会(婦人部や日赤)，または町会を中心とした同好会や自主的活動等	●高齢者の集う会があり，2ヶ月に一度集まりをやり，その他歩こう会，七福神巡り等行っている。 ●社会教育施設が町内に在り，そこの運営等に関わっている人も有り。障害者が活動している事に協力している人も居る様だが，団体名等はわからない。 ●町内清掃，春秋交通安全運動，趣味の教室（カラオケ，写経，習字），研修旅行（1泊，日帰り），歳末特別警戒，映画鑑賞，ふれ合いの集い。 ●お年寄りの集まりで高齢者全員100名，参加者毎回35名前後が毎月5・25日に小学校の教室に集まり，踊り，民謡，輪投げその他で楽しみ，午後の半日を楽しむ。 ●婦人会で区更生保護婦人会に参加している。健康体操週1回。老人会は特別養護老人ホームに琴で慰問を週1回行っている。 ●当自治会は，120世帯の小さな自治会です。従って福祉活動は自治会全体で行っています。 ①毎月第2・4土曜日は集会所を開放して，茶飲み会を行っている。 ②年3回，懇親会を開催している。 ●A地域事業推進連絡会（A地区町連・地区委員代表），平成20年10月16日発足。K区新宿地域運営モデル事業，地域コミュニティーの推進をはかる事業を行い，地域内公共施設の有効利用の向上，高齢者対象の健康教室，住民対象の講演会，施設フェスティバル等，年間を通じて実施している。 ●ゲートボール同好会，カラオケ同好会，囲碁・将棋同好会，旅行同好会，ゴルフ同好会 ●日赤部が2ヶ月に1回（おうち）という集まりを催しています。当日は，町会会館を開放して，高齢者や子供達が楽しくすごせるように遊び用具を用意し，又軽食も出しています。01年に1回日赤部員の医師が健康相談も行っています。 ●昭和50年より毎月誕生会を実施しています。平成3年より現在までお茶飲み会を行っています。
民生委員等の活動	●町会内で民生委員が2名所属して，年数回家庭訪問をしております（役員会の時のお話で）。 ●5年余り前からおとなりの町会と相談し，役員，高齢者クラブ役員，民生委員などが主体となって，介護予防活動を行っている。 ●民生委員，高齢者を支える活動。 ●C町マンション「Dの会」（平成20年6月，民生委員・自治会・管理組合・寿会代表を中心に設立）。月1回運営委員会を開催するほか，①いつまでも健康に生活を送るための集い，講座の開催，②災害時要支援者調査，③支援ボランティアとしての役割を高めるための勉強会，④70歳以上の高齢者世帯を対象としての「粗大ゴミ」出し手伝い等をすすめている。
老人クラブ等の活動	●高齢者クラブ，柴又新生会が毎月誕生会を行っている他，老人ホーム慰問，健康講座，一人暮らし高齢者訪問等を行っている。 ●高齢者組織があり，児童館において軽度の運動等を行っている。連帯感で活動している。 ●B町会内の老人会（交友会），月1回清掃とお茶のみ会。 ●老人会等がある。月1回お茶飲み会，定期会。 ●町会で支援して，170名程の老人会があり，会員の健康で楽しく生きて行く為にカラオケ，パターゴルフ，福祉センターより指導員を招き，活動を行っている。

老人クラブ等の活動	●高齢者の会が見守りをしてくれています。 ●高齢者宅への火災報知等の取付。 ●老人クラブが毎月誕生会の開催と同好会を自立的に立ち上げて楽しんでいる。又，運営の為の役員会も定期的に開催。 ●町会員が別途高齢者クラブに加入し，友愛活動として，見守りを行っている。その他独自の活動を行っている。 ●老人会として，ゲートボール，グランドゴルフ，書道，絵手紙，麻雀，茶飲み会等，各部で白鳥公園又は町会会館で，月・水・金と，火・木・土で仲良く行動して居ります。 ●老人会があり，定期的に誕生祝い食事会を行う（3ヶ月に1回で誕生会の該当者＋参加申込者） ●自治町会内の高齢者クラブによる，茶飲み会や食事会，及びレクリエーション等。 ●高齢者関連，老人会を中心に誕生日会，その他の会合。健康体操，K区青少年育成地区委員会中心に実施中。子育て支援，地区子供会等が実施中。 ●自治会の役員3名，脳トレ筋トレ（主催NPO法人）平成20年から。一人暮らしのお年寄りの訪問（声かけ）平成21年度4月から。 ●町会の高齢者クラブのメンバーが，独居高齢者の見守や区域内の高齢者を対象とした食事会，軽スポーツ等を20年位前から行っている。

町内会であっても，関連部会や老人クラブにおいて日常的に多様な福祉活動が展開されているケースもあり，自治会・町内会がこうした活動の結節点となっていることがうかがえる。

●地域内のひとり暮らし高齢者について

ここで，地域における孤立問題の大きな課題のひとつとして，ひとり暮らし高齢者の状況について自治会・町内会のリーダーがどのようにみているのかをみてみよう。

（1）ひとり暮らし高齢者に関する状況

まず，地域内におけるひとり暮らし高齢者の問題が話題になることがあるかどうかを聞いたところ，最も多かったのは「たまにある」で43.7％，「しばしばある」が35.4％となっており，これらを合わせると回答者全体の8割近く（n=168，無回答10ケース［6.0％］を含む）になる。多くの団体において，地域内のひとり暮らし高齢者の問題が話題となっている状況が見て取れる。また，自治会・町内会がひとり暮らし高齢者の情報把握するための仕組み等が必要だと思うかをたずねたところ，「そう思う」との回答が64.4％，「どちらかといえば

図表 7-5　在任期間年数別にみた孤独死の発生経験の有無

	会長在任中での孤独死ケースの発生の有無					
	ある		ない		合計	
	実数	%	実数	%	実数	%
5年未満	30	37.0	51	63.0	81	100.0
5-9年	14	38.9	22	61.1	36	100.0
10-14年	15	75.0	5	25.0	20	100.0
15-19年	4	40.0	6	60.0	10	100.0
20年以上	8	61.5	5	38.5	13	100.0
合　計	71	44.4	89	55.6	160	100.0

注：$\chi^2 = 11.434$　有意確率 = .022

そう思う」が26.3％で、ほぼ9割がこうした仕組みを必要と感じている。

(2)「孤独（孤立）死」発生の経験有無

　会長職の在任期間中に、地域内でひとり暮らし高齢者の孤独死の発生を経験したことがあるかどうかを訪ねたところ、「経験あり」と回答した人は全体の42.9％にのぼった（n=168、無回答6ケース［3.6％］含む）。さらに、経験があると回答した人（n=66）にその件数をたずねたところ、最も多かったのは「2件」で39.4％、次いで「1件」が33.3％、「3件」が16.7％で続いている。なお、最も多い人で「10件」の孤独死発生を経験していた。図表7-5にみるとおり在任年数の長い人ほど、孤独死の発生を経験する割合が多くなる。

●自治会・町内会が福祉活動に取り組むことについての必要性とその条件

　自治会・町内会で福祉活動に取り組んでいくことの必要があると思うかについては、「そう思う」が38.1％、「どちらかといえばそう思う」は31.0％、「どちらかといえばそう思わない」が8.9％、「そう思わない」は3.0％、「わからない」が7.7％、「無回答」が11.3％となっている。全体のほぼ7割が、小地域福祉活動への取り組みの必要性があると感じている。

　それでは、福祉活動に取り組んでいくうえで必要な条件はどのようなことであろうか。複数回答でたずねたところ、最も多かったのは「人材の確保」(58.6％)

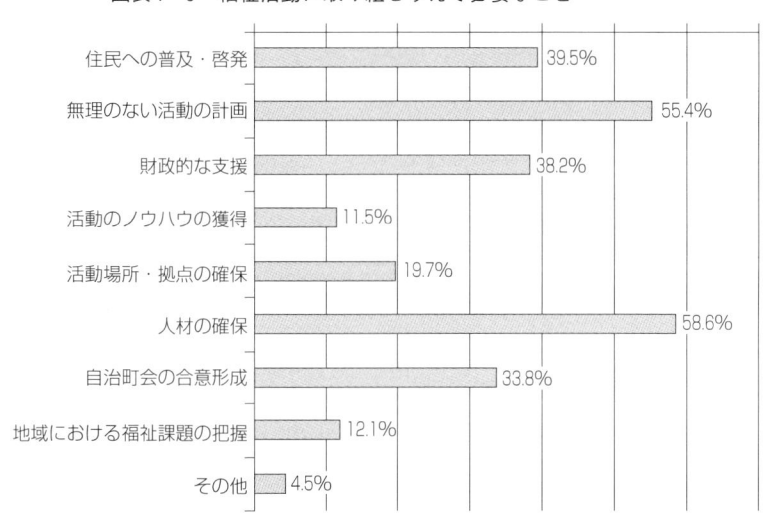

図表 7-6　福祉活動に取り組むうえで必要なこと

- 住民への普及・啓発　39.5%
- 無理のない活動の計画　55.4%
- 財政的な支援　38.2%
- 活動のノウハウの獲得　11.5%
- 活動場所・拠点の確保　19.7%
- 人材の確保　58.6%
- 自治町会の合意形成　33.8%
- 地域における福祉課題の把握　12.1%
- その他　4.5%

で，次いで「無理のない活動計画」であった（図表7-6）。

　自治会・町内会のリーダーとしては，福祉活動に取り組むためには，活動の担い手確保と負担にならない活動プログラム，住民への普及・啓発，組織内での合意形成，財政基盤の裏づけ等が重要だと考えていることがわかる。福祉活動に限らず，自治会・町内会では活動の担い手の問題が大きく，この結果からも役職員を中心に一部の人の負担が大きくなることへの不安もうかがえる。

●自治会・町内会による福祉活動の具体的課題

　アンケートの最後に自治会・町内会活動および福祉活動についての自由記述をおいたところ，58人から回答があった。言及されている内容についてキーワードを抽出して分類・整理したものが図表7-7である。内容として多かった順に，①「活動上の困難・課題」，②「地域の課題」，③「疑問・提言」，④「活動の紹介・意欲」，④「その他」に分類された。

　地域の高齢化，近隣関係の希薄化，活動上の担い手としての人材不足役員の高齢化と，それに伴う活動の負担感（特に募金活動），個人情報の問題についての意見が多くみられたが，以下に具体的な記述をいくつか紹介したい。プライ

図表7-7　自由回答から抽出したキーワード

大項目	小項目	
活動の困難・課題 (41)	人材	14
	個人情報	9
	活動の負担	7
	役員の高齢化	7
	活動拠点	2
	活動資金	2
地域の課題 (20)	高齢化	7
	つながりの希薄化	5
	ひとり暮らし	3
	父子家庭	1
	老々介護	1
	孤独死	1
	子ども	1
	災害	1
疑問提言 (18)	疑問・提言	18
活動の紹介・意欲 (15)	活動の意欲	12
	活動の紹介	3
その他 (4)	よくわからない	2
	民生委員	2

バシー等に配慮して一部修正しているが，基本的には原文のまま掲載している。

●行政よりの助成金（例，防犯灯，敬老会助成金，一世帯あたり300円の助成金）を頂けるが，これらは各会費（例えば，清掃協力費，安全協会会費，防犯防災の協力金，年3回の募金）等でほとんどが消えてしまう。その為，もう少し福祉に当てたく考えても資金も足りず，町会役員の方々の新現加入もなく年々高齢化していって，活動が困難になってきている。（男性77歳）

●高齢者が多くて活動することが困難である。私自身も高齢のため，体力的に苦痛である。後継者も少なく，我々の子供達は40～50歳になっており，親と別居している。老人夫婦である。（男性76歳）

●地域活動，特に福祉と意義付けると狭い考察になる。広く地域活動についての意見として。今特に求められるのは，地域について昔の向こう三軒隣の意志が薄れているのに，全く気落ちする昨今です。私の活動自治会に復活を目指して。孤独死を数件経験させて頂いております。（男性80歳）

●孤独死の問題で一番のネックは個人情報保護に依る高齢者の情報が自治会・町内会なで把握出来ていない事です。制度上の工夫が大いに必要であると感じています。（男性66歳）

●1.民生児童委員の活動が過剰で現在以上の負担は無理が生ずるのではないか。2.地域各団体の代表の組織では，同一メンバーで限界，NPO等のグループ化が必要である。3.老々介護の激増の対策に，核家族化の見直し改善策を講じるべきである。4.ひとり暮らし高齢者（災害弱者）災害発生の場合，避難誘導等の対応が不可能である。自治会の訓練，交流等行事に応じない（秘匿事項で民生委員の負担）。（男性82歳）

●古くから住宅地区なので，高齢者が多く，又高齢者夫妻，高齢者単身の方がお住まいになっています。出来るだけ皆さんが集まって会話などで楽しまれると良いと思いますが，町内近隣に集会所がなく，遠くにはとても行けない方が多いので，町内に集会所が欲しいです。（男性75歳）

●町会内の高齢，少子化が進んでいる件で，老々介護，老人の一人住まいが増えている。地域福祉を行う場合のスタッフ不足，育成の必要と考えるが，プライバシーが壁になっている。（男性69歳）

●人材の不足，役員の高齢化，商店主の景気の悪化，役員のパート勤め等で手が回らないのが実情。（男性80歳）

●地域福祉活動は町会長が活動の重要性を良く理解し，トップダウンで進めていかなければならないと思う。福祉は行政の仕事と考えている人が殆どで，ボランティア活動とそれなりに理解している人がなっている役員でも福祉までは考慮の範疇に入っていない。地域福祉活動の推進に当たっては行政でない人による地域のキーパーソンに対し，地域活動の必要性，重要性を地道に啓蒙していくことが重要と思う。（男性74歳）

●最近は個人情報の流出を嫌がる傾向が強く町会に未加入の人ほど強い。町会の役員も高齢化が進み，老人会の役員と重複し，面倒を見るのか，世話を受けるのかわからなくなってきている。生活保護等も民生委員を通じないで自分で申し込んでしまうので，交流が薄い。（男性77歳）

●地域福祉活動はもとより，自治会・町内会活動をするにも，当小自治会・町内会では役員等人材ならぬ，人材不足で役員交代もままならず，一人何役もという状態では，活動も制限されてしまうのが現状。（男性73歳）

●町会役員の高齢化，奉仕の精神の希薄化等々，地域で取り組む事柄に対してパワーが不足してきています。広い年齢層にボランティア精神を浸透させる必要があります。役所に何かを期待するのではなく，自分たちでできるか考えられる町会を目指したいと思います。（女性69歳）

●日本の伝統として続いてきた地縁の良さが忘れ去りつつあり淋しい気がしてならない。自治会・町内会活動の柱として地域住民の福祉は大きな柱であり，根底には隣保扶助の大切を認識すべきと思います。そこには出来る事から実行の時となってしまっている。（男性71歳）

●自治会・町内会長の仕事が昔に比べ非常に多くなっています。行政の各部から，児童館のお知らせ，消防署，警察，日赤，青少年地区委員会の諸行事，地元小中学校の諸行事，挨拶運動，町内の部長会，役員会，町づくり協議会の行事，イベント参加やら市民消火隊の訓練，夜は防犯パトロール，休日も昼も夜も頭から離れません。せめて行政からの回覧掲示板用配布品だけでもバラバラでなくまとめて運んでもらえないだろうか。（男性79歳）

●それとなく見守る…を実践したいと思っている。しかし，じっくり見るとじろじろ見られている等の不満があるようで，見守る側では意識合わせを行っても，見守られる側にはその意識がない場合がある。（男性75歳）

●一人暮らし高齢者に対し，何とか町会として支援すべきと課題をもっていますが，人材が問題で，具体的に実践できず，定期的な見守りが第一ステージとして考えていますが，現状は民生児童委員の方と全体的な意見交換をしているが，私なりに考える一人暮らしへの支援は人材の面から現状が困難で，なかなか前進しません。（男性67歳）

●少子高齢化，核家族化が進んでおり，自治会・町内会活動の役員も年々高齢化が進んでいる。また，後継者の育成も思うようにいかない現状にある。地域福祉活動に自治会・町内会が関与していくことは大変難しいと思われる。（男性77歳）

以上，アンケートにおける自由記述の一部を紹介した。都市部において自治会・町内会がおかれている状況，およびそこで福祉活動に取り組むことの困難さを訴える会長たちの偽らざる声である。

まず第1に，地域そのものの課題として，住民の高齢化と地域の人間関係の希薄化の進行を訴えるものがみられた。そうした状況のなかで都市部の地縁組織のリーダーたちが，日々の暮らしや自治会活動を通じてみている地域の課題が，孤独死や老老介護，災害時要援護者等の問題に象徴されて語られている。そこには，福祉活動どころか通常の活動すらままならなくなりつつあることへの無力感や諦観も見え隠れしている。一方で，なんとか状況を前に進めようとする意思を表明した記述もあり，悲観的なだけではない力強さも感じ取れる。

第2に，会長や役員，または民生委員など活動の中核となっている人々の負担の大きさである。図表7-8は役員人材の流動性について在任年数の長さ（図表7-5）をもとに，「流動型」と「固定型」の2つに分類し，自治会・町内会

図表7-8　役員の流動性の類型別にみた仕事量についての感じ方

		多いとは感じない		多いと感じる		合　計	
		実数	%	実数	%	実数	%
役員の流動性類型	流動型	19	29.7	45	70.3	64	100.0
	固定型	15	15.6	81	84.4	96	100.0
	合　計	34	21.3	126	78.8	160	100.0

注：χ^2=4.538　有意確率=.033

活動の仕事量についての感じ方とクロスさせたものである[6]。全体的にみても仕事量が多いと感じている人が8割近くとなっているが，流動性のタイプ別にみると，流動型よりも固定型の方が仕事の量が多いと感じている人が多い。輪番制などによって比較的短期間で人材が交代しているケースでも，会長が感じている活動の負担感は少なくないが，役職員が固定化している場合は負担感がさらに大きいものとなっている状況も読みとれる。全体的にみれば，加入率は高い水準となっているが，実際の活動に参加する住民が少なく，人材不足からメンバーが固定化または高齢化し，体力的なことも含めて活動の負担が大きくなっている実態があるのではないか。また，行政や社協等から依頼される仕事の多さも，それに拍車をかけていることも考えられる。

　さらに自由記述では，見守り等の福祉活動に取り組むことのむずかしさとして，プライバシーや個人情報の問題が述べられている。地域活動とプライバシーや個人情報の問題もクローズアップされて久しい。「地域の支え合い」を住民に求めていく以上，こうした課題をクリアするための環境整備が行政サイドに求められていることは言を俟たない。

　自由記述から浮かび上がるのは，高齢化や人間関係の希薄化が進む地域のなかで，住民の生活問題をみつめ，どうにかしたいと思いつつも，人材不足やプライバシーなどの壁に突きあたって苦闘するリーダーたちの姿である。住民福祉活動を推進しようとするならば，まずはこうしたリーダーたちの切実な声に真摯に耳を傾けていくことから始める必要があるだろう。

2 自治会・町内会による福祉活動の実際——ヒアリング調査から

　ここまで，アンケート調査の結果をもとに自治会・町内会活動の状況についてみてきた。そこでは活動の担い手の問題を中心として，主に自治会・町内会が直面する課題の困難さの面が浮かび上がってきた。しかしその一方では，数は少ないながらも，自治会・町内会が主体となった日常的な福祉活動が地道に取り組まれていることも事実である。ここでは自治会・町内会，およびそれに関連するグループ（図表7-9）による福祉活動の実際について，葛飾区内で実

図表 7-9　ヒアリング調査対象団体の概要

		組　織	活動開始時期	主な活動内容
1	Aグループ	自治町会婦人会	1995年	会食・見守り活動
2	Bグループ	ボランティアグループ（自治会補助による住民有志）	1995年	サロン活動・生活支援
3	Cグループ	老人会，地区民協，団地自治会	1997年	サロン活動（会食）
4	Dグループ	NPO法人（公団自治会有志母体）	2003年	サロン活動・食事提供
5	Eグループ	NPO法人（自治町会・老人会母体）	2004年	サロン活動・生活相談・生活支援・会食
6	Fグループ	自治町会	2008年	サロン活動
7	Gグループ	自治会の協力による民生委員の自主活動	2008年	サロン活動
8	Hグループ	マンション管理組合，民生委員，老人クラブ	2008年	サロン活動
9	Iグループ	自治町会	2009年	サロン活動
10	Jグループ	まちづくり懇談会	2009年	サロン活動
11	Kグループ	自治町会	－	サロン活動
12	Lグループ	自治町会	－	見守り活動

施したヒアリング調査の結果をもとに検討する。

●ヒアリング対象団体と調査の概要

　上記のアンケート調査で把握された活動事例および，区の社会福祉協議会で把握している自治会・町内会による福祉活動団体のうち，自治会・町内会が母体となっている（強い協力関係にある団体も含む）12団体へのヒアリング結果を以下に紹介する。調査は2010年10月上旬から11月下旬にかけて，調査員が2名1組で各団体を順次訪問して実施した。調査の手法としては，31項目からなる別紙の質問紙票に基づいた半構造化面接を採用した。ヒアリングに要した時間は各団体おおむね90分から120分程度であった。

　ここでは，①活動拠点について，②活動の担い手について，③利用者についての課題，④財政状況，の4点に絞って検討していく。

●活動拠点について

　各団体の活動拠点は，自治会・町内会や公団内の集会所などが多かった。こうした施設では定期的な確保が比較的容易で，使用料なども不要か，あってもかなり安く抑えることができる。自治会・町内会ベースの団体の場合，小規模なサロン活動や会食活動であれば，集会室等の拠点確保が比較的容易な点は強みといえる。また，小学校跡地や商店街の空き店舗，福祉施設等の公共施設を活動場所にしている団体もあった。

　一方で，自治会・町内会の集会室などを拠点とする活動にも課題はみられる。こうした会館や集会室は古い建物であることも多く，今回のヒアリングのなかでも高齢者の居場所として使用することがむずかしくなりつつある事例がみられた。たとえば以下は，自治会・町内会集会室で会食活動に取り組む団体で聞かれた声である。

● （筆者注：集会室が建物の）2階にあるので，急な階段の昇り降りが大変で，数年前に左右両方に手すりをつけた。最近は，それでも，体力の衰えで階段が昇れない人がいる。来れない人へは，配食という手段も考えられるが，希望する人たち全員に届けるためには担い手の数が足りない。これをやるとすると，会食が出来なくなる。近所に地区センターができ，調理室も作ってもらったが，バス通りを渡ら（越え）なければ，行けないとなると，高齢者はいくら信号や横断歩道があっても，怖くて渡れないと言う。だから今のところこの場所で続けざるを得ない。(Aグループ)

　高齢化が進むなかで自治会・町内会の会館・集会所等は居場所機能を高めていくことが求められ，そのバリアフリー化も重要な課題といえよう。人やプログラム等のソフトの面は住民による創意工夫によって解決できる面も多いが，活動拠点といったハード面の整備は住民の努力だけでは限界がある。こうした住民福祉活動の拠点となりうる地域資源の整備は，行政側の役割も欠かせないだろう。また，住民側も活動基盤強化のためには，そうした整備や支援を行政サイドに求め，交渉していく力が求められる。活動拠点についてのニーズは団体によってさまざまではあるが，共通して求められる基本機能は「場所の提供，準備，備品の管理保管，コピー，お湯の準備等」(Gグループ) といった点に集

約できよう。こうした拠点をいかに整備していくかが，活動の推進にとっても大きな課題といえる。

●活動者の状況について

　サロンや会食活動に取り組む団体に絞ると，活動登録者は3～30人，1回あたりの活動者数は2～8人であった。サロン活動などでは，活動自体のサイズがそれほど大きくないケースがほとんどであり，実際の活動の場で必要な人手は多くても8人程度である。自治会・町内会や民生委員が主体となっている団体では，役員や会員，民生委員が活動の担い手となっていることがほとんどであった。たとえばGグループは，メンバー7名全員が民生委員である。またHグループでも，管理組合・自治会・高齢者クラブで運営委員会を構成し，事務局を担う民生委員が活動の実働部隊となっていた。

　活動登録者が一定確保できている団体では活動参加もシフトを組むことができ，一人ひとりの負担は軽減できるが，登録者が少ない団体は毎回同じメンバーで活動を回すことになり負担は大きい。各団体ともに活動の主力は60～70歳代の女性であった。こうした傾向は住民福祉活動そのものの特徴といえる。ただし，長く活動する団体では，メンバーの固定化・高齢化が進んでいるケースもみられた。ヒアリングのなかでも，活動の担い手に関する課題として最も多く聞かれた声は「担い手の高齢化，若い活動者確保」であった。「担い手の高齢化，若い人を育てても収入にならないので，ホームヘルプサービスの方に流れてしまう」（Fグループ）や「若い人の担い手が集まらない。どうしても若い人はパートやアルバイトに行ってしまう。無償の活動では長続きしない」といった，活動の無償性を不利条件として捉えているケースもあった。

　自治会・町内会を母体としている団体では，70歳代が主力となっているところも珍しくない。現時点ではパワフルな活動を展開しているが，今後の活動継続に向けては，①新しい活動者，②若い活動者，③そして男性の活動者の受け入れ等がカギになると思われる。

●活動者の確保のルート・方法

　ヒアリングでは，担い手の確保のルートや方法についても聞き取った。活動者確保のルートは大きく分けて，①自治会・町内町会等の母体となる組織を通じて，②チラシや広報を通じての募集，③事業やイベント，講座等の参加者や利用者に活動者側に回ってもらう，④口コミや関係者の推薦，の4つである。今回のヒアリングで最も多かったのは「口コミ」による活動者の確保だった。「担い手の集め方として公募する方法もあるが，気心を知らないと不安がある」などの声がきかれ，口コミや関係者の推薦は，団体からみるとその人の身元や人柄がわかっているという安心感もあり，活動者側としても知り合いからの誘いというのは参加しやすい。その意味では，地域を基盤とした活動にとって口コミが最も確実かつ有効なリクルート方法であるといえる。また，イベントや事業の参加者・協力者のなかから良さそうな人を一本釣りする方法も，口コミと同様「確かな人」にきてもらえる方法である。地域福祉活動にとってはこうした方法が，まずは基本的な人材確保のルートであることが確認できる。

　一方，こうした口コミやイベント・関係者を通じた一本釣りの方法とは別に，チラシや区報などによって不特定多数に呼びかけて活動者を募集する方法もある。ヒアリングをしたなかでは，こうした「投網方式」をとっている団体は多くはなかったが，なかには，チラシによる広報活動によって1度に10人を超えるボランティアを獲得した団体もあった。今後地域でより幅広く新たな人材を発掘していくためには，こうした方法にも取り組んでいく必要があるだろう。

　上記のような状況をふまえると，今後活動の人的な基盤を強化していくためには，団体のなかに人材の発掘と受け入れ，活動の調整を行うための仕組みの必要性が浮かび上がった。いわゆる「ボランティアコーディネーション」や「ボランティアマネジメント」[筒井，1998；桜井，2007など]と呼ばれる仕組みである。活動に必要な人のイメージを明確にし，口コミや募集広報などの手法で呼びかけ，来てくれた人に適切な役割を配分してその力を生かしていくためには，団体内で常にそうした受け入れのサイクルを回していく文化と仕組み作りが求められる。すなわち，自治会・町内会におけるボランティアマネジメントの導入が大きな課題といえるのではないだろうか。

●利用者・参加者についての課題

　利用者・参加者の男女比と年齢構成をみると，性別ではほとんどが女性多数，年齢では「80歳以上」や「70歳代」が中心となっているところが多かった。つまり，サロンや会食を中心とした場の利用者イメージとしては「70～80歳代の女性」ということになる。

　各団体へのヒアリングのなかでは，利用者に関わる課題として「男性は出てこない」，「問題のある人ほどこうした場に出てこない」といった声が聞かれた。

- サロンに来ている人は問題ないが，呼びかけても参加しない人が気にかかる。民生委員としての訪問でもひとり暮らし高齢者はドアを開けてくれないことも多い。（Cグループ）
- 利用者でも元サラリーマンや職人の男性は1回きても次から来ないということが多い。今まで来ていた人で来られなくなった人に連絡をして連れ出したいが，そのためには人手が足りない。（Dグループ）
- 自力で来られる人がほとんどで，ここに来ている人は心配ない。歩いて来られない人については車いすを使って送迎のサポートもしている。出て来られない人のために相談活動を進めていきたい。ひとり暮らしの方に声をかけるが，拒否されることも少なくない。強くすすめて1度はきても2度目は来ないという人もいる。（Eグループ）
- 足腰が不自由になり，サロンの会場である集会室まで移動が出来ない人がいる。問題のある人は，参加しない。チラシを自宅まで持っていくが，玄関を開けて話しをするが，なかなか伝わらない。特にひとり暮らしはこのようなケースが多い。（Fグループ）

　上記のとおり，サロンや会食活動を中心にみると利用者の多くが「70～80歳代の女性」中心で，①男性の利用者が少ない，②足腰が弱くなって場に来られなくなる人の問題，③もともと出てきたがらない（しかも，何らかの問題のある）人の問題，という3点が課題となっていた。自力で会場まで来られない人については送迎サポートなどを工夫する団体もあるが，人手の問題もあって多くの場合はむずかしい状況にある。利用者の大半が女性で，男性の利用者が少ないという課題も共通している。これにはいくつかの要因があると思われるが，女性ばかりのところには仲間に入りづらい，プライドがあって「お世話になる」ことに抵抗感がある，もともと人づきあいが苦手，などが考えられる。これは

現在の地域福祉活動一般に共通する課題でもあり、すぐに解決する問題ではない。こうした場への参加自体を強制することはできない以上、サロンや会食は「来られる人・来たい人が来る場所」と割り切って、「来られない人・来たくない人」には別のサポートの形を考えていくことも必要かと思われる。

●深刻な問題を抱えるひとり暮らし高齢者のケース

サロンや会食活動自体は基本的に「元気高齢者」を主な対象とした活動といえるが、各団体は活動を通じてより深刻な課題を抱えるひとり暮らし高齢者の状況も報告された。以下にその一部をあげる（プライバシーに配慮して一部修正している）。

- 80代の女性ひとり暮らし。年金生活だが息子夫婦の住宅ローンを支払っている（亡夫から引き継ぐ）。ヘルパー費用の未払いもあり、現在介護サービスなし。オムツを使用し排泄の処理がうまくいっていない。多少認知症が見られる。生活苦の状況である。近隣からは、悪臭がするとの苦情がある。息子には連絡が取れない。地域包括へ連絡するが具体的な対応は決まらず。
- サロンに参加している80歳男性ひとり暮らし。2日間、テレビ・ラジオの音は鳴りっぱなしで近隣から苦情があり、自治会役員と警察が部屋に入ったところ、脱水症状で倒れていた。
- ひとり暮らしの認知症ケース。近所の人が見守りをしていたが後日施設へ。
- （アルコール依存症のケース）朝・昼・晩、お酒を飲んでいる。様子を見にいき話しをして、死にたいといっているので、地域包括につなげ病院へ入院した。
- 60代の男性（生活保護受給）。以前は姉と住んでいたが姉がなくなり、身なりがだらしなくなって髪の毛は伸び放題。ことあるごとに声をかけて関係をつくり、理容もするようになった。地域包括につなげ、現在はデイサービスに通っている。

このように住民が支えるには限界があり、また緊急性の高いケースが活動のなかで発見されることも少なくない。住民福祉活動が実際にこうしたケースを発見し、制度的なサービスや専門機関につなげる役割も果たしていることがわかる。また、今回ヒアリングを行った団体では、日頃から社会福祉協議会や地域包括などの専門機関と連携体制をとっているところが多く、普段の活動のな

かで拾い上げた困りごとや生活困難について，自分たちでできることと専門機関につなぐべきことを適切に判断して対応していた。自治会・町内会は民生委員，行政機関や社会福祉協議会等の専門機関との距離が比較的近く，こうした連携がしやすい点は大きな強みであるといえよう。

●財政状況について

　年間予算は最も多いところで130万円，少ないところで1万円程度だった。年間予算の比較的多い団体は，ほとんどが行政や自治会・町内会等の母体組織からの補助や委託金を受けている。サロンや会食活動を行う団体はすべての団体がおおむね1回ごとに数百円の参加費・利用料をとっており，この収入プラス社協補助や会費・寄付収入が典型的な財源構造である。利用料以外に特に収入がない団体はおおむね年間予算規模が小さい。

　今後の活動上の課題として財源の問題をあげる団体も少なくなかった。今後，社会福祉協議会や行政からの補助が大きく増大することは考えにくく，また，活動規模が急激に拡大しない限りは1回数百円の参加費や利用料の収益増もあまり財源基盤の強化にはつながらないと思われる。今後の財源の確保にあたっては，①会員拡大による会費収入，②活動アピールによる寄付収入，③何らかの事業を通じた事業収入，といった財源を強化していくことが必要になる。

おわりに

　本章では，近年，特に社会的孤立問題との関係で重視されるようになった自治会・町内会による福祉活動について，アンケート調査とヒアリング調査を通じてその現状と課題について検討してきた。

　アンケート調査の結果からは，①現状では，自治会・町内会の福祉部会としての活動は募金や敬老行事等の単発活動が主であり，見守り活動やサロン活動等を日常的に展開している団体は多いとはいえないこと，②地域におけるひとり暮らし高齢者の課題についてはリーダーの関心も高く，自治会・町内会による福祉活動の必要性も感じていること，③一方で，会長や役職員の高齢化・メ

ンバーの固定化などによって活動の負担感が大きく，通常の活動に加えて福祉活動に取り組むことがむずかしい現状，等が改めて確認された。

　調査結果から明らかになった状況をふまえれば，特に都市部においては自治会・町内会活動自体の存立基盤が大きく掘り崩されている現状のなかで，行政や社会福祉協議会のお仕着せによって一律に福祉活動の展開を求めていくことには相当の無理があるように思われる。なかには「福祉のことは民生委員に任せてある。ただでさえ仕事が多く人手不足なのに，これ以上仕事を増やされては困る」という率直な意見もきかれた。地域での孤立問題対策を政策的に推進するなかで，このような自治会・町内会の現状を無視して「地域の支え合い」の名のもとに過大な役割を期待することは厳に慎むべきであるといえるのではないか。

　一方で，ヒアリング調査でも明らかなように，すでに地域には自治会・町内会を母体とする，ないしはそれと強く連携する自発的な住民福祉活動が，少なからず存在している。孤立問題に限らず，地域で何らかの支援を必要とする住民が増えていくなかで，民生委員等だけでそのすべてをカバーしていくことには限界がある。今回のヒアリングで出会った活動事例は，民生委員が自治会・町内会との協力によって地域にこうした居場所づくりに取り組むことで，ニーズキャッチや制度へのつなぎ等の活動がより効果的に行えることをも示していた。ヒアリングを通じて痛感されたのは，それぞれの活動が高齢化をはじめとしたさまざまな地域の変化のなかから生まれてくる新たな課題を見逃すことなく，「この課題をどうにかしたい」という住民の思いを出発点に立ちあがってきたということである。上からの組織化ではなく，住民自身の切実な願いが根っこになければ，住民福祉活動の展開など望むべくもない。そして，こうした活動が地域に根を張ったものとなるために，土台としての自治会・町内会等の存在が不可欠なのである。地域の福祉課題を解決したいと願う住民のパワーとそれを支える土台としての自治会・町内会がうまく連動したときに，地域には生き生きとした福祉活動が展開されることになる。

　地域福祉活動を推進していく側の課題としては，「地域にはすでに多様な住民福祉活動が点在している」ことをしっかりと認識することが必要であるよう

に思われる。社会的孤立が問題化したからといって，安易に新たな事業やプログラムを自治会・町内会に一律に担わせようとするのではなく，まずは「すでにある活動を核に，それを広げていく」，「そこに新たな住民をつなげていく」ことが第一歩となるのではないだろうか。

1) いわゆる「地縁による団体」の名称は，町内会，自治会，区会，部落会など地域によって多様なものとなっている。2007年の総務省調査によると，近隣住民組織の名称は「自治会」が最も多く41.8%，次いで「町内会」が22.7%，「区会」が13.2%となっている［辻中ほか，2009：40］。本章では上位2つの「自治会」と「町内会」をあわせて「自治会・町内会」の名称を用いることとする。
2) これらの記述は，地縁団体である自治会・町内会と，機能的団体であるNPOとの協働することのメリットについての記述のなかで述べられている。
3) 貴重な先行研究として，ふるくは濱野［1987］，近年では大野・牧里［2007］などがあるが，いずれも事例研究である。
4) なお「その他」の回答が5ケースあり，その内容は「10年以上」，「10年以上が多い（健康な間は引き続き在任というケースが多い）」，「20年以上」，「交代員がない場合は辞める」，「（選択項目が）ひとつでは選びようがない」であった。
5) 「定期的なイベント」については，その中身はアンケートからはわからないが，行政担当者によると，連合町会単位で行われる「健康まつり」等への協力をさしているケースが多いと考えられる。また，「その他」の回答は全部で19ケースあり，具体的な記述内容をみると，最も多かったのは「葬儀・葬祭事業」だった。ほかに「祭り・餅つき」「地域清掃」「防犯・防災」「旅行」などの内容もみられた。
6) 「役員人材の流動性」とは，役員となるメンバーがどの程度の期間で交代しているかをみたものである。ここでは図表7-2でみた役員の平均的な在任期間の集計結果をもとに，役員人材の特徴を「流動型」と「固定型」の2類型に分類した。具体的には「1～2年で交代する人が多い」，「3～4年で交代する人が多い」，「5～6年で交代する人が多い」を合わせて「流動型」に，「7年以上勤めている人が多い」を「固定型」に分類した。なお，「わからない」（3ケース，1.8%）と「無回答」（1ケース，0.6%）はクロス集計からは除外している。また「仕事量についての感じ方」は，自治会・町内会活動に関連する仕事の量について多いと感じるかどうかという質問についての集計結果（n=162）を，「多いとは感じない」（8.1%），「どちらかと言えば多いとは感じない」（13.1%）の2つを「多いとは感じない」に，「どちらかと言えば多いと感じる」（49.4%）と「多いと感じる」（29.4%）の2つを「多いと感じる」にそれぞれリカテゴリして使用している。なお，「わからない」（2ケース，3.0%）はクロス集計からは除外した。

【引用・参考文献】
色摩和夫［2001］「地域住民組織としての「町内会」─その存在意義に関する一考察」福島学院短期大学『研究紀要』33

岩崎信彦［1989］「町内会の歴史と可能性（特集 社会構造の変容と都市）」都市問題研究会『都市問題研究』41（7）
岩崎恭典・小林慶太郎［2006］「地域自治組織と町内会（特集 分権時代の住民自治）」都市問題研究会『都市問題研究』58（8）
大野真鯉・牧里毎治［2007］「事例研究（6）町内会・自治会活動の福祉NPO化—地縁組織とNPOの連結」『ソーシャルワーク研究』32（4）相川書房
葛飾区社会福祉協議会［2010］『東京都葛飾区における自治町会と小地域福祉活動の可能性—葛飾区自治町会アンケート調査結果報告書』
河合克義［2009］『大都市におけるひとり暮らし高齢者と社会的孤立』法律文化社
倉沢進・秋元律郎編著［1990］『町内会と地域集団』（都市社会学研究叢書）ミネルヴァ書房
厚生労働省［2008］『これからの地域福祉のあり方に関する研究会報告書　地域における「新たな支え合い」を求めて—住民と行政の協働による新しい福祉』全国社会福祉協議会
桜井政成［2007］『ボランティアマネジメント—自発的行為の組織化戦略』（NPOマネジメントシリーズ）ミネルヴァ書房
沢田清方［1991］『小地域福祉活動—高齢化社会を地域から支える』ミネルヴァ書房
沢田清方［1998］『住民と地域福祉活動』ミネルヴァ書房
新宿区社会福祉協議会［2008］『戸山団地・くらしとコミュニティについての調査報告書』
全国社会福祉協議会［1961］『わが町の地区組織活動』全国社会福祉協議会
生活科学調査会編［1962］『町内会・部落会』（生活の科学6）医歯薬出版
生活科学調査会編［1963］『団地のすべて』医歯薬出版
高木鉦作［2005］『町内会廃止と「新生活共同体」の結成』東京大学出版会
高寄昇三［1979］『コミュニティと住民組織』勁草書房
辻中豊・ペッカネン，ロバート・山本英弘［2009］『現代日本の自治会・町内会—第1回全国調査にみる自治力・ネットワーク・ガバナンス』（現代市民社会叢書1）木鐸社
筒井のり子［1995］『ボランティア・テキストシリーズ7　ボランティア・コーディネーター：その理論と実際［第2版］』大阪ボランティア協会
東京都社会福祉協議会［2007］『ひととひととのかけはし〜小地域福祉活動報告書』
東海自治体問題研究所編・編集代表　中田実［1996］『町内会・自治会の新展開』自治体研究社
鳥越皓之［1994］『地域自治会の研究—部落会・町内会・自治会の展開過程』ミネルヴァ書房
中川剛［1980］『町内会—日本人の自治感覚』中公新書
中田実監修・東海自治体問題研究所編［1981］『これからの町内会・自治会：いかしあいのまちづくり』自治体研究社
中田実・小木曽洋司・山崎丈夫［2009］『地域再生と町内会・自治会』自治体研究社
中田実・山崎丈夫［2010］『地域コミュニティ最前線』自治体研究社

濱野一郎［1987］『地域福祉活動における住民自治組織と専門機関との機能連関に関する実証的研究―当事者の分析を中心に』（昭和61年度　科学研究費補助金（総合研究A）研究成果報告書）
山崎丈夫［1999］『地縁組織論―地域の時代の町内会・自治会，コミュニティ』自治体研究社
山田宜廣［2009］『住民主導の地域福祉運営―小学校区の重層構造と「金沢方式」からの考察』筒井書房
吉原直樹［1980］『地域社会と地域住民組織―戦後自治会への一視点』八千代出版
吉原直樹［2000］「地域住民組織における共同性と公共性：町内会を中心として」日本社会学会『社会学評論』50（4）

第Ⅱ部

社会的孤立問題
への挑戦

1 高齢者の孤立と自治体行政

真継　直（東京都港区高齢者支援課）

● **はじめに**

　本章では，東京の都心・港区での高齢者の孤立の実態と，そのことに行政としてどのように対応してきたのか，また今後どのように対応していくのかについて述べる。

1 港区の地域特性と高齢者

　港区は，東京23特別区の1つである。東京都の東南部に位置しており，西北の高台は武蔵野台地の末端，東の低地は東京港に面している。起伏に富んだ坂の多い地勢である。

　港区は，1947年に旧赤坂区，旧麻布区，旧芝区が合併して誕生した。初めは東京港を包含しているということで「東港区」いう名称が検討されたが，「東京都東港区」と類似音が重なることから「東」の1字を除き「港区」となった。

　港区の人口は，1984年から減少傾向となり，1995年4月に15万人を割り込んだが，その後集合住宅の供給増などにより増加に転じ，2009年5月に20万人台を回復している。1996年1月1日の人口は14万9716人，65歳以上の高齢者は2万4583人で高齢化率は16.4％であったが，2012年1月1日現在では，人口は20万8397人，高齢者は3万6826人で，高齢化率は17.7％である。2010年の国勢調査では，高齢者のいる世帯に占める高齢者単身世帯の割合が40.2％で，全国平均の24.8％と比べ高い数値となっている。

　港区には，全国ネットの民放テレビ局やラジオ局があり，情報を日々全国に発信している。港区には2012年4月現在で人口の約1割の2万人を超える外国人が住んでおり，大使館の数も80ある。また，港区は事業所数と従業者数

図表1-1　港区の高齢者（65歳以上）の状況（2012年1月1日現在）

地区	人口（人）	高齢者数（人）	高齢化率（％）	ひとり暮らし高齢者数（人）	サービス利用のないひとり暮らし高齢者数（人）*
港区全体	208,397	36,826	17.7	5,907	3,803
芝地区	33,740	6,653	19.7	1,097	712
麻布地区	45,454	7,853	17.3	1,060	733
赤坂地区	30,881	6,941	22.5	1,135	754
高輪地区	52,605	10,120	19.2	1,578	976
芝浦港南地区	45,717	5,259	11.5	1,037	628

＊は2012年3月現在の数値
出所：港区資料

が23区で一番多く，史跡や東京タワーなどの観光スポットも数多くある。2010年の国勢調査による昼間人口は，88万6173人である。スカイツリーに高さ日本一の座は譲ったが，東京タワーは今も港区のシンボルだ。四季折おりの彩でライトアップされた姿はまことに美しい。

　2006年4月，「より便利に」「より身近に」「より信頼される」区役所・支所の実現をめざし，芝地区，麻布地区，赤坂地区，高輪地区，芝浦港南地区の5つの総合支所制度がスタートした。港区はこの5つの地区を基礎に，区民の参画と協働を通じて，地域の魅力と特性を活かし，地域の課題を地域で解決し，地域の絆・連帯・支え合いを深め，災害に強く，環境にやさしい，活力ある安全・安心なまちづくりをめざしている。

2 高齢者の孤立の実態

　港区での高齢者の孤立の実態はどうだろう。いくつかの視点からみてみる。
●所在不明高齢者
　2010年夏，全国で所在不明の高齢者が顕在化した。港区でも，敬老祝品贈呈事業で所在を確認できなかった，ともに105歳の2名を公表した。1名は外国籍の女性で，民生委員が敬老祝品贈呈のため訪問したところ，所在地の建物が取り壊されており所在を確認できなかった。この女性は短期滞在で入国した

が，出国の記録がないため外国人登録の閉鎖処理がされず，そのままとなっていた。もう1名は男性で，家族に確認したところ「数年前に出て行った」とのことであった。この男性は，その後の調査でも所在が確認できなかったため，住民登録を職権で消除した。

●熱中症

2010年の夏は大変な猛暑であった。港区でも，熱中症による高齢者の死亡や救助が報告された。自身の持ちビルの5階に住む姉妹が救急搬送されて入院，姉は死亡，妹は助かった例がある。エアコンはあったが，使っていなかった。3階に甥一家が住んでいたが，普段から交流がなかった。妹はその後，港区の家事援助サービスや配食サービスを利用し生活を続けている。甥一家とも交流が始まった。

都営住宅の自治会からの通報で，高齢者相談センター（港区は2011年度から地域包括支援センターの通称名を「高齢者相談センター」とした）が，自治会や警察とともに部屋に入り，ゴミだらけの部屋で脱水症状となっていた男性を救助し，入院させることができた。

●高齢者の死亡に伴う報告

高齢者支援課は2008年から，親族との関わりがなく，発見時に誰にも看とられず居宅で死亡した高齢者の報告を，総合支所と高齢者相談センターから受け取る体制をとっている。2008年度は9件，2009年度は11件，2010年度は17件，2011年度は17件の報告があった。2010年度の報告のうち6件は熱中症による死亡である。死亡から発見までの日数は，当日から数カ月までと幅があるが，何らかのサービスを受けている高齢者は発見までの日数が短い。

●養護者による高齢者虐待

高齢者の孤立は，単身世帯に限らない。家族等の養護者があっても，養護の放棄等の虐待で孤立状況に陥ることもある。2010年度は25件の通報があり，14件が虐待と判断された。

虐待の種類では，複数回答であるが，経済的虐待が57.1％と一番多く，次いで身体的虐待50％，介護等放棄が42.9％となっている。経済的虐待は全国的には25.5％，東京都は23.8％であり，割合が高いのが港区の特徴といえる。

世帯も単身が28.6％ある。これは全国平均の約3倍，東京都でも10.5％であり，港区の比率は高い。虐待者は，息子が50％で最も多い。全国では42.6％，東京都では38.8％である。

●単身世帯（65歳以上）実態調査

　港区では，毎年，同居親族のいない「ひとり暮らし高齢者」の所在と緊急連絡先等を把握して緊急時に備えるとともに，区の今後の施策に活かしていくことを目的として，住民基本台帳の単身世帯を対象に，民生委員の訪問による実態調査を実施している。毎年1月1日現在の実態調査によるひとり暮らし高齢者の人数は，2008年が5283人，2009年が5979人，2010年が5959人，2011年が5767人，2012年が5907人である。この調査結果のデータは，以下に述べるさまざまな調査や事業の基礎資料として活用されている。

●保健福祉基礎調査

　港区は，2012年度から14年度までの3年間の新たな「港区高齢者保健福祉計画（第5期港区介護保険事業計画）」策定のため，2010年度に高齢者や介護事業者を対象に「港区保健福祉基礎調査」を実施した。この調査では，介護予防サービス利用の3割を超す高齢者が，買い物などの日常の外出が生活上の困りごととしてあげている。

●港区におけるひとり暮らし高齢者の生活と意識に関する調査

　港区は，2011年2月に，明治学院大学の河合克義教授を所長として，港区政策創造研究所を開設した。港区政策創造研究所は，情報活用，分析・予測，政策研究・形成，人材育成の4つの機能をもち，「人にやさしい創造的な地域社会」の実現のため，区の各領域の職員とともに調査・研究を行い，新たな施策の方向性を見出していくことをめざしている。

　2011年6月から9月にかけて，港区政策創造研究所は初めての調査・研究として「港区におけるひとり暮らし高齢者の生活と意識に関する調査」を実施した。調査は，調査の設計段階から高齢者支援課の職員を交えて意見交換を行い実施した。対象は前述の民生委員の実態調査で把握されたひとり暮らし高齢者である。1次調査は2011年5月9日時点の対象者5656人への郵送によるアンケート調査で，回収数は3947人，回収率は69.8％であった。2次調査は，

図表 1-2　年齢別構成割合の年次推移

	1995年調査		2004年調査		2011年調査	
	実　数	割　合（％）	実　数	割　合（％）	実　数	割　合（％）
65歳以上70歳未満	710	36.2	197	20.4	594	15.0
70歳以上75歳未満	501	25.5	280	29.0	857	21.7
75歳以上80歳未満	365	18.6	229	23.8	1,023	25.9
80歳以上85歳未満	240	12.2	154	16.0	799	20.2
85歳以上90歳未満	112	5.7	65	6.7	446	11.3
90歳以上	25	1.3	26	2.7	156	4.0
無回答	10	0.5	13	1.3	72	1.8
合　計	1,963	100.0	964	100.0	3,947	100.0

出所：「港区におけるひとり暮らし高齢者の生活と意識に関する調査報告書」2012年

類型化した1次調査回答者70人への直接訪問面接調査である。以下，調査結果を概観する。

【性　別】男性が19.2％，女性が78.9％であった。過去（1995年，2004年）に港区社会福祉協議会が実施したひとり暮らし高齢者の調査と比較すると，男性の比率が1995年は14.0％，2004年は16.6％と徐々に高まっている。

【年　齢】平均年齢は77.2歳，年齢階層別の比率では前期高齢者が36.8％，後期高齢者が61.4％である。後期高齢者の比率は，1995年の調査では37.8％，2004年調査では49.2％であったので，後期高齢者の比率が高まっていることがわかる。

【住宅の種類】持ち家が52.8％，都営・区営住宅が20.5％，民間賃貸住宅が15.7％である。持ち家率は女性が56.8％，男性が40.6％である。男性は，民間賃貸住宅居住が27.9％を占めている。港区全体の住宅の種類では88.4％が共同住宅である。本調査でも持ち家の37.0％は分譲マンションである。

【健康状態】「良い」「まあ良い」「普通」の合計が72.2％である。日常生活の介助の必要性では，「ほとんど自分でできる」が79.8％である。介護保険の要支援・要介護の認定者は18.3％である。

【結婚歴】結婚したことがないと回答した人が27.6％であった。2010年の国勢調査による全国の未婚率は13.2％であり，港区の未婚率は高い割合である。

図表1-3　住宅の種類×性別

住宅の種類	男性		女性	
	実数	割合（%）	実数	割合（%）
持ち家（一戸建て）	102	13.5	516	16.7
持ち家（分譲マンション）	204	27.1	1,240	40.1
民間の賃貸住宅	210	27.9	399	12.9
都営・区営住宅	140	18.6	664	21.5
都市再生機構（UR）等の公的賃貸住宅	48	6.4	121	3.9
社宅・公務員住宅・管理人住宅	14	1.9	19	0.6
高齢者用住宅・シルバーピア	15	2.0	53	1.7
その他	20	2.7	79	2.6
合　計	753	100.0	3,091	100.0

注：無回答は集計から除外
出所：「港区におけるひとり暮らし高齢者の生活と意識に関する調査報告書」2012年

【買い物について】買い物での困りごとでは、「近所にお店がない」が20.1%、「お米など重いものを運ぶのが大変」が18.9%であった。「困りごとがある」と答えた人の割合は芝地区（50.8%）と赤坂地区（51.0%）で5割を超えた。買い物の場所はスーパーマーケットが80.8%、コンビニが38.8%、デパートが31.2%、近くの商店が29.7%となっている。

【友人および近隣関係】親しい友人の有無では、「いない」が16.0%であった。男性の場合は、29.7%が「いない」と答えている。近所づきあいの程度は、「会ったときに世間話をするくらい」が31.6%と一番多い。

【緊急時の支援者と正月を過ごした相手】病気などの緊急時の支援者の有無については、「いない」が16.7%あった。男性の場合は、「いない」が28.8%いる。緊急時の支援者の50.1%は子ども（子どもの配偶者、孫などを含む。以下同じ）である。日本では、正月は親族とのつながりがみえる時期である。正月3が日を過ごした相手は、子ども（37.4%）、兄弟・姉妹（15.9%）、友人・知人（14.9%）の順である。ひとりで過ごした人は約3人に1人、33.4%あった。

【東日本大震災について】東日本大震災時の困りごとでは、「余震が続いて不安だった」（50.4%）に次いで「福島第一原発の事故や放射能・放射性物質についての情報がわかりにくかった」（20.9%）、「水や食料、日用品が手に入らなくて

図表1-4　緊急時の支援者有無×性別

緊急時の支援者の有無	男性		女性	
	実数	割合(%)	実数	割合(%)
いる	516	71.2	2,577	85.5
いない	209	28.8	437	14.5
合計	725	100.0	3,014	100.0

注：無回答は集計から除外
出所：「港区におけるひとり暮らし高齢者の生活と意識に関する調査報告書」2012年

困った」(14.7%),「家のなかに散乱したものを片付けるのが困難だった」(14.6%),「電池や懐中電灯など防災用品が手に入らなくて困った」(12.0%)となっている。また，震災の際誰と連絡を取りあったかについては，子ども(47.8%)，兄弟・姉妹(45.5%)，友人・知人(45.3%)の順で，「誰とも連絡を取りあわなかった」のは5.9%あった。

【外出状況】主な外出の手段では，バス(「ちぃばす」含む)が30.0%，電車が26.4%，徒歩が21.8%であった。外出の頻度は，「ほとんど毎日」が31.8%,「1週間に2，3回くらい」が28.4%である。「ちぃばす」は，港区のコミュニティバスで現在区内7路線で運行している。70歳以上の高齢者や障害者，妊産婦には無料で乗車できる乗車券を発行している。

【社会参加活動について】参加している団体・集まりでは，健康づくりの活動が20.1%，趣味の会が18.5%である。参加していない人は46.8%で，男女比は女性が43.3%，男性が61.4%である。町会・自治会への参加は男性11.1%，女性10.2%とともに1割程度となっている。

【年間収入】200万円から400万円未満が25.4%と最も多いが，200万円未満は48.6%で，約半数となる。男女別では，200万円未満の割合は女性の方が高い。経済状況の感じ方については，男性が女性より苦しいと感じている比率が高い。

【地域の特徴】住宅の種類から各地域の特徴をみてみる。持ち家率の割合は，麻布地区(71.7%)，高輪地区(63.0%)，芝地区(54.4%)，赤坂地区(44.1%)，芝浦港南地区(31.2%)の順である。芝浦港南地区の持ち家はそのほとんどが分譲マンションで，1戸建てはわずか1.6%である。また，都営・区営住宅の割合が高いのは芝浦港南地区の49.1%，次いで赤坂地区の30.5%である。

図表1-5 年間収入×性別

	男性		女性	
	実数	割合（％）	実数	割合（％）
150万円未満	204	30.1	1,031	38.5
150万円以上200万円未満	123	18.2	524	19.6
200万円以上400万円未満	217	32.1	781	29.2
400万円以上	133	19.6	342	12.8
合　計	677	100.0	2,678	100.0

注：無回答は集計から除外
出所：「港区におけるひとり暮らし高齢者の生活と意識に関する調査報告書」2012年

③ 高齢者の孤立を防ぐための取り組み

港区は，すべての高齢者に，住み慣れた地域で，孤立することなく，安全・安心に暮らし続けていただきたいと願っている。港区は高齢者の孤立を防ぐためのさまざまな取り組みを進めている。

●港区高齢者地域支援連絡協議会

2007年度に，孤独死防止や虐待防止，認知症への対応など，地域の高齢者支援について，民生委員，町会・自治会，社会福祉協議会，消防，警察など地域の活動主体と区との情報の共有化と連携を図るため，港区高齢者地域支援連絡協議会を設置した。2009年度には，各総合支所に地区高齢者支援連絡会を設置し，各地区での情報の共有化と連携を深めている。2011年度には，港区新聞販売同業組合を協議会のメンバーに加え，地域との連携を強化している。

●高齢者相談センター（地域包括支援センター）

2011年4月から，地域の高齢者支援の拠点である地域包括支援センターを，地域の高齢者にわかりやすくより相談しやすい施設とするため，通称名を高齢者相談センターとした。

高齢者相談センターは，各総合支所の所管エリアに1カ所，計5カ所設置し

ている。港区は国基準を超える職員（1カ所7人から8人）を配置し，高齢者支援の拠点としての態勢の充実に努めてきた。起伏の多い港区での移動の負担の軽減や，緊急時の対応のため電動自転車や自動車を配備している。高齢者相談センターは365日開設しており，電話での相談は24時間受け付けている。相談件数は，2006年の開設以来，年々増加している。

　港区は，高齢者相談センターを指定管理者で運営している。運営協議会による事業評価も実施しており，区の高齢者支援の方針のもと，高齢者支援課や総合支所との連携をより強固なものとしている。2012年の法改正により，高齢者相談センターは，「地域包括ケア」の中心として，ますますその役割が重要となっている。今後も地域の高齢者支援の拠点である高齢者相談センターを，後述するアウトリーチに徹するふれあい相談員との連携も含め，さらに機能の充実に努めていく。

●ひとり暮らし高齢者等見守り推進事業（ふれあい相談員）

　2010年の所在不明の高齢者や熱中症の問題から，地域とのつながりが薄く，介護保険や区の高齢者サービスの利用もない，ひとり暮らし高齢者等の生活実態の把握や安否確認の必要性が強く問われた。地域のひとり暮らし高齢者等が住み慣れた地域で安心して生活していけるよう見守り，必要な支援をしていくことは港区の重要課題である。

　地域の高齢者にアプローチし，相談を受け，支援していくことは，高齢者相談センターの業務である。しかし，高齢者相談センターは，年々増加する相談業務や介護予防ケアプランの作成等の業務に労力を削がれている状況があり，日常的なアプローチがむずかしい実態がある。

　このため，港区は2011年6月から，まず芝と高輪の2地区にアウトリーチに特化した「ふれあい相談員」を配置し，積極的に地域に出向き，介護保険や区の高齢者サービスの利用のないひとり暮らし高齢者等を訪問し，生活実態を把握し，相談を受け，高齢者相談センター，民生委員，総合支所等と連携し必要な支援につなげる事業を開始した。この事業は，東京都の「シルバー交番設置事業補助金」を活用している。事業は，各地区の高齢者相談センターの指定

図表1-6　高齢者相談センター（5カ所）相談実績（延件数）

年度 相談内容	2006	2007	2008	2009	2010	2011
介護保険制度	11,270	13,192	13,568	15,189	18,036	19,534
介護予防	16,918	23,114	26,826	29,825	33,211	34,974
区の制度	9,198	10,514	14,342	14,086	17,322	13,244
施設入所	3,344	4,812	6,502	7,141	6,544	5,531
医療保険	3,608	6,318	9,242	10,634	15,175	14,145
日常生活	3,106	5,990	8,867	10,303	12,787	12,364
住まい	1,731	2,854	3,004	3,970	3,421	3,107
権利擁護	990	854	1,908	1,960	1,812	2,365
苦情	177	143	118	168	164	132
安否確認	—	—	—	—	—	889
その他	4,054	3,767	3,347	2,186	1,472	1,980
計	54,396	71,558	87,724	95,462	109,944	108,265

出所：港区資料

管理者に委託している。

(1) 2011年度の活動実績

　2011年度は，芝地区と高輪地区にそれぞれ2名のふれあい相談員を配置した。ふれあい相談員は，高齢者相談センターの職員と同等の社会福祉士，主任介護支援専門員，保健師，看護師などの資格をもつ「プロ」である。芝地区は虎ノ門高齢者在宅サービスセンター内に，高輪地区は高輪地区高齢者相談センター内に相談室を開設した。虎ノ門地区は，業務地化が進みまち自体の人口が減少している。そのなかで孤立しているひとり暮らし高齢者がいるのではないかと考えたからである。高輪地区は，港区の中でも一番人口と高齢者数が多い地区であり，問題を抱えたひとり暮らし高齢者が多いのではないかと考えた。

　訪問対象者は，介護保険や区の緊急通報システム，配食サービスなどの高齢者サービスの利用実績，さらに後期高齢者医療の受診実績等のないひとり暮らし高齢者である。2011年度の活動実績は，**図表1-7**のとおりである。訪問人数は，本人あるいは関係者に面会できた人数である。支援につなげた内容は，介

護保険の認定申請，緊急通報システム，配食サービス，家事援助サービス，訪問電話，救急医療情報キットなどである。

訪問活動から介護保険の認定申請などの支援や見守りにつながった例としては，①もの忘れが多く，消費者被害にもあうひとり暮らし高齢者を民生委員，ふれあい相談員，親族で説得，介護保険の認定申請につなげた，②数回の訪問で面接すると，室内は物が散乱，風呂場も物置状態であったのを，定期的な掃除等のため家事援助サービスの利用につなげた，③民生委員からの情報で訪問したところ，震災の影響で不安な状態であったのを，定期的に話を聞く訪問電話サービスの利用につなげた，④管理人から民生委員に転倒など身体機能の低下があり心配との相談があったものの，本人には区のサービス利用の意志はなく，高齢者相談センターで見守りを継続，などである。

港区は，本事業を区民に理解してもらえるよう「広報みなと」（港区の広報紙）やケーブルテレビなどにより積極的にＰＲしてきた。また，高齢者相談センターや総合支所職員，民生委員を対象に活動内容や実績の説明会を開催し，事業への理解を深めた。さらに，港区政策創造研究所が開催した「ひとり暮らし高齢者の生活と意識に関する調査」のシンポジウムにおいて，ふれあい相談員が活動内容等について報告している。

（2）地域との連携

ふれあい相談員の活動を通じて，民生委員や近隣の住民が気になる高齢者を見守る地域の姿も見えてきた。地域の高齢者の相談窓口である民生委員も，気にはなるが個人の生活に立ち入りにくい状況がある。

徹底的に地域に出るふれあい相談員は，民生委員や近隣から気になる高齢者の相談や情報を受け，プロとして関わり，必要な支援につなぐことができる。地域で生活し，高齢者の日頃の状況を把握している民生委員とは特に情報交換を密にして活動している。心配な高齢者がいるという民生委員からの相談を受けて訪問し，民生委員や高齢者相談センターとも連携し，介護保険の認定申請や高齢者サービスの利用などの支援につながった例が多くある。また，近隣住民の協力を得て，見守りを継続している例もある。

図表1-7　ふれあい相談員訪問活動実績（2011年度）

区　分	芝地区	高輪地区	計
訪問対象者	714	939	1,653
訪問人数	369	752	1,121
訪問延数	1,508	2,022	3,530
相談延数（来所・電話・訪問）	2,886	3,455	6,341
見守り継続者数	22	23	45
支援につなげた件数	82	36	118

出所：港区資料

　ふれあい相談員は，プロとしてのアウトリーチ活動により地域との連携を築きつつある。ふれあい相談員の活動が，地域の民生委員や近隣による高齢者の見守り活動を活性化する触媒の役割を果たしている。地区民生委員協議会や地区高齢者支援連絡会，町会，老人会，いきいきプラザ等の会合など，2地区で年間160を超える会合に参加し，活動内容の報告や事業の案内をして，地域からの信頼確保に努めている。

（3）2012年度の取り組み

　2012年度には，ふれあい相談員を全5地区に配置した。4月から，総数10人のふれあい相談員が区内の高齢者を訪問している。訪問対象者数は，全地区で3803人である（図表1-1参照）。4月のひと月で，訪問件数はすでに600件を超えており，介護保険の認定申請や緊急通報システム，配食サービス，救急医療情報キットなどの高齢者サービスにつなげている。

　高齢者支援課では，毎月，ふれあい相談員の定例の報告会を開催している。この報告会では，どのような活動をしたか，どのような支援ができたか，民生委員や地域との連携が取れたか，活動での課題は何かなどについて報告と意見交換を行い，情報と課題を共有し，次の活動に結びつけている。2011年度のこの報告会で，訪問活動を拒否されたオートロックマンションに住む高齢者の報告がされたが，高齢者支援課の担当とふれあい相談員が再度訪問し，事業の趣旨を丁寧に説明することで，訪問活動を再開することができた。

　ふれあい相談員は，訪問活動が地域のひとり暮らし高齢者に受け入れられて

いる．訪問活動をしていることが地域の高齢者に「ここにいることを知ってもらえる」という安心感を与えているという感触をもっている．2011年度の訪問活動で，前期高齢者は元気な人が多いことがわかってきた．また，訪問対象ではないが，民生委員等からの相談で訪問した高齢者のみの世帯に支援が必要な心配な人がいるということもわかってきた．

　2012年度も，5地区10人で報告会を継続し，意見交換を通じて情報の共有化を図る．それとともに地域の高齢者へプロとしてアウトリーチに徹し，地域の高齢者支援の拠点である高齢者相談センターや民生委員等の地域と連携し，高齢者を支援するふれあい相談員の役割をさらに充実していく．また，広く区民にふれあい相談員の活動を理解してもらえるよう，「広報みなと」をはじめさまざまな機会を捉えてＰＲしていくほか，民生委員等対象の事業報告会を開催し，ふれあい相談員のプロとしてのアウトリーチ活動への一層の理解を深めていく．

●いきいきプラザ

　港区は2011年4月から，地域の高齢者を元気にするため，「高齢者の生きがいづくり，学びの場」，「介護予防，健康づくりの場」，「ふれあい，コミュニティ活動の場」として福祉会館と健康福祉館を，5つの地区ごとに，指定管理者による運営のいきいきプラザとした．各地区のいきいきプラザは，それぞれの指定管理者のノウハウと専門性を活かしたゴルフスイング教室，初心者パソコン教室，休日コンサートなど多彩な新規事業を展開し，その数は100を超える．

　既述した「港区におけるひとり暮らし高齢者の生活と意識に関する調査」では，正月3が日をひとりで過ごした高齢者の存在がうかがえる．各地区のいきいきプラザは，2011年の年末年始に，地域の高齢者が集い交流できる事業を実施し，参加者360人から好評を得た．2012年度においても，さらに工夫し内容の充実した交流事業を実施する．

●ひとり暮らし高齢者等への見守りを伴う事業

　港区は，ひとり暮らし高齢者等への生活支援と安全・安心確保のための見守

図表1-8　いきいきプラザ年末年始（2011～12年）事業一覧

地区	日時	場所	事業名称	事業内容	参加者数
芝	1月2日 8時～12時	三田いきいきプラザ	年始イベント	箱根駅伝応援 お汁粉無料配布 お風呂開放	50人
麻布	1月3日 13時30分～15時30分	南麻布いきいきプラザ	新春ティーパーティー	港区いきいき体操 輪投げ大会 ビンゴゲーム等	25人
赤坂	12月28日 11時～18時	青山いきいきプラザ	年末事業	年越しそば提供 ゆず湯	88人
赤坂	1月3日 10時～12時	青山いきいきプラザ	新年を祝う会	みんなといきいき体操・かんたんストレッチ お年玉抽選会 軽食・甘酒を提供	59人
高輪	12月29日 11時～14時	白金いきいきプラザ	年末だよみんな集合！いきいき交流会	年越しそばコーナー 新年の抱負コーナー 歌声コーナー等	39人
高輪	1月3日 10時～13時	白金台いきいきプラザ	新春入浴サービス	ゆず湯 甘酒の提供	23人
芝浦港南	1月3日 11時～15時	港南いきいきプラザ	新年の集い	お屠蘇・お汁粉の配布 お風呂開放 みんなといきいき体操 新年運試し会（くじ引き）	76人

出所：港区資料

りを伴う事業を充実してきた。主な事業は図表1-9のとおりである。

　配食サービスと家事援助サービスは，2000年度の介護保険スタート時に，介護保険の対象とならない高齢者への生活支援として開始した。配食サービスは，当初1事業者，週2回であったが，現在は5事業者，週7回までのサービスとなっている。家事援助サービスは，当初は自立のみを対象としていたが，2006年度の介護保険法改正時に介護保険のサービスを補う意味から要支援も対象とした。緊急通報システムは，従前は消防庁方式も実施していたが，協力員の確保が困難なことから，現在はすべて事業者方式である。この5年で約300人の利用者増となっている。

図表1-9　ひとり暮らし高齢者等への見守りを伴う事業

事業名	事業内容	2012年3月末実績
緊急通報システム	・緊急時にペンダントを押して通報 ・火災センサーが通報 ・一定時間トイレのドアの開閉がない場合にセンサーが通報 ・通報で警備員が駆けつけ，緊急対応	設置台数：906台
配食サービス	・週7食まで昼食または夕食を配達 ・配達時に直接手渡しで安否確認 ・2012年4月から5事業者 ・1食300～470円	利用者：757人
家事援助サービス	・日常生活に支障のある高齢者にホームヘルパーを派遣し掃除・洗濯・買い物・炊事等の生活支援 ・自立・要支援1は週2時間まで，要支援2は週3時間まで，要支援1・2は介護保険サービス優先	利用者：651人
訪問電話	電話相談員が定期的（週1回）電話をし安否確認とともに相談を受ける	利用者：145人
徘徊探索支援	GPS端末で認知症の徘徊者を探索	利用者：15人
会食サービス	いきいきプラザ等で週1回昼食を提供	利用者：330人
ごみの戸別訪問収集	通常の収集とは別に，収集職員が戸別に訪問して，玄関先からごみを収集	利用実績：392件
救急医療情報キット	救急時に必要な，かかりつけ医療機関，服薬内容，持病等の情報を入れるキット（容器）を配布	延べ配布数：5,114個
災害時要援護者登録	災害時に自分で避難することが困難な人を対象に名簿を作成し地域の助け合いに活用	登録者：9,688人

出所：港区資料

●熱中症対策

2010年の夏，港区は高齢者の熱中症予防のため，水分補給やエアコン等の使用の勧奨などのチラシを作成し，高齢者相談センターや総合支所職員の訪問時や区施設の窓口での配布，配食サービス利用者へ事業者を通じて配布するなどの啓発と注意喚起を行った。しかし，この年の熱中症による死亡の報告が6人あった。

2011年は，東日本大震災の影響から節電の必要性が強調され，高齢者のエアコン等の利用自粛による熱中症の危険が高まることが懸念された。港区は次のような前年以上の対策を講じた。

① 民生委員によるひとり暮らし高齢者の実態調査の際にチラシを個別配布
② いきいきプラザでの熱中症予防講座の開催
③ 65歳以上のひとり暮らし高齢者と85歳以上の高齢者のみ世帯への，熱中症予防用品（水にぬらして首に巻く冷却用スカーフ）の配布

　冷却用スカーフは，65～84歳の高齢者と85歳以上の高齢者のみ世帯（201世帯）は郵送で，85歳以上のひとり暮らし高齢者は，高齢者相談センター，総合支所，高齢者支援課の職員とふれあい相談員が直接訪問して配布したほか，日中に高齢者のみとなる世帯等へは高齢者相談センターで配布した。配布数は約7400である。2011年度の高齢者支援課への高齢者の死亡による報告の中に，熱中症による死亡の報告はなかった。

　2012年度は，民生委員によるひとり暮らし高齢者の実態調査の際に，チラシと冷却用スカーフを個別に配布した。高齢者のみ世帯は80歳以上（約500世帯）に対象を拡大し，高齢者相談センター職員とふれあい相談員が同様に個別配布をするなど，高齢者一人ひとりへ注意を促していく。区の施設や配食事業者等を通じたチラシの配布や「広報みなと」，ケーブルテレビでの注意喚起，いきいきプラザでの予防講座も継続し，熱中症予防への呼びかけを強化する。

●震災への対応

　2011年3月11日の東日本大震災の直後から，港区は高齢者支援の2つの事業を実施した。「ひとり暮らし高齢者等緊急後片付け支援」は，震災で散乱した家財の片づけが困難なひとり暮らし高齢者等に整理員を派遣し，後片づけを支援した。16人の利用があった。港区は，すべての区民に家具転倒防止器具を一定の数量まで無償で配布し，自力での取り付けが困難なひとり暮らし高齢者等には取り付けも支援している。「家具転倒防止器具の安全点検」は過去に取り付け支援をした高齢者等を対象に，震災後の転倒防止器具の点検をし，緩みやずれがあるものについて再度取り付けをした。実績は539件であった。

　2012年度は，「港区におけるひとり暮らし高齢者の生活と意識に関する調査」であげられた大震災時の困りごとに対応するため，防災用品のあっせん事業を実施する。品目は手回し充電ラジオ（ホイッスル付き），サバイバルブランケット，

図表 1-10　高齢者の買い物支援【芝地区総合支所の地域事業】

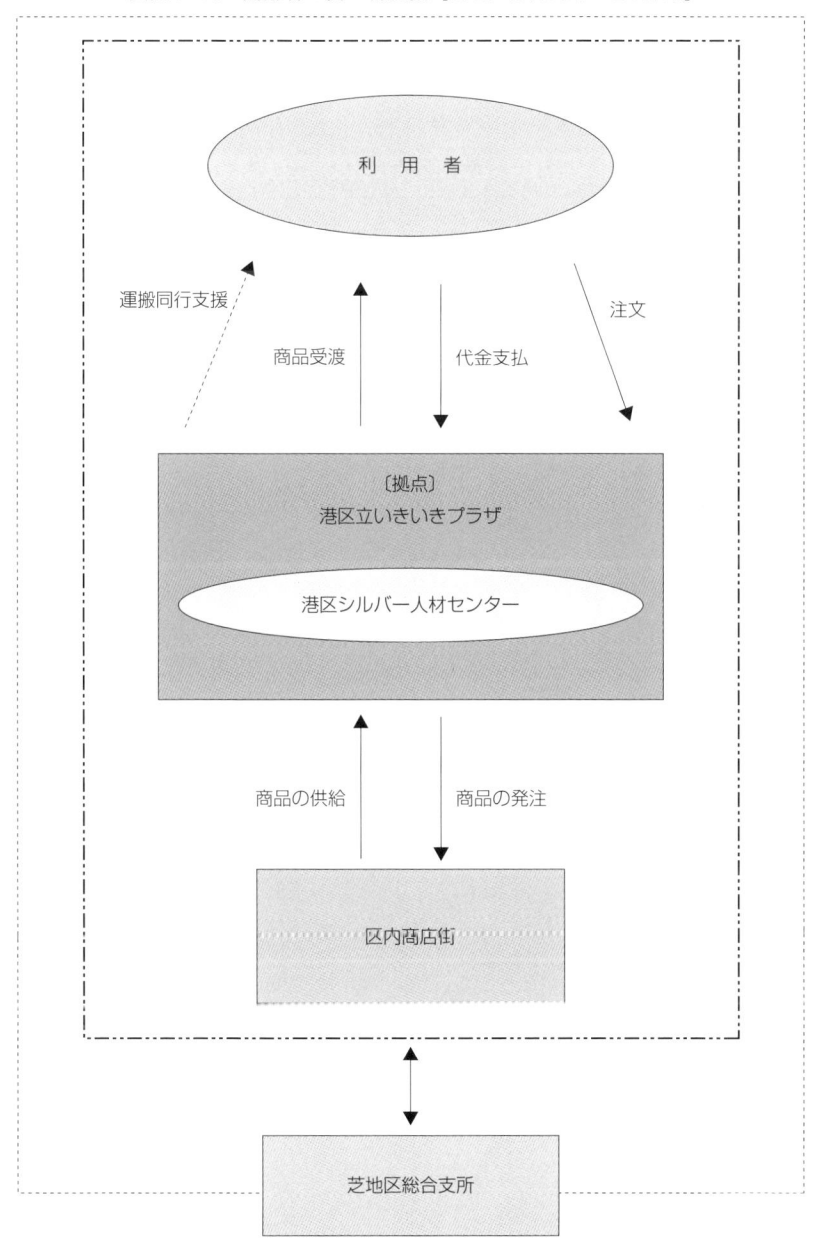

利用者

運搬同行支援
商品受渡
代金支払
注文

〔拠点〕
港区立いきいきプラザ

港区シルバー人材センター

商品の供給
商品の発注

区内商店街

芝地区総合支所

1　高齢者の孤立と自治体行政　149

避難セット，非常持出袋である。

●買い物支援

「港区におけるひとり暮らし高齢者の生活と意識に関する調査」では，芝地区と赤坂地区で「近所にお店がない」「お米など重いものを運ぶのが大変」という買い物についての困りごとが高い割合となっている。このことから，2012年度にモデル事業として，芝地区で高齢者の買い物支援事業を実施する。

虎ノ門いきいきプラザを拠点に，商店街と連携し，シルバー人材センターへの委託で，月2回，野菜・水・米・調味料など重いものの買い物を支援する。

以上は，港区の高齢者を孤立させない主な取り組みであるが，このほかの事業にも力を注いでいる。介護予防は，2012年度から高齢者が参加しやすいように手続きを簡素化し，「わくわくカジノ体験教室」など新たな魅力あるコースを設けた。2014年度に「介護予防総合センター」を開設する予定だ。

各高齢者相談センターでは「介護家族の会」を開催し，介護者の悩みごとや困りごとに応えている。港区は介護家族サポーターも養成している。こうした介護者への支援は，虐待の防止にもつながる。また，港区は，認知症サポーターも養成し，認知症への理解を深めている。

港区は，高齢者等の外出支援のため，区内7路線で運行している「ちぃばす」（コミュニティバス）の無料乗車券を発行している。利用者の約6割が高齢者である。2012年4月に運行を開始した台場地区と品川駅，田町駅を結ぶ「お台場レインボーバス」（シャトルバス）も無料乗車の対象とした。

4 今後の課題と取り組み

港区の高齢者は今後も増加を続け，2015年には4万人を超える予測であり，高齢者を孤立させない施策のさらなる推進が望まれる。「港区におけるひとり暮らし高齢者の生活と意識に関する調査」から，買い物支援と防災用品あっせんの2つの事業を創設した。今後，さらに，調査の詳細な分析を進め，新たな施策の方向を見出していきたい。ふれあい相談員の活動から，まだ実態が十分

に把握されていない高齢者夫婦世帯をはじめとする高齢者のみ世帯への支援の必要性がみえてきた。そうした世帯の実態把握は今後の重要な課題である。また，震災時に，ひとり暮らし高齢者等を誰がどのように支援するのか，その具体策の確立も急務である。地域の高齢者支援の拠点である高齢者相談センター，アウトリーチに徹するふれあい相談員，高齢者サービスを提供する高齢者支援課の三者の連携に不可欠な，リアルタイムでの高齢者の情報の共有が，個人情報保護の問題もあり実現していない。それは，今後の課題である。

　最後に筆者の考えを述べたい。子どもが高齢の親の生活を支援する家族の機能は，少子化や非婚化を背景に弱まりつつある。また，高齢者を見守る地域の「おせっかい」の力がプライバシーの問題もあり，弱くなっている。地域の高齢者の孤立の防止と，生活の安全・安心の確保は，行政の責務である。都心区で家族や地域の高齢者への支援力が弱まるなか，港区は行政として，高齢者へのさまざまな生活支援や，プロとして，「声をあげない」高齢者にアプローチするふれあい相談員のアウトリーチ活動を充実してきた。地域の高齢者への支援の必要性は，都心区・港区だけに限らない。超高齢社会を迎えるすべての地域の課題であり，普遍性がある。課題解決には，地域の実情に即した支援策について，知恵を絞る必要がある。また，国や都道府県，市区町村の財源も含め，社会的資源の配分のあり方についても検討していく必要があるのではないか。

　人は社会から孤立しては生きていけない。高齢者を孤立させないためには，何より身近な地域の力が大きい。地域が，行政の支援とあわせ，さりげなく高齢者を見守る大きな家族のようになればと，筆者は考える。

【引用・参考文献】
厚生労働省「平成22年度　高齢者虐待の防止、高齢者の養護者に対する支援等に関する法律に基づく対応状況等に関する調査結果」　2011年12月6日
総務省「平成20年住宅・土地統計調査」
港区「港区行政資料集」各年度
港区「保健福祉支援部事業概要」各年度
港区「港区保健福祉基礎調査　報告書1（高齢者基礎調査）」　2011年3月
港区「みなと区政要覧　平成23～24年度版」　2011年10月
港区政策創造研究所「港区におけるひとり暮らし高齢者の生活と意識に関する調査報告

書」2012年1月
港区「港区基本計画,港区実施計画,平成24〜26年度（2012〜14年度）」2012年3月
港区「港区高齢者保健福祉計画（第5期港区介護保険事業計画）平成24〜26年度（2012〜14年度）」2012年3月
港区芝地区総合支所「港区基本計画　芝地区版計画書　平成24〜26年度（2012〜14年度）」2012年3月

❷ 多問題・困難ケースと地域支援事業

芳賀清泰（東京都葛飾区高齢者支援課）

1 高齢になるということ

●高齢者相談窓口での経験

　ちょっとためらう様子で、高齢の男性が相談に来た。「どんなご相談でしょうか」と相談の趣旨を尋ねると、ぽつりと「生きていて虚しい」と返ってきた。
　Aさんは年齢が98歳。外見は歩行もしっかりしており姿勢も良く、服装もさっぱりと清潔感がある好印象の紳士である。会話はしっかりしており、健康に対する不安が特にあるというわけではなく、まだまだお元気そうで健康優良児ならぬ健康優良高齢者のような方だった。何が問題かと思う。多くの医者詣でをしている高齢者からすれば、おそらくうらやましいと思われるだろう。
　「虚しい」訳を聞く。長年苦楽をともにしてきた妻には3年前に先立たれた。本人の兄弟もすでに他界している。さらにお気の毒なことに、子どもを10年前に病気で亡くしていた。親友たちも一人また一人と亡くなり、自分の親しい人は誰もいなくなってしまったとのこと。問題は、孤独感であった。お孫さんとの関係を尋ねると、孫が小さい頃は遊びに来ていたが、20歳も過ぎれば自分のことが忙しく、交流がなくなってから随分経っているとのことだった。趣味や話し相手のことを聞くと、年老いてからは新しい付き合いがなかなかできないこと。趣味があっても、楽しみを分かち合える人がいないとつまらないこと。近所の人から挨拶があっても、社交辞令で、困ったときの相談や嬉しいことを話す相手がいないことが、虚しさの原因であった。
　また、あるときは、70歳代前半の女性が「寂しさ」を訴えに来られたことがあった。Bさんは夫を早くに亡くし、女手ひとつで一人息子を立派に育てた。一生懸命に働き、家を買い、大学を卒業させて大きな会社に勤めさせた。長年

の苦労が実になり，お嫁さんを迎え孫もでき，幸せな老後を過ごすところであった。ところが，世の中のグローバル化はこの家族と無縁ではなかった。子どもが勤めている会社が東南アジアに製造拠点を拡大することになり，仕事で子どもの一家が海外へ行くことになった。彼女自身は子どもに従って行くか迷った末，食文化も言葉も異なる国へ行く決断ができなかった。ふと気がつくと，子どものために無我夢中で過ごしてきた大半の人生に，趣味もなく，話し相手になる親しい友人もいない。一人きりで家にいると彼女ひとりには広くて，寂しく感じられるとのことだった。

●孤立による問題

　孤立の問題は，ただ「寂しい」，「虚しい」ことだけではない。

　正月明けや夏休み頃に多い相談に，ひとり暮らしの高齢者の様子が変だというのがある。しばらくぶりに，訪ねたらどうも様子がおかしいというのである。高齢者の周りの関係者は，本人が元気なら心配ないだろうと安心していて，当の本人も大丈夫だという。子もまだまだ親が元気だと思い，いろいろ干渉や遠慮されて，お互いに気まずくなるよりは別居して暮らす方を選択する。ところが久しぶりに家を訪問したら，家の中はごみ屋敷になっていたり，同じ話を何度も繰り返したりする。そのほとんどが認知症の疑いである。

　すっかり変わってしまった親や兄弟，友人の姿を目のあたりにして，どうしたらいいのか不安になって相談に来るのだ。「火事を出さないだろうか」，「徘徊して事故に合わないだろうか」と……。一緒に住む方法があればよいが，ほとんどの人は自分自身の生活が精一杯である。経済的，時間的にゆとりがある人は少ない。相談者に焦りの色がみえる。

　高齢になると，ひとり暮らしというのは気楽であると喜んでばかりではいられない。仕事がなくなったり，生活が単調であったり，面倒くさいことを避けて怠け放題になると，人というのは使わない能力は衰えてくる。特にひとり暮らしだと会話が少なくなって頭を使う機会が減り，思考が苦手でむずかしいことは躊躇うようになる。そのうちに曜日の認識がなくなり，食事にも服装にも気を使わなくなり，つり銭の勘定もできなくなって，家に閉じ込もりがちになっ

たりする。廃用症候群（生活不活発病）と呼ばれているが，生活機能の全般に衰えがみられるようになる。

　平均寿命が延び，長生きする人が増えているのだが，その陰には，孤立している高齢者も比例して増えていることが想像される。高齢者の社会的孤立は，単に「寂しい」，「虚しい」ことだけが問題ではない。社会から無用にされた悲しみは，自殺につながることもある。また，不摂生による病気や認知症などの問題にもつながる。孤立によってさまざまな生活の問題を引き起こし，解決困難な状況に陥り，なかには不幸な最期を遂げる人もいるのだ。

2 多問題・困難ケースの背景にあるもの

●自ら孤立する高齢者たち

　世間には，いろいろな理由で，自ら支援を断ってしまう人たちがいる。そして，そのような人たちのなかには，周りの人の迷惑になっていたり，自らの命を危険にさらしたりする人がいる。多問題・困難ケースには，孤立と深い関係が存在する。

　老老介護の夫婦の身のうえに起きたことだが，夫Cさんは大腿骨を骨折して寝たきりになった妻を介護していた。近所の人たちには昔から仲の良い夫婦で通っており，献身的に家事も介護も一人でしているCさんのことを周りの人たちは立派なご主人とみていた。しかし，無理をしていたのではないか。気持ちがあっても体がついていかない高齢者だ。ある日，突然，Cさんが倒れた。自分で救急車を呼ぶ間がない状態であったようだ。動けない妻は非常事態を知ったが，何もできなかった。できる限りの大声を上げても家の外に声は届かない。一戸建の住まいは，外から中の様子がわかりにくく，近所関係が良くても近所の人からは異変に気がつきにくい状況があった。3〜4日ほどたったとき，近所の人たちから「最近姿を見ていない」といった話が出始め，警察と消防に連絡がいき，発見に至った。妻は発見されたとき，脱水症状を起こしていたが，なんとか一命を取り留めた。しかし，何もできずに献身的に自分の世話をしてくれていた夫がそばで亡くなったことが，そして，そのままの状態を数日間ど

うにもできなかったことが，精神的に辛かったのではないかと思う。

　この事件からは，いろいろなことを考えさせられる。Cさんはどうして家事や介護をひとりで抱え込むようにして，無理をしていたのだろうか。頑張りすぎず，介護サービスを利用していたら，具合が悪くならなかったのでは……もし，悪くなっても，そのときは我慢せずに，早めに病院へ行けたのではないか。少なくとも複数の人が協力し，定期的に人が訪問していたら，もっと発見が早かっただろう。なぜ，ひとりでしていたのか。妻への愛なのか。子どもや世間に対する遠慮か。他人に頼りたくない何かプライドなのか。経済的な事情があったのか。

　なぜ，ひとりで抱え込んでしまうのか。1つは，経済的な事情があげられる。そのほかには，身近に何でも相談できる人がいないことがある。また，公的な支援を遠慮したり，嫌ったりする人。猜疑心が強くて，他人の介入を拒否する人がいる。

　1つめの経済的事情というのは，ひとつの老後の生活不安である。多くの高齢者には，経済的な不安が多かれ少なかれある。今後，高齢者の数が増え，それを支える労働人口が減り，年金は大丈夫かとか，税が上がり負担が増えるとか，医療費が高くなるのではないかとか，不安になる話題ばかりだ。転ばぬ先の杖で，将来大きな病気をしたときのための備えであったり，介護や葬式などで子へ迷惑をかけることを考えていたり，つつましく生活をしてお金を蓄えているのだ。高齢になれば健康にも不安がある。緊急に入院するには差額ベッドの部屋しかなかったり，足が弱ければどこかへ行くにもタクシーを使わざるをえなかったり，家での暮らしがどうにもならなくなって，有料老人ホームを使うかもしれないなど，蓄えがあってよかったということが，現実に起こりうる。堅実な人ほど真面目に備えを考え，自分ができるうちは，多少無理してでも節約して，自分でやろうと考えるであろう。しかし，度を超えた節制によって，命を削っていては本末転倒である。人に頼るべきときは頼り，サービスを活用して安全に暮らすことも大切ではないか。

　2つめの身近に相談できる人がいないことについては，行政が相談窓口の周知活動を積極的に取り組むことにより減らすことが期待できる。最近ではテレ

ビのCMで，認知症や振り込め詐欺の相談窓口を伝えているのを目にすることがある。役所の広報誌を読める人たちは，まださほど問題がある状況ではない。むしろ，広報誌を読むゆとりがない人や広報誌を認識していない人たちに問題がある場合が多い。知らず知らずに孤立し，無理をしている人たちに対しては，もっとラジオやテレビによるメディアをはじめ，周囲の人たちからも，相談窓口があることが伝わるようになればよいと考える。特に高齢者に対しては，地方自治体が各地域に地域包括支援センターを設置し，総合的な相談支援を行っている。地域包括支援センターを多くの人に認知してもらうことが，重要だと思う。困ったとき，悩んだとき，不安なときにそれぞれの専門家と話をすることは，決して無駄にならない。

　次に支援を求めない，あるいは拒否する高齢者がいる。我慢して，人に頼らず耐え忍ぼうとする背後には，その人一人ひとりのプライドがあると思われる。高齢者のなかには，格式や体裁を重んじて，損得だけで割り切れない人がいる。たとえば年金を受けることは，一生懸命働いた権利と思えるのに，福祉の世話になることは恥と考える人。自分が孤立していることを人に知られることが，みじめな姿をさらけ出すことと思いますます孤立を深める人。また，年寄りは役に立たず，社会のお荷物であると卑屈に考えている人。「年を取らなければ，あなたにはこの切ない気持ちはわからない」といい，同情されることを拒む人がいる。

　そして高齢者に限ったことではないが，人間関係に極端な猜疑心を抱く人がいる。人を寄せつけない生き方をするその人の過去に，いったい何があったのだろうと考えさせられる。自分がおかれている危険な状態よりも，何者にも干渉されず自由であることを望んでいて，それで死ぬなら本望であると考えている人たちだ。医療が必要な病状であっても，病院へ行かない人。倒壊しそうな家から離れられず，施設へ行けない人。介護ヘルパーを断り，ごみ屋敷に住んでいる人。一応，正常な判断力をもっていながら，人との関わりを拒む人たちがいる。社会的にみれば問題だが，当事者は問題があると考えていない。セルフネグレクトと一言ではまとめられないが，どれもどのように介入していくかが，困難な問題である。

住宅改修の相談でひとり暮らしの女性Dさん宅を訪問したときのこと，彼女は足が悪くなり，エレベーターのないアパートで，3階の部屋から下には行けなくなっていた。病院へも行けず，買い物にも行けない。電話だけが命綱で，通信販売の野菜ジュースなどを買って，生活していた。年金は信用金庫の職員さんが届けていたので，部屋から外へ出なくても生活ができているようである。私は，ごみ出しはどうするのか尋ねると，奥の部屋の襖を開けてみるようにいわれ覗くと，そこにはペットボトルなどのごみが山のように積まれ部屋の半分を占領していた。体調が悪いときはどうするのかと聞いてみたが，どうしても我慢できなければ救急車を呼ぶとのこと。孤立していることに不安がないようであった。
　相談の趣旨は，風呂場の段差改修や手すりの設置工事の補助についてであったが，問題なのは，住宅改修よりも社会的孤立ではないか……このままでは孤立死は避けられないと思った。しかし，当の本人はそんなことが重要なことだとは思っていない。親族のことなどを聞くと，プライベートのことを話さなければならないなら，住宅改修はいらないと断られた。確かに性格的にむずかしい人ではあったが，何度か会って話をし，「お節介だろうが，あなたのことが心配である」ことを伝え，Dさんに孤立の問題を考えてもらい，介護サービスを使うようになった。
　Dさんの過去にもいろいろなことがあり，今があるのであろう。その人の生い立ちや，長年に培われた人生観や自尊心。高齢者なればこそ，顔の皺のようにその人を形成しているものがある。社会的孤立の状況に至る原因は一人ひとり異なっているが，共通しているのは，本人の心の底に「負い目」や「みじめさ」があることに気がつく。故にこの孤立の問題の解決は，人の「心の痛み」を考える問題でもある。

●病気などが招く孤立

　今日，認知症の高齢者は増加傾向にある。厚生労働省の推計によると，現状のまま認知症の高齢者が増えていけば，2025年には470万人を超える。その多くの人たちは，施設が足りず，在宅での生活を余儀なく送ると予測される。

あるマンションの管理組合から相談があった。マンションの一室から悪臭や害虫が発生しており，周囲の住人から苦情が出て，同マンションの管理組合長さんや近所の人が，部屋の住人Eさん本人に何とかするように言っても取り合ってくれない。とうとう「出て行ってくれ」となり，相談の主訴が「Eさんを立ち退かせてほしい」であった。当然，認知症に対する理解は周囲の人たちにはなかったと思われる。しかも分譲マンションで，かなり無理な相談であったことを覚えている。近隣の人々もそれだけ追いつめられていたのだろう。このEさんのような認知症の方が発見されるのは，周りの人たちが我慢の限界がきてからが多い。

　訪問してみると，セキュリティ付の立派な今風のマンションであった。不審者も入れないが，地区民生委員がひとり暮らしの高齢者を訪問し，状況把握の活動をしていても，玄関先どころかマンションの入り口で断られてしまい，まったくその人の生活の様子などつかみようもない。問題のEさんは経済的には裕福であったが，社会的に孤立していた。部屋を訪ねると恐ろしいほどのごみの山である。認知症になると曜日の認識がなくなり，ごみ出しができなくなったり，ごみを出すという行為そのものを忘れていたりする。近所の人たちが高齢者の住む家の周りにごみが増えてきたと感じた時点で相談をしてくれたら，早く解決できただろうと思うことがたくさんある。しかし，マンションの場合は室内の様子がわかりにくく，まして，隣近所の人たちがお互いに無関心であれば，ほとんど早期に発見されなくなる。

　このEさんについては，離れて暮らす妹に連絡がつき，身の回りのこと，介護のことなど福祉事務所と相談しながら問題を解決することができた。

　支援を円滑に，また効果的に行うには，被支援者との信頼関係が大切なことはいうまでもない。しかし，認知症のように短期記憶をなくしている場合，昨日会っても今日は忘れているので，新たな信頼関係を作ることがむずかしくなってしまう。そのために，解決がいっこうに進まないことがある。打開策としては，本人の記憶にある親しい友人や家族の協力を得て，本人の不安をやわらげながら，安全で健康的な暮らしができるようにケア体制を確保するのが，常套手段である。ところが，親族から縁を断ち切られていたり，天涯孤独の身

の上であったりする方には，そのようにはいかなくなる。そのため，支援者が足を何度も運んで，何とか本人と信頼関係を作る努力をする必要が生じる。それにしても最近は，悪質商法や振り込め詐欺など，警戒心を煽る事件が増えて，このような支援がむずかしい世のなかになってきたと困惑する。

　認知症の治療は精神科の分野であるが，その精神科の関係ではほぼ間違いなく困難なケースになるのが，依存症である。ほとんどはアルコール依存で，なかにはパチンコ依存，ギャンブル依存というものがあったりする。周知のとおり，やめられなくなる病気である。たいがいの人はお金がなくなればそこで抑制する理性が働くが，借金してまで続けようとするのが依存症だ。家族から見放され，友人から見放されて，高齢者になるころには支援者は誰もおらず，孤立している。2カ月分の年金が入ると，ひと月間も持たない。食事を削ってまで生活費をつぎ込んでいく。栄養失調で，当然体を壊す。夏の暑い時期などは，真っ先に倒れてしまう。入院した方がよいが，お金がない。さぁーどうする……というところで相談に来る。本人もやめなくてはと，わかっているがやめられない。精神科にて治療をするのがよいと思うが，強制的に入院させることはできないし，本人に治療の意思があっても，高齢者になると若い患者と比較して受け入れてくれる病院が少ない。解決がむずかしくなる。もし，健康を害して身体の自由が利かなくなり，依存対象との関係が断ち切られれば，命を落とす危険が遠ざかるが，一時的な身体機能の低下だと，再び元気な体に戻り，同じ生活に戻って，命の危険にさらされる。支援する側からすると，終わりなき戦いに思う。

●人間関係による介入困難と孤立

　多問題・困難ケースには，家族が精神を病んでいたり，子が無職・無収入で親の年金を頼っていたり，関係を断ち切れれば解決できるにもかかわらず，共依存などの人間関係による原因で支援がうまく機能しないケースがある。また，SOSの声をあげられない弱者であれば，身内や関係者が世間の目から隠してしまい，社会の目が届かないところに孤立させられ，財産の搾取や適切なサービスの利用を妨げて，権利侵害が起きている場合がある。このようなことは，高

齢者のみならず障害者や児童の虐待などにおいても同様のことがある。主に本人の家族によるものが多いが，なかには地域の人が原因のものもある。

　Fさんには長年の近所付き合いで培われた信頼関係があり，近くに頼る子どもなどの親族がいないので，高齢になっていろいろ不自由が生じても，近所の人に助けてもらいながら過ごしていた。身内ではないから何かとお礼を気にすることがある。最初は，「そんなこと気にしないで下さい」と言い合っていた関係も，そうこうして繰り返すうちに，「気が済むなら，それじゃありがたく」となり，それから「手間賃をくれ」となる。

　Fさんが認知症で，金銭管理能力が乏しくなると，近所の人にされるがままになってしまい，財産が食いつぶされる事態も起こる。そうならないように成年後見制度などの権利擁護の仕組みが整備されているが，周囲の人が隠し込んでしまえば，問題が発見されにくくなる。近所の人がFさんを銀行に連れて行き，毎週預貯金から生活費やお見舞金と称して10万円前後の金額を引き出す。何カ月もたってから認知症が重くなったため支援がむずかしくなり，介護サービスを使い始めて，ケアマネジャーからの通報で問題が発覚した。親族が慌てて財産を確認したら預金がほとんどなく，近所の支援者へどうしてこうなったのかを問い詰めても「本人に頼まれてやった」，自分が悪いのかと開き直られてしまう。また，当のFさんも近所の支援者に信頼をおいていれば，疎遠になっている親族よりも近所の人を頼りにしており，認知症なれば被害意識などはなかったりする。Fさんには近所の人はいつも助けてくれる良い人である。役所のいうことより信頼されていて，そこに介入して解決することは，とても労力のいることだ。

　地縁を築き，地域で助け合うことはよいことであるが，善意が悪意に変わらないようにする仕組み，また，せっかくの善意が疑われないようにする仕組みも必要だ。このような事件があるので，孤立死防止や災害要援護者支援についても，対象者の名簿を地域の方々に渡すことができなかったりするのだと思う。今の個人情報保護法は悪法だという意見があるが，守秘義務や善管注意義務が保障されない限り，まさに緊急避難的な段階でなければ，個人情報は渡せないとする自治体が多い。

③ 地域支援事業と地域包括支援センター

●**地域支援事業とは**

　地域支援事業とは，文字どおり地域で支援する仕組みである。介護保険法には「市町村は，被保険者が要介護状態等となることを予防するとともに，要介護状態等となった場合においても，可能な限り，地域において自立した日常生活を営むことができるよう支援するため，地域支援事業として，次に掲げる事業を行うものとする」（介護保険法第115条の44）とあり，以下，地域支援事業の内容が列記されている。主な事業は，要介護状態にならないようにする「介護予防・日常生活支援総合事業」と，介護が必要になっても可能な限り地域で生活ができるように支援するための「包括的支援事業」，そしてこれらを地域の実情に応じて実現するための「任意事業」に大きく分かれる。

　介護保険制度が創設され「皆で支えあう仕組み」ができたが，このままでは介護サービスを受ける人が増え続け，在宅が困難な状況では，施設に頼らざるをえない人々も増える。そして施設がどんどん必要になると，当然介護保険料だけでなく，税の負担も増えていく。そこで，この地域支援事業が2006年度からスタートした。

●**地域包括ケアシステム**

　地域支援事業の重要な1つのポイントは「包括的支援事業」である。高齢者と一口にいっても，まだまだ活動的な65歳になったばかりの人もいれば，ほとんど床の中で過ごす90歳代の人もいる。家族の世話になる人もいれば，孤立している人もいる。高齢者の身体の状況，おかれた環境に応じて，可能な限り地域において暮らせるように，必要な支援がいつでも地域のなかで包括的・継続的に提供されるようにする事業である。介護予防ケアマネジメント業務や総合相談支援業務，権利擁護業務，包括的・継続的ケアマネジメント支援業務などいくつかに分類されている。高齢者の生活を切れ目なく，総合的に支援していくことが目的で，「地域包括ケアシステム」という。

図表2-1　地域包括支援センター（地域包括ケアシステム）のイメージ

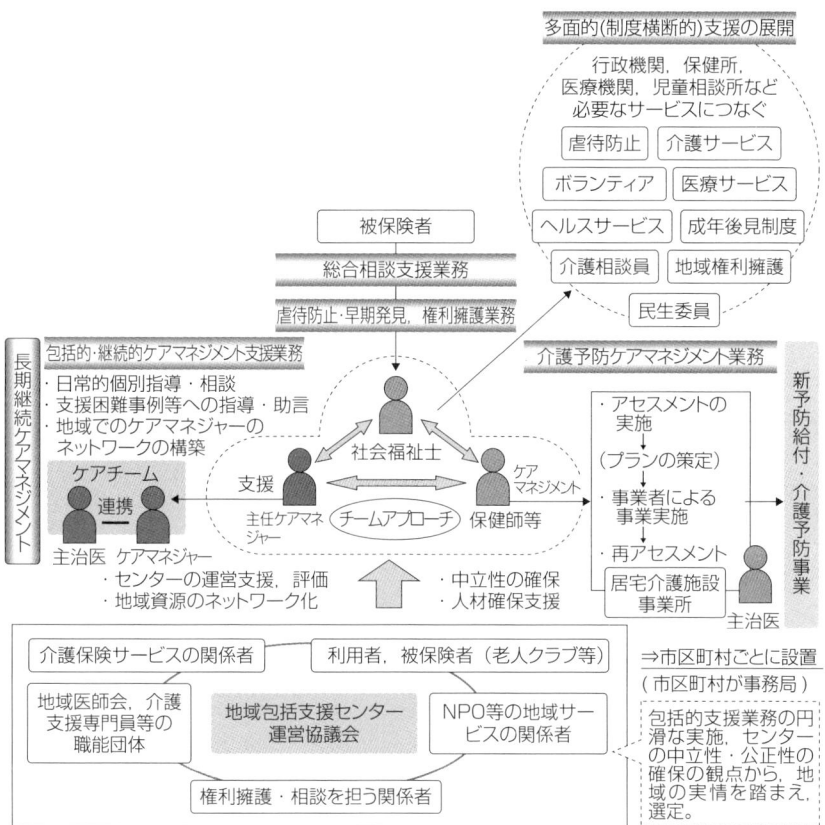

多面的(制度横断的)支援の展開

行政機関，保健所，医療機関，児童相談所など必要なサービスにつなぐ
- 虐待防止
- 介護サービス
- ボランティア
- 医療サービス
- ヘルスサービス
- 成年後見制度
- 介護相談員
- 地域権利擁護
- 民生委員

被保険者

総合相談支援業務
虐待防止・早期発見，権利擁護業務

包括的・継続的ケアマネジメント支援業務
- 日常的個別指導・相談
- 支援困難事例等への指導・助言
- 地域でのケアマネジャーのネットワークの構築

ケアチーム　連携
主治医　ケアマネジャー

社会福祉士
支援　主任ケアマネジャー　チームアプローチ　保健師等　ケアマネジメント

長期継続ケアマネジメント

介護予防ケアマネジメント業務
- アセスメントの実施（プランの策定）
- 事業者による事業実施
- 再アセスメント

居宅介護施設事業所　主治医

新予防給付・介護予防事業

・センターの運営支援，評価
・地域資源のネットワーク化
・中立性の確保
・人材確保支援

介護保険サービスの関係者
利用者，被保険者（老人クラブ等）
地域医師会，介護支援専門員等の職能団体
地域包括支援センター運営協議会
NPO等の地域サービスの関係者
権利擁護・相談を担う関係者

⇒市区町村ごとに設置（市区町村が事務局）
包括的支援業務の円滑な実施，センターの中立性・公正性の確保の観点から，地域の実情を踏まえ，選定。

　「地域包括ケアシステム」は，地域で生活する高齢者が安心して生活できるように，医療や介護などの必要なサービスを連携し，24時間，緊急時にも30分以内を目標に対応することを考え，各地方自治体のなかに日常生活圏域という地域単位の体制を作っている。24時間対応の在宅医療や訪問介護等を整備し，在宅が困難な事態が起きたときには病院や施設と連携しながら対応する。問題として，24時間体制で事業を行うことに事業の採算が合うか，夜間・休日の従事者を確保できるかなどがあげられている。

　この「地域包括ケアシステム」の中心となるのが「地域包括支援センター」

である（図表2-1参照）。「地域包括支援センター」は各自治体（市区町村）によって整備され、保健師、社会福祉士、主任ケアマネジャー3職種をおくこととされている。多職種間とのネットワークを構築したり、インフォーマルな社会資源の活用を図ったりしながら、高齢者の認知症や孤立死、虐待などさまざまな問題に対応し、高齢者が安心して暮らせるように取り組んでいる。しかし、限界も感じられる。

● 地域包括支援センターの限界

　これまで多問題・困難ケースを参考に高齢者の孤立について考えてきたが、これらの問題に対してどの程度、地域包括支援センターが機能するだろうか。たとえば、天涯孤独の身になってしまったAさん、地域で孤立しているBさんに必要なものは、「仲間」や「家族」のような心を通わせることができる人や自分を必要としてくれる人であって、心地よい自分の居場所ではないだろうか。地域包括ケアシステムでは、安心できる暮らしというと医療や介護の充実に目がいきがちで、高齢者の生きがいや孤独感までは手が届かないのが実態だ。地域包括支援センターにしても、命に関わる危険な事案が優先され、元気な高齢者への対応が十分とれない。孤独感は「生きていてもしょうがない」と自己の無用さに生きる気力をなくして、病気や自殺につながることがある。孤立する高齢者が増えるなかで、高齢者の居場所づくりが課題であると思う。

　また、自ら孤立しているCさんやDさんはどうだろうか。地域との関わりや公的支援をことわる人に必要なのは、心配して声をかけてくれる人ではないか。相手の「心の痛み」を考え、思いやりのある優しいおせっかいがあったらと思う。だが世のなか、自分のことで忙しくて精一杯な人ばかりだと、そんなおせっかいを求めることはむずかしい。それに優しい言葉かけに、警戒心をもつのがあたり前の風潮だ。拒否感のある人に介入するには、粘り強い対応が求められる。対人援助技術をもつ専門職員が介入するべきであるが、地域包括支援センターも役所も仕事をたくさん抱えていると、十分な介入ができず、時間が過ぎるうちに問題が深刻化するケースもある。

　EさんやFさんはどうであろうか。近隣の住人にEさんへの思いやりや我慢

を求められるだろうか。Fさんのことをただちに適切な支援者につなぐことができるだろうか。地域に住む人たちすべてが善意の人たちとは限らない。また，責任を押しつけることはできない。それなら地域包括支援センターが定期的に見回ることが可能かといえば，人口比でみれば1人あたりの職員が1000人以上の高齢者を相手にすることになることから，見回るといったことは不可能である。やはり高齢者にとって暮らしよい社会とは，介護や医療も必要だが，地域包括ケアシステムに地域住民の協力が重要だ。

4　地域支援事業の本質的課題

●支え合う地域づくり

　地域支援事業のめざしているものが重要なことだとしても，せっかくの仕組みが医療や介護の充実だけで高齢者の社会的孤立に対応できなければ，ケアシステムの網から多くの人がこぼれ落ちてしまう。高齢者にしっかりと支援が届くように機能していくには，「支え合う地域づくり」に取り組むことだと思う。日常の生活のなかで困っている人がいたら，さりげなく「どうしましたか」と一声かけるように，地域の人々が周りの高齢者に関心をもち，不安や異変に気づいたらすぐ高齢者の支援窓口，地域包括支援センターなどに連絡するという支え合いだ。これによって，問題の早期発見・早期解決につなげることができるはずである。そして親切なおせっかいをしてくれる近所付き合いも必要だ。自ら命を危険にさらしている人，公的な支援を拒否する人への働きかけには，時間と根気そして信頼が必要になる。決して行政の働きだけでは，目も手も行き届かない。

　それでは，どうすればこのように支え合う地域ができるのだろうか。声かけされやすい地域は，日頃の挨拶も盛んである。人々が協力し合って生活している地域は，おせっかいも活発だ。こういった地域活動を実現するには，地域包括支援センターが中心となって努力しても，仕組みを作ることは困難だと思う。教育，働き方，地域の価値観など社会のあり方を問うことが必要だ。

● 命と向き合うこと，命を守ること

　日本には，「喜寿」「米寿」「白寿」などといって，「長寿」を祝う慣習がある。しかし，今日の社会は，生活の向上と医学の進歩によって長生きできるようになったが，「長寿」を喜べるであろうか。年を取ると五感が鈍り，体力が衰え，できていたことができなくなっていく。身体機能だけでなく，人間関係もまた然りだ。1つひとつ失い，誰しも高齢者になれば，やがて喪失感にさいなまれる時が来る。それでも長生きしてよかったと思えるには，高齢者が大切にされている社会があってこそだ。

　高齢者を大切にするということは，高齢者への感謝の気持ちと命の尊厳が守られることではないだろうか。命に対する敬意をなくし，高齢者に対する尊敬の念を失った社会は，人が人として扱われておらず，社会的弱者が安心して暮らせる社会ではない。利己的で殺伐とした事件が多くなり，若い人にも生きにくい社会である。3.11の東日本大震災以後，多くの人たちがいろいろな形で被災地の支援をした。同様に多くの人たちが，人の命ということに今一度しっかりと向き合えたなら，社会的孤立についても解決できるのではないか。長生きできる社会から，長生きして良かったといわれる社会をどのようにしたら築けるのか問われている。

　多問題・困難ケースを解決していくには，地域の実情を把握できる地方公務員と地方をサポートする厚生労働省をはじめとした中央省庁公務員がともに，民間事業者には限界がある地域支援事業の課題を明確にし，対応していくことが期待される。

3 地域課題の発見と県社会福祉協議会

奥山伸広（山形県社会福祉協議会）

1 社会福祉協議会活動と民生委員児童委員活動の役割と協働

　社会福祉協議会は，戦後間もない1951（昭和26）年に民間の社会福祉活動の強化を図るために全国，都道府県段階で設立され，その後市区町村においても組織化されてきた民間非営利団体である。住民主体の理念に基づき，地域が抱えるさまざまな福祉問題を地域全体の問題と捉え，みんなで考え，話し合い，活動を計画し，協力して解決を図っていくという，その過程・活動を通して，福祉コミュニティづくりと地域福祉の推進をめざすという使命をもって活動を展開している。社会福祉法においては「地域福祉の推進を図ることを目的とする団体」と明記されている。ここでは，「住民主体」と「地域福祉」という2つのキーワードから，社会福祉協議会と民生委員児童委員の活動の関係性について述べておきたい。

　社会福祉協議会が「住民主体」という原則のもとに「地域福祉」活動を推進していくことと同様に，民生委員児童委員の活動には民生委員法第1条に「民生委員は，社会奉仕の精神をもって，常に住民の立場に立って相談に応じ，及び必要な援助を行い，もって社会福祉の増進に努めるものとする」と規定されている。地域において支援を必要とする生活困窮者や高齢者，母子・父子家庭，心身に障害のある人等，さまざまな理由により社会的支援が必要な人たちに対して，民生委員児童委員は常に住民の立場に立って相談・援助を行うことが重要な役割となっている。また，民生委員を地域福祉の担い手として捉え，ボランティア活動の推進や地域の福祉課題に対して住民の理解を求める活動等，住民の福祉の増進を図るための活動を行うこととしている（民生委員法第14条第2項）。さらに社会福祉法では，支援が必要な人たちができる限り地域で生活を

営むことができるように，地域福祉の充実を図ることが社会福祉の重要な精神と位置づけられており，民生委員児童委員はその担い手としての取り組みも求められている。

　このように組織や立場，法的根拠に違いはあるが，地域での役割や活動理念の一致から，両者が行う地域での役割は「自動車に例えれば車の両輪」ともいわれ，地域活動を行う際には常に連携・協働して活動し，地域住民の支えとなってきたという経過がある。実際に山形県においては，地域実態調査の実施や心配ごと相談所の開設，生活福祉資金貸付による自立支援の展開，小地域見守りネットワーク活動の推進など，過去から現在まで協働して活動が行われてきた。また，社会福祉協議会と同様に，民生委員児童委員の組織としても全国，都道府県，市区町村段階において協議会が存在し，組織としても連携した事業展開をすることが重要とされている。

　しかし，実際に同じ目的で地域活動を展開するには，各々の立場や存在を理解し合いながら地域のなかで連携することがたいへん大事なところとなる。社会福祉協議会は社会福祉法人という法人格をもった団体で，そのなかで業務として活動を推進する職員が存在する。民生委員児童委員協議会は任意団体である場合が多く，協議会事務局も市町村自治体や社会福祉協議会の職員が兼務していることが多い。また，民生委員児童委員は厚生労働大臣から委嘱された非常勤公務員という身分とはいえ，あくまでも地域住民のなかから選出された住民代表という性格をもっている。よって，立場は各々が違うのである。同じ目的に向かって連携・協働しながら活動していくためには，各々の立場・状況をお互いに理解し合いながら尊重し合い，できること・できないことを補完し合いながら協力し合う視点がこれからも重要であろう。それは社会福祉協議会と民生委員児童委員だけに限った話ではなく，地域住民や自治体等をはじめ地域福祉を推進する関係者すべてにあてはまることである。だからこそ地域という「場所」において「協働」することに意味があるし，地域住民にとっての有効な地域支援活動になっていくといえる。

② 地域課題の発見のための仕組みづくり

　現在，地域における大きな課題として，「無縁社会」や「社会的孤立」といわれる社会的問題がある。地域社会のつながりの希薄化や家族関係の変化など，その要因はさまざまであるが，社会福祉協議会や民生委員児童委員はこの問題の解決に向けてどのような地域福祉活動を展開していくべきかを考えていく必要がある。

　社会福祉協議会の活動には必ず「住民主体」「地域福祉」というキーワードが存在することは前述したが，その理念を具現化するための地域福祉活動を具体的に推進していくには，まずその活動を実施する理由，つまり「根拠」を明らかにする必要がある。無縁社会や社会的孤立といった日本的課題を取り上げる際でも同様であり，「住民主体」「地域福祉」というキーワードのもと，自分の地域や地域住民がその問題をどう捉えているか，実際に自分の地域において実感できる課題となっているのか，あるいは地域のつながりの希薄化は本当にあるのか，といったことを明らかにし，課題を提起・普遍化していく作業が重要となる。そしてそこから，福祉関係者だけでなく，そこに住む地域住民が自分たちの地域の問題として捉えながら活動へとつなげていくことが必要となる。いわゆる「地域課題の発見から始まる社会福祉協議会活動」という原点ともいえる作業である。

　その活動の「根拠」を得る手段として社会福祉協議会が実施してきた方法はさまざまあるが，山形県社会福祉協議会が取り組んできた代表的なものが，社会調査・地域調査である。民生委員児童委員と連携した社会調査や看護学校と協力して行った地域調査などは，過去に定期的に実施していたことがある。

　山形県内の市町村社会福祉協議会では，社会調査や地域調査といった方法だけではなく，より身近な住民の声から地域課題を捉える方法として，福祉協力員制度や学区地区社協組織化，心配ごと相談事業，住民座談会の開催，地域福祉活動計画の策定・推進（アンケート調査実施も含む）といった，地域課題を発見する「仕組みづくり」を行っている。これらの方法は「住民主体」「地域福祉」

を具現化できる方法でもある。福祉協力員制度とは，小地域エリアに住民のなかから協力員を配置し，見守り支援が必要な人たちを見守りつつ，日頃の相談や悩みを発見できる仕組みであり，また，住民座談会は地域住民と協働で小地域エリアごとに開催し，日頃の生活課題や地域での困りごとを出し合うという仕組みである。これらで発見できるニーズ・課題から地域福祉活動を展開していくという方法が，これまでの社会福祉協議会の代表的な手法である。

　しかし，これらの活動を実践することで実際に地域課題を発見できた部分がある反面，今日的にはこれらの手法では解決できない問題もある。それは，これらの事業活動から洩れてしまう（捉えきれない）ニーズへの対応である。福祉協力員の活動も限界があり，住民座談会開催もその場所へ地域住民が足を運ぶことが前提で，そこに足を運ばない住民も数多くいるという課題もある。特に悩みを抱えている地域住民の声ほど潜在してしまう傾向や，「自分は地域でこういったことで困っている」と当事者自らが声に出し表現しづらいということもある。また，多様化・複雑化するニーズへの専門家による支援の必要性，地域のつながりの希薄化によるこれまでの「仕組み」の崩壊（福祉協力員や民生委員児童委員，自治会役員等の成り手不足）という課題もある。地域課題の発見のために社会福祉協議会に今後求められることとして，地域診断，調査活動という「地域課題の発見」や「地域課題の普遍化」につなげていくための事業活動の見直しと実施の必要性があげられる。

③ 山形県民生委員児童委員協議会の取り組み

　山形県社会福祉協議会が地域課題発見のための社会調査や地域調査等を実施してきた背景には，山形県民生委員児童委員協議会との協働ということがある。
　山形県民生委員児童委員協議会という組織は，戦前の長い歴史をもっていた「方面委員連盟」に始まる。民生委員令の公布とともに1946（昭和21）年に「民生委員連盟」と改められ，その後，各種福祉団体との競合を避けて，民生援護の同一目的で団体が統合され，1949年に「民生援護会」が発足した。1951年に山形県社会福祉協議会が発足してからは，山形社会福祉協議会の中の「民

生委員部会」として位置づけられ，専門部会として中核的な役割を果たしている。その後，1962年に山形県民生委員児童委員協議会として発足，今日まで山形県社会福祉協議会と協働して社会問題の実態を調査し，課題を浮き彫りにして，その対策を検討・実践してきたという歴史がある。

　現在も組織としての関係性は変わっていないが，山形県社会福祉協議会が山形県民生委員児童委員協議会の事務局を受託しながら，さまざまな場面で協働した活動展開を図っているという現状である。また，山形県内の市町村には社会福祉協議会，民生委員児童委員協議会が組織として存在するため，そのネットワークを最大限に活かしながら事業展開を行っていることも重要な特徴である。

　今日の山形県民生児童委員協議会が取り組んできた事業のなかで，重点的に実施されてきたのは，専門委員会活動の充実強化と民生委員の資質強化，民生委員活動の地域へ向けた広報周知活動である。協議会のなかに，専門委員会として，総合企画委員会，民生委員児童委員活動研究委員会，生活援助活動推進委員会，広報委員会を組織し，民生委員自身が委員会の委員として専門分野を協議・検討しながら活動実施まで具体化している。また，専門委員会のなかで研修会等も企画し，山形県内の民生委員を対象にして資質向上に向けた研修会開催も行っている。さらには，地域で民生委員児童委員という住民の立場に立って活動している存在を積極的に広報し，生活の困りごとがあれば相談してもらえるよう，そして解決のためにさまざまな専門機関へつなげるよう，その橋渡し的な存在としての活動をＰＲするために，マスコミなどへの周知活動にも力を入れてきている。

　このようななか，2011年度には，地域問題発見のための原点といえる調査活動を重点事業とし，山形県，市町村民生委員児童委員協議会，明治学院大学・河合克義研究室，山形県社会福祉協議会の協力・協働のもと，「地域の絆づくり推進事業」を展開し，山形県内のひとり暮らし高齢者を対象に生活意識と実態調査を行い，地域における課題の発見と検討を行った。

④「地域の絆づくり推進事業」からみえたことと今後の課題

　「地域の絆づくり推進事業」は，民生委員の見守り活動を通して高齢者等の社会参加状況や日常的な付き合いの度合いなどを調査し，そこから明らかになった課題を提起しながら地域での相互の気づきや見守りを強化するとともに，孤立を防ぐための活動を検討することを目的に実施した。山形県内の地域課題発見とその解決へ向けた活動検討のための第1歩ともいえる。本事業は，日本的課題である「無縁社会」「社会的孤立」という問題にどう立ち向かっていくのか，その検討のための貴重な調査資料となる。そして今後の具体的活動へとつなげていくことが重要になるため，その足がかりとして山形県内の現状を把握することが今回の調査の最大の目的である。特に孤立している高齢者の状態を把握することを重視し，さらには親族・地域ネットワークの実態を明らかにしたいと考えての取り組みである。孤立問題はひとり暮らし高齢者だけの問題ではないが，前述したとおり，山形県内の地域課題発見とその解決へ向けた活動検討のための第1歩と捉え，今回の調査対象は山形県内全域のひとり暮らし高齢者とした。単身の生活は孤立問題に直面する可能性も高いという仮説からである。

　調査名称は「山形県におけるひとり暮らし高齢者の生活と意識に関する調査」とし，調査対象は山形県内における実質ひとり暮らし高齢者の総数2万7188名（山形県内市町村民生委員児童委員協議会把握）から，市町村ごとに20％を無作為抽出している。具体的には，各市町村において20％を抽出し，小数点以下の端数を四捨五入した結果，抽出総数は5441ケースとなっている。調査方法としては，地域の民生委員児童委員が対象者を訪問し，調査の趣旨等を説明しながら調査票の記入を依頼，そして回収の際も原則として民生委員児童委員が訪問して回収するという，訪問調査方式としている。もちろんプライバシー配慮のために，記入後の調査票は厳封した形での回収としている。調査期間は県内統一で2011年8月1日から8月31日までの1カ月間とした。

　民生委員が訪問しての依頼・調査票回収という調査方法が起因しているかは

定かではないが，今回の調査での調査票回収数は5231ケース，回収率は96.1％，有効回収数は5160ケース，有効回収率は94.8％という非常に高い回収率となっている。

　調査票の項目は大きく分けて，①基本情報，②住まいについて，③健康状態について，④仕事について，⑤日頃の困りごとについて，⑥外出・社会参加活動について，⑦親族・友人について，⑧東日本大震災について，⑨経済状況について，⑩生活の様子について，の10項目とし，設問を選択式で38問，自由記述式で2問設定している。

　今回の調査は，山形県の現状を明らかにして，民生委員児童委員が今後の活動につなげていくための基本資料とすることが大きな目的であるが，一方，社会福祉協議会活動へつなげていき，今後どういった地域福祉活動を推進していくことが必要かという検討をしていく視点も外すことはできない。その部分もふまえながら，ここからは今回の調査結果の概要について述べていきたい。

　まず，本調査で回収された5160ケースの基本的特徴をみよう。性別は男性が22.3％，女性が76.0％と，全体の約7割半が女性となっている。年齢は平均年齢が78.2歳で，75歳以上80歳未満が29.0％と一番多く，最高年齢は101歳であった（図表3-1）。住まいの居住年数は50年以上が44.0％と多く，住宅の種類も持ち家が89.5％と圧倒的に多かった。

　このような基本的特徴をふまえ，特に家族・親族ネットワークと地域・近隣ネットワークという点について注目しておく。ネットワークとは「つながり・関係性」のことであり，対象者にとって一番身近に存在する家族・親族とのつながり・関係性，日頃生活している場である地域・近隣とのつながり・関係性がどのくらい形成・維持されているかという視点からみていきたい。また，具体的な日常生活の困りごとについて，性別・年齢階層別の傾向から，社会福祉協議会の活動として今後どのような支援が必要かという視点でみていきたい。調査結果は以下のとおりである。

　およそ7割の人が何らかの「生活上の困りごと」を抱えている。そして男性よりも女性が，前期高齢者（65歳以上74歳以下）よりも後期高齢者（75歳以上）が，より困りごとを感じている人の割合が高くなっている。また，降雪の多い地域

図表3-1　年　齢

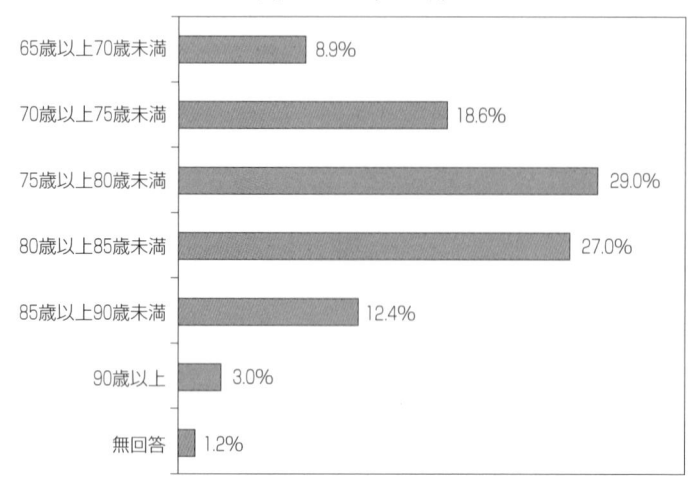

- 65歳以上70歳未満　8.9%
- 70歳以上75歳未満　18.6%
- 75歳以上80歳未満　29.0%
- 80歳以上85歳未満　27.0%
- 85歳以上90歳未満　12.4%
- 90歳以上　3.0%
- 無回答　1.2%

特有の課題である「雪かき・雪おろし」が性別に関係なく，困りごととして圧倒的に多い。そのようななかで，特に男性は家事全般，女性は「雪かき・雪おろし」といった力仕事に負担感がある。外出を伴う行動は，男性よりも女性が困りごとと感じている。その他，年齢が増すに伴って苦手感が増すのは「役所等での手続き」や「銀行預金などの出し入れ」であることがわかり，この結果から高齢者の情報収集や書類・金銭の管理の支援が求められていることがわかる。これらのことから，日常生活上の困りごとは，性別や年齢に応じた体力，判断能力，また外出手段や地域性などさまざまな要因が複合的に関わりあって出現するといえる（図表3-2・3）。

　この調査では，日頃の生活のなかでの支援者や相談する相手についても聞いている。その相手として回答が多かったのは「子ども」であった。ただし前期高齢者の場合，男性は「子ども」を支援者とする割合が女性よりも低く，代わりに「兄弟・姉妹」をあげている人の割合が高い。一方，後期高齢者の場合には，男女ともにおよそ6割弱の人が「子ども」を支援者としてあげており，次いで「親戚」，「兄弟・姉妹」となっている。これは，それまで「兄弟・姉妹」に支援を依頼していたが，年齢が上がるにつれ，「子ども」や「親戚」に依頼

図表3-2　男性の日常生活の困りごと（複数回答）×年齢階層（2区分）

日常生活の困り事（複数回答）	前期高齢者(n=195)		後期高齢者(n=439)		合計(n=634)	
	実数	割合(%)	実数	割合(%)	実数	割合(%)
バスや電車，車を使って外出すること	19	9.7	59	13.4	78	12.3
買い物	31	15.9	138	31.4	169	26.7
食事の準備	71	36.4	167	38.0	238	37.5
掃除・洗濯	43	22.1	99	22.6	142	22.4
入浴	14	7.2	41	9.3	55	8.7
ゴミ出し	18	9.2	57	13.0	75	11.8
通院・薬とり	18	9.2	69	15.7	87	13.7
役所等での手続き	14	7.2	65	14.8	79	12.5
銀行預金などの出し入れ	11	5.6	45	10.3	56	8.8
雪かき・雪おろし	132	67.7	337	76.8	469	74.0
行政等から生活に必要な情報が入らない	14	7.2	33	7.5	47	7.4
その他	12	6.2	21	4.8	33	5.2

注：無回答は集計から除外　χ^2値=43.046　自由度12　p=0.000*　＊p＜0.05

図表3-3　女性の日常生活の困りごと（複数回答）×年齢階層（2区分）

日常生活の困り事（複数回答）	前期高齢者(n=657)		後期高齢者(n=2049)		合計(n=2706)	
	実数	割合(%)	実数	割合(%)	実数	割合(%)
バスや電車，車を使って外出すること	102	15.5	432	21.1	534	19.7
買い物	122	18.6	708	34.6	830	30.7
食事の準備	17	2.6	169	8.2	186	6.9
掃除・洗濯	17	2.6	202	9.9	219	8.1
入浴	11	1.7	121	5.9	132	4.9
ゴミ出し	42	6.4	337	16.4	379	14.0
通院・薬とり	68	10.4	432	21.1	500	18.5
役所等での手続き	69	10.5	390	19.0	459	17.0
銀行預金などの出し入れ	33	5.0	263	12.8	296	10.9
雪かき・雪おろし	568	86.5	1,679	81.9	2,247	83.0
行政等から生活に必要な情報が入らない	19	2.9	77	3.8	96	3.5
その他	26	4.0	95	4.6	121	4.5

注：無回答は集計から除外　χ^2値=294.424　自由度12　p=0.000*　＊p＜0.05

するようになる高齢者が多いといえる。本人と，おそらく年齢が近いあるいは年齢が高かったりする兄弟・姉妹は，一緒に加齢することにより，だんだんと支援を頼むことが心理的にも現実的にもむずかしくなるのではないだろうか。

　また，日頃の交流については，最も行き来する家族・親族は，日頃の生活のなかでの支援者や相談相手と同様に，「子ども」，「兄弟・姉妹」，「親戚」の順に並んでいる。性別・年齢階層別でみると，後期高齢者の男性および，前期・後期高齢者の女性は，「子ども」の割合が最も高く，次に「兄弟・姉妹」，「親戚」が続くが，前期高齢者の男性は，「兄弟・姉妹」，「子ども」，「親戚」の順になっている。前期高齢者の男性は普段の行き来についても，子どもとの行き来が他に比べて少なくなっている。それが支援者や相談相手を選ぶ際にも影響していることも考えられ，高齢者の若い層の特徴に注目すべきことがわかる。

　さらに，行き来する家族・親族については，本人の結婚歴や生存子の有無が大きく関わっている。子どもがいなければ親族と交流を図る割合が高くなり，また，子どもの有無，結婚歴の有無は大きく関係し合っている。前期高齢者の男性は，後期高齢者の男性や女性全般と比べて，結婚したことのない人の割合がやや高く，生存子がいない人の割合も比較的高い。そのうえ，生存子がいる場合でも，子どもと行き来する人の割合が相対的に低いことがみえる。

　病気やけがなどすぐに誰かの手助けを必要とするような緊急時の支援の状況については，今回の調査では，支援者が「いない」と回答した人は約6％であった。ほとんどの人が誰かしら駆けつけてくれる相手がいると回答しているが，「緊急時の支援者がいない」と回答した約6％の人への支援について，どう地域で支えていくかという視点での検討が，社会福祉協議会本来の役割である。今後の高齢者の増加を考えると，こうしたまさに孤立状態にある人々への方策が重要であり，少数回答にも注視しながら支援を検討していくことが，今後の孤立問題への予防的方策につながっていくのである。

　また，今回の調査で明らかになった山形県の特徴の1つに「民生委員の存在感」がある。友人がいない人や近所付き合いが希薄な人であっても，日常生活上の困りごとを民生委員に依頼している人の割合はほぼ一定で，おおむね2割程度を占める。また，東日本大震災時には，連絡を取り合った相手として「民

生委員」と回答した人の割合が2割を超えた。自由回答には、「民生委員が電話をよこしてくれたので不安がなくなった」、「民生委員さんが、様子を見に来て下さって、とても嬉しかったし、心強かった」という、民生委員からの連絡や訪問に関する回答もあり、民生委員に対する安心感、期待感などがうかがえる。震災に限らず、民生委員への期待や感謝を表す回答も多かった。

　高齢期にひとり暮らしをしている人のおかれた状況はさまざまである。家族や親族と親密に行き来をしたり、近隣住民や友人との交流を楽しむ人々もいる一方で、行き来する家族がなかったり、友人がいない、交流が少ないという人もいる。ひとりで暮していくうえでは、ちょっとした困りごとや不便さのほかに、「何か起こったとき」の心配など、どこか漠然とした不安を抱えていることも多い。東日本大震災は、そうした「ひとりで暮らす」ことの不安な面をクローズアップさせた出来事でもあった。そのような状況下で、「民生委員さんに声をかけてもらって安心だった」という声に表れる民生委員への信頼感は、特筆すべきことである。山形県内の民生委員一人ひとりが、地域に密着した活動を展開していることの表れであり、山形県の大きな特徴といえるだろう。ひとり暮らし高齢者を気にかけている人が地域に存在し、また高齢者自身も自分を気にかけてくれる人の存在を理解しているということは、生活の安心感に、そして安定感につながっていくのではないだろうか。

　外出と社会参加の状況は、閉じ込もり・孤立防止という点で注目しておく必要がある。今回の調査では、外出の際の交通手段が男女で大きく違いがあり、男性は6割の人が主な交通手段として自家用車をあげているが、女性は徒歩や自転車、自家用車に分かれる結果となった。男性は7割の人が車の運転ができるが、女性で運転ができる人は2割にとどまっている。運転ができる場合には、男女問わず8割以上の人が自家用車を主な交通手段とするが、運転ができない場合には、徒歩や自転車、バスなどに分かれている。男性は運転ができる人が多く、自家用車を利用する人の割合が高いが、女性の場合、運転ができる人は限られているために、自家用車以外の交通手段となっている。

　また、車の運転の可否は、外出頻度とも関わっている。運転できる場合には、6割近い人がよく外出しているが、運転できない場合には、よく外出する人の

割合は3割半程度と低くなる。運転できる人は外出頻度が高くなり，外出頻度は女性よりも男性が高い。それは，利便性の高い外出手段を選択できるかどうか，すなわち，車の運転ができるかどうかが関わっている面もあると考えられる。外出頻度の高低は，単純に性別による差なのではなく，「運転ができる」人が多い男性と，「運転ができない」人が多い女性との差であるという見方ができる。山形県は1世帯あたりの自家用車所有台数の割合が高く，外出移動に自家用車を利用する人が多いといわれている。そのぶん公共交通機関の利用者が少なくなり，それが原因でバス等の運行時間も減っている地域が出てきているという声も聞く。これも移動困難者を出現させている点で注視するところである。外出頻度の少ない人に対してその理由をたずねているが，女性は「交通が不便だから」が2割半程度を占めていた。男性では1割半程度であったことからも，女性にとって，交通手段の問題が大きいことがわかる。このように交通手段の確保は大きな課題といえる。

　外出が関わるものとして注目したいのが社会活動への参加である。趣味や学習の会，地域活動など何らかの社会活動に参加していると回答した人は全体の6割であった。活動に参加している人は，参加していない人に比べて外出頻度が高い傾向にあり，社会活動への参加が外出のきっかけともなっている。また，社会活動に参加している人は，外出時によく会話をする傾向にある。そして，社会活動に参加している人は，参加していない人に比べて「親しい友人・知人」がいる人の割合が高く，趣味の会や地域のふれあい・いきいきサロン活動などに参加することによって，話し相手に出会う機会にもなっているといえる。そこで社会福祉協議会として注目したいのは，「ふれあい・いきいきサロンなど地域のサロン活動」についてである。「参加している」という回答をみると，男性は2割弱の参加であるが，女性は3割を超える人が参加している活動としてあげており，男女の差が大きい。「ふれあい・いきいきサロン活動」とは，地域の高齢者が地域のなかで気軽に集まり，楽しいひと時と仲間づくりができるよう，地域住民が中心となって内容を決めて運営していく活動であり，その活動内容はさまざまである。そのぶん，関心がある活動や参加しやすい活動であるかどうかという部分で性別による違いが出てくる可能性も高い活動ともい

える。そうした違いをふまえたうえで，社会活動への参加促進の戦略を考えることが重要になっていくのではないだろうか。

　以上が今回の調査結果からみえてきた一部である。年齢階層によってもニーズが変化すること，男女によっても変わるニーズがあることをふまえて，さらに個別性を重視した新たな支援活動を地域に提案していくことも社会福祉協議会の大きな役割としてあることが，今回の調査から学んだことである。また，生活するにあたって加齢により苦手になる生活行動があることや，前期高齢者の男性の特徴，外出の移動に関する課題，サロンなどの地域活動への参加状況，民生委員児童委員への信頼感の強さなど，具体的なニーズも多くあることがわかった。現在すでに社会福祉協議会が実施している「日常生活自立支援事業」や地域住民が主体となって実施する「ふれあい・いきいきサロン活動」などは，今回の調査からみえた加齢に伴う困りごと・ニーズへの支援として，今後もたいへん有効な事業であることも確認できる。こういった既存の地域福祉活動についても地域住民や福祉関係者が協働して継続していくことが，「社会的孤立」という問題に立ち向かうことにつながっていく手段となる可能性があるといえるのではなかろうか。地域課題発見の仕組みづくりとともに，具体的な地域福祉活動を地域住民自身が主体となって実施展開していくことができる仕組みづくり，そして既存の活動の有効性等を評価・見直しできる仕組みづくり，新たな支援活動を開発・提案していく仕組みづくり，……これらの具現化が社会福祉協議会の役割であり，これからの課題でもある。

【引用・参考文献】
山形県社会福祉協議会「山形の社会福祉五十年」平成14年3月31日
山形県民生委員児童委員協議会「山形県におけるひとり暮らし高齢者の生活と意識に関する調査報告書」平成24年3月31日

④ 小地域福祉活動と社会福祉協議会

金安博明（東京都世田谷区社会福祉協議会）

① 市町村社会福祉協議会の歴史と位置づけ

●市長村社会福祉協議会の歴史的成り立ち

　市町村社会福祉協議会は，社会福祉法第109条により「地域福祉の推進を図ることを目的とする団体」と規定されており，文字どおり，市町村を圏域とした地域福祉の推進における中核としての機能が求められている。

　市町村社会福祉協議会の歴史は，その源流を1951年に遡ることができる。この年，日本社会事業協会，全日本民生委員連盟，同胞援護会の3団体が合併し，現在の社会福祉法人全国社会福祉協議会の前身である財団法人中央社会福祉協議会が設立され，さらに同年中に都道府県社会福祉協議会が設立されていった。また，翌1952年には，市町村社会福祉協議会が各地で設立されていった。筆者の勤務する世田谷区社会福祉協議会の歴史においても，当時の圏域概念である3つの地区（世田谷地区，玉川地区，砧地区）において，それぞれ社会福祉協議会が設立されている。

　設立当時の区市町村社会福祉協議会は，社会福祉法人格をもたない，いわゆる任意団体であったが，共同募金の受配や福祉施設の委託運営先の不足などを背景に，徐々に区市町村社会福祉協議会の法人化が進められた。世田谷においても，1964～69年にかけて法人格を取得し，組織経営の基盤を確立してきたとともに，1983年の社会福祉事業法（現・社会福祉法）の改正により，都内特別区を含む市町村社会福祉協議会が法制化された。以上のように，法人格の取得と法制化が整備され，市町村社会福祉協議会の組織基盤は，一定の確立をみることとなった。

このように，市町村社会福祉協議会は，今日においては，地域福祉を推進する団体として法的な位置づけを得るに至ったが，その活動実践の歴史は，社会背景や時代的要請により，発足以来，大きく変化してきた。市町村社会福祉協議会は，人々の暮らしが営まれている「地域」という生活圏域を基盤に形成された組織である。よって，まちを暮らしやすくするための活動に対する支援や住民と一体となって地域づくりを進めていくことは，まさに市町村社会福祉協議会の存在意義のひとつであるといえる。この点，1962年に全国社会福祉協議会より示された「社会福祉協議会基本要項」に明記されている「住民主体の原則」は，今日においても，市町村社会福祉協議会の組織理念として不可欠であるといえる。

　しかし，その後，時代は高度経済成長期を迎え，地域では，人口の都市流入による過疎・過密や核家族化の問題，それに伴う在宅福祉サービスに対するニーズの急増，福祉サービスの量や担い手の不足といった問題を抱えることとなった。その結果，市町村社会福祉協議会は，住民生活と密接なつながりがあったことから，在宅福祉サービスの供給主体としての機能が求められた。1990年代には，全国社会福祉協議会がいわゆる「事業型社協」の方針を提示し，社会福祉協議会を在宅福祉サービスの供給主体として位置づけ，組織の経営基盤と存在意義の確立に努めた。その結果，全国に広がった住民参加型在宅福祉サービスの展開は，地域住民と密接な関係にある市町村社会福祉協議会の組織基盤確立や具体的な存在価値の向上，"住民参加"の促進，在宅福祉サービスの供給という諸点においては，一定の効果をもたらしたといえる。

　このように，住民参加型在宅福祉サービスは，住民が福祉活動に参加するための装置として，換言すれば，福祉活動論としては評価すべき点も多い。しかし，公的責任としての福祉サービスや住民のもつ権利としての社会福祉の後退，さらには，住民の主体性やソーシャルアクション機能の衰退など，その後の地域福祉の展開において，看過できない課題を残した点も指摘したい。

●現在の市町村社会福祉協議会の位置づけ

　厚生労働省社会援護局は，2008年3月に「これからの地域福祉のあり方に

関する研究会報告書」としてまとめられた「地域における『あらたな支え合い』を求めて—住民と行政の協働による新しい福祉—」の中で，公的なサービスの充実だけでは対応できない，地域における身近な生活課題に対応する新しい地域での支え合いを進めるための地域福祉のあり方を報告した。

そのなかで，社会福祉協議会は，「新しい地域福祉」の推進に役立つための組織として，住民福祉活動の発掘・育成や，住民同士による支え合いの環境づくり等の機能が求められており，さらに，住民への助言・情報提供・援助を行う社会福祉協議会職員の養成や社会福祉士資格を有する職員の配置，行政との関係や役員体制等の再検討が指摘されている。このうち，今後求められる機能として指摘された住民同士の支え合いの確立に向けた支援の強化は，「新しい地域福祉」の具現化として興味深いところである。地域福祉の推進において，社会福祉協議会がこれまで取り組んできた小地域福祉活動の推進，換言すれば，身近な地域での福祉の向上において住民同士の支え合いが据えられたこととなり，従前からの社会福祉協議会の基本的理念である「住民主体」と相まって，市町村社会福祉協議会の中心的取り組みとなりうるからである。

しかしながら，市町村社会福祉協議会が，住民同士の支え合いの仕組みづくりや環境整備を支援する目的性をしっかりと見据えて取り組まない限り，真の支え合いは決して確立されるものではないだろう。なぜなら，そこには，社会福祉協議会という組織主導で支え合いを進めていけば，自ずと支え合う当事者たる住民自身の主体性を欠いてしまう危険性が伴うからである。この点においては，社会福祉協議会職員の質や力量が問われるとともに，社会福祉協議会にとっての試金石ともなる重大な問題が含まれると思われる。さらに，支え合い活動は手段であって，決して目的ではない。よって，支え合うことによって生ずる効果とは何か，さらに，その効果を地域住民で共有したうえで支え合い活動に取り組むことで，初めて主体的な支え合い活動となりうるとともに，活動の継続性が担保され，効果性も高まるものと考える。この点において，地域住民の支援に取り組む市町村社会福祉協議会の職員には，十分な地域分析と戦略，調整能力，知識，住民との信頼関係などさまざまなスキルが求められることになる。

2 市町村社会福祉協議会の組織・事業

●町会・自治会，民生委員・児童委員協議会との関係（世田谷区社会福祉協議会）

　市町村社会福祉協議会は，政令指定都市の行政区も含めすべての自治体において設立されており，現在，ほぼすべての社会福祉協議会が社会福祉法人格を取得している。

　市町村社会福祉協議会の組織概要については，世田谷区社会福祉協議会を例に記述していくとともに，地域住民の参加・参画状況にも触れていく。

　世田谷区は，東京23区の中の西南端にあり，東は目黒区・渋谷区，北は杉並区・三鷹市，西は狛江市・調布市，南は大田区とそれぞれ隣接し，さらに多摩川を挟んで神奈川県川崎市と向かい合っている。東西約9km，南北約8km，面積は58.08km²で，23区内で最も小さい台東区の約6倍にあたる。江戸徳川の時代になると，現在の世田谷のほとんどが直轄領地となり，永く農村地帯で人口も少なかったが，1862年の生麦事件以後，危機を感じた多くの人々が江戸市中より世田谷に移住したころから人口増加が始まった。1907年に開通した玉川電車（現在の東急田園都市線）を皮切りに，複数の私鉄が通るようになった。折から発生した関東大震災の後は，土地が安価で交通の便の良い，世田谷に多くの人々が移住してきた。その後，1932年に当時の2町2村が合併し「世田谷区」が誕生し，1936年には，さらに2村を合併し現在の世田谷区が完成した。現在では，都心からの交通も至便で，閑静な住宅街の景観をなす，緑豊かなヒューマン都市として位置づけられている。

　世田谷区社会福祉協議会の理事（役員），評議員は，地域住民，福祉活動団体・施設関係者，行政関係者等から選出されている。議決機関である評議員会，執行機関である理事会を経て，執行機関の下部に位置する事務局を中心に実際の事業活動が展開されている。

　活動財源は，会費収入，寄付金収入，事業収入，募金配分金収入，行政補助金・委託金収入等である。このなかで人件費や事業費の多くは，行政補助金に依存している状況があることから，展開事業の独自性や経営の自立性確保の必

図表 4-1　世田谷区社会福祉協議会の組織

```
                    会　長
  監　事 ─────── 理 事 会 ─────── 評議員会
                      │
                      ▼
■事務局（全区）                              ■住民組織
 ┌─────────────┬──────────┐    ┌──────────┐
 │ 総務部       │ 世田谷     │    │ 地区       │
 │ 地域福祉部   │ 北沢  地域 │    │ 社会福祉協議会 │
 │ 福祉支援部   │ 玉川  社協 │    │ （28 地区） │
 │ 施設管理部   │ 砧地  事務所│    └──────────┘
 │             │ 烏山       │
 └─────────────┴──────────┘
    │
    ▼
 ┌──────┬──────────────────┐
 │ 厚生会館 │ ・権利擁護センター「あんしん世田谷」│
 │ 老人会館 │ ・成年後見支援センター            │
 │         │ ・福祉人材の育成                  │
 └──────┴──────────────────┘
```

（概略。2012 年度現在）
（筆者作成）

要性からも，会費収入，各種募金配分金，収益事業収入といった自主財源の確保が古くとも新しい課題である。

　世田谷区社会福祉協議会では，1952（昭和 27）年の旧 3 地区社会福祉協議会組織（1986 年に合併し，社会福祉法人世田谷区社会福祉協議会が設立された）の発足当初から，町会・自治会関係者や民生・児童委員が，理事・評議員等としての法人経営への参画，社協会費の募集や歳末助け合い募金の受配，各種事業への参加等を通じて深く関わっている。また，高齢者や青少年，保育・子どもといった専門部会を設置し，それぞれ民生・児童委員を中心に部会を運営するとともに，具体的な事業の企画実施まで関わっている部会事業の取り組みは，永く世田谷区社会福祉協議会にとっての小地域福祉活動の柱であった。

　2005 年に大きく組織の改正を行い，全区組織（法人本部）に続き，5 つの地域区分にそれぞれ地域社会福祉協議会事務所を設置した。さらに地域内を 3 つから 8 つに区分した地区を単位とした地区社会福祉協議会の設立に取り組み，

2008年，区内28のすべての地区において社会福祉協議会が設立された。地区社会福祉協議会の構成メンバーは，町会・自治会関係者，民生児童委員，日赤分団員を主力として，PTA・商店会関係者，地域包括支援センター職員等となっており，幹事として行政出張所等の所長に参画を依頼している。

　ちなみに，市町村社会福祉協議会は，行政補助金は圏域行政からのものである点，またほとんどの会費収入は圏域に居住する住民からの浄財である点等により，政令指定都市の行政区を除いて完全な別法人・別組織であることから，市町村社会福祉協議会間での共同事業や人事交流はほとんどない。小地域福祉活動の推進や見守り事業等の視点からすれば，市町村のなかに張り巡らす網（セーフティネット）の目はより細かさを求められることとなり，近隣市町村社会福祉協議会との連携よりも，地元行政との連携や当該社会福祉協議会自体の組織や事業の見直しが優先されるだろう。

●地域支え合い活動

　世田谷区社会福祉協議会では，身近な地区の住民相互による顔の見える関係づくりを通じた孤立の解消や見守りといった効果を目的として，「ふれあい・いきいきサロン」や「支えあいミニデイ」などのグループ活動の推進支援に取り組んでいる。ふれあい・いきいきサロン（子育てサロンを含む），支えあいミニデイ活動を総称して「地域支えあい活動」と位置づけ，5つの地域社会福祉協議会事務所に所属する地区担当職員（コミュニティワーカー）が活動の推進支援に取り組んでいる。なお，コミュニティワーカーは，住民参加型在宅福祉サービスである「ふれあいサービス」のコーディネーターや，地区における包括的な小地域福祉活動の推進主体である地区社会福祉協議会（後述）の支援にも一体的に取り組んでいる。現在，地域支え合い活動の社会福祉協議会登録団体は，区内全域で約700グループを数え（2012年4月現在），全国でも有数の"サロン活動先進地"としての評価を得ている。

　地域支え合い活動グループは，基本的に自主活動グループの位置づけがなされている。したがって，その活動内容はきわめて多彩であり，共通の活動理念は「楽しく，無理なく，気軽に」という柔軟なものである。その理由として，

図表 4-2　身近な地区

```
        ┌──────────────────────┐
        │  ふれあい・いきいきサロン  │
        └──────────────────────┘
              ↑活動    ↑参加
        ┌──────────┐
  運営    │   住民   │    課題
  支援    └──────────┘    解決
              ↑支援
        ┌──────────────┐
        │ 民生委員／町会関係者 │    地域包括
        └──────────────┘    支援センター
              ↕連携
        ┌──────────────┐
        │ コミュニティワーカー │     行政
        └──────────────┘
```

（筆者作成）

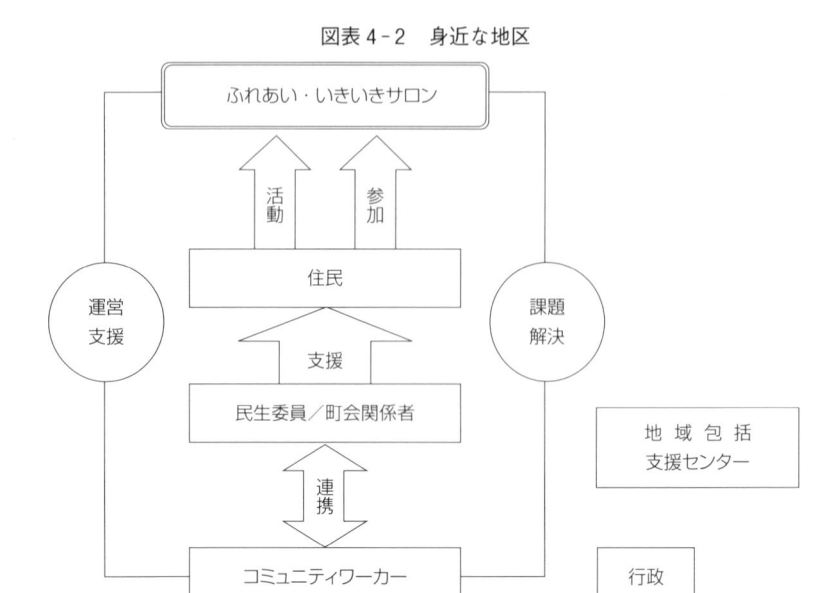

　第1に，活動の継続性の確保である。活動内容や活動上のルールを社会福祉協議会が細かく規定すればするほど，活動者にとっては「やらされている」という感覚が芽生え，何か問題が発生した際には，活動休止に帰着する危険性が高まってしまう。換言すれば，地域支え合い活動は，決して義務ではなく，あくまで自主的な活動であるとしたうえで，自由な発想で活動に取り組むことで活動メンバーの状況等に応じて，思いのままに活動スタイルを変えていく幅が必要だからである。

　第2に，広い活動参加への期待である。活動を始める前から基準や規定といったハードルを高くしてしまうと，二の足を踏み，なかなか活動を始めることができなくなってしまう。そこで，ハードルを下げ，自由な発想で活動内容を組み立ててもらえる仕組みとしたのである。

　第3に，住民自身によるまちを思う心の醸成である。活動を開始し，外出機会の少ない高齢者や子育て世代等を中心とした参加者と接するうちに，活動を

図表4-3-1　地域支え合い活動（目安）

名　　　　称	ふれあい・いきいきサロン	支えあいミニデイ
開 催 頻 度	月1回以上4回まで	週1回～月8回まで
開 催 時 間	1回2時間程度	昼食を挟んで1回4時間程度
主 な 対 象	高齢者・障害者・子育て世代	高齢者・障害者
活動内容例	お茶とおしゃべり，手工芸	同左
	コーラス，その他	健康体操，昼食その他

注：子育てサロンは，ふれあい・いきいきサロンに含む。

図表4-3-2　社会福祉協議会による支援（抜粋）　（2012年度現在）

湯 茶 代 補 助	1回1,000円　月4回まで	@250円×人数　月8回まで
会 場 費 補 助	500円を上限に実費	同左
	自宅開催：1000円	同左
活 動 保 険※	スタッフ・参加者全員	同左
研 修 会 等	スタッフ研修会（2回／年）	同左
そ の 他	活動訪問による運営支援	同左

注：「地域支えあい活動保険」を新設。保険料は社協負担。

通じて友人・仲間となったスタッフ・参加者相互に思いやる気持ちが生まれる。この気持ちのつながり（絆）こそが，住民相互の支え合いの価値なのである。

　地域支え合い活動は，広範なエリアを想定しているわけではなく，あくまで"歩いて行ける距離"での集いとして位置づけている。したがって，同じ地域に暮らす住民同士の集いの場であることから，活動中には，そのまちの生活に役立つ情報が交換されることも多い。さらに，活動で出会った者同士が，買い物の際にマーケットで出会って挨拶を交わし，立ち話をする，といった住民相互の営みが生まれるのである。さらに，地元での活動であるとともに，定期的な活動であることから，連絡もなく欠席した参加者がいた場合など，スタッフがすぐに安否確認に向かうことができるなど，見守り効果もあがっている。また，スタッフが参加者の心配事や生活課題をキャッチした場合，日頃からつながっているコミュニティワーカーに相談が入り，地区担当による訪問や他の専門機関へのつなぎ機能も発揮されている。このように，ふれあい・いきいきサ

図表4-4　活動例：ふれあい・いきいきサロン「○○○コスモス会」

開催日	毎月第2土曜日　13時30分〜15時30分
活動内容	お茶とおしゃべり，手工芸，コーラス，その他
スタッフ	日赤奉仕団員・民生委員・町会関係者（OB・OG含む）
開催周知	閉会時に次回を案内，町会掲示板にチラシ掲示，口コミほか
その他	閉会後，毎回スタッフミーティング開催。役割分担と確認 四半期ごとに参加者誕生日会を兼ねて開催している。 近隣町会の支援があり，町会長も参加している。

（筆者作成）

ロンや支えあいミニデイといった地域支え合い活動は，同じ地域に暮らす住民同士の自主的な集まりであるとともに，孤立しがちな方々にとってのセーフティネット機能も果たしている。小地域福祉活動として福祉のまちづくりにもその波及効果を広げているのである。

以上の地域支え合い活動に関しては，町会・自治会関係者，民生・児童委員による直接的・間接的な関わりがとても大きい。町会・自治会からは，サロン活動のチラシ配布や掲示板への掲示，町会会館など活動場所の提供や参加者募集などで力を借りている。また，民生・児童委員については，民生委員が直接ふれあい・いきいきサロンのスタッフとして活動している場合も多く，参加者募集や社会福祉協議会とのこれまでのつながりを活かし，民生委員として，また住民として，セーフティネットの構築に大きな力を発揮している。

●地区社会福祉協議会

世田谷区社会福祉協議会では，ふれあい・いきいきサロン等の地域支え合い活動の推進・支援とともに，よりきめ細かく，着実な小地域福祉活動推進の足がかりとして，2005年4月より，区内5つの地域ごとに地域社会福祉協議会事務所を開設した。各事務所の職員体制は，原則として1人1地区を担当する職員（コミュニティワーカー。一部，複数地区を担当する職員もいる），嘱託・臨時職員および所長で構成されている。

さらに，この地域社会福祉協議会の設立とともに，各地区を単位とした新たな住民主体による小地域福祉活動の推進主体である地区社会福祉協議会の立ち

上げに着手し，2008年4月をもって，区内全28地区にそれぞれ地区社会福祉協議会が設立された。それまで世田谷区では，社会福祉協議会の外部組織として，社会福祉協議会会員会費や歳末募金の募集組織である「分会」が各地区に設置されていた。地区社会福祉協議会の設立に際しては，会員会費の募集や募金活動だけではなく，主体的かつ地区の実情に合わせた福祉活動を行う団体をめざし，分会を発展的に改組，設立準備会を立ち上げた。設立準備会の会長には，多くの場合，当時の「分会長」が就任し，活動内容やめざす組織像，構成メンバー等に関する話合いが重ねられた。設立準備会では，当初，「区社会福祉協議会や地域社会福祉協議会事務所の仕事をまちに下ろすのか」，「会費募集や募金活動，そのうえに福祉活動もやらせるのか」，「町会・自治会関係者，民生委員以外のメンバーが参加して統制は取れるのか」等の厳しい意見が目立った。しかし，世田谷区の人口規模で，地域を単位としても最大で20万人を超えてしまうことから，住民主体の身近な福祉活動や支え合いは成り立ちづらい点，地区で集めた会費額の最大50％を上限として，地区社会福祉協議会の活動費に充当できる点，地区に暮らす住民が生活感覚や地区の特性に応じて自由かつ柔軟に福祉活動を企画・実施できる点等を話し合い，理解を得ることができた。

　なお，地区社会福祉協議会の設立にあたっては，後に地区社会福祉協議会幹事として運営全般に支援をいただくこととなる行政出張所およびまちづくりセンターの各所長の存在が不可欠であった。世田谷区では，地域行政・身近なまちづくりを進める意味で，地区を単位として出張所（後に，一部，まちづくりセンターへ改組）体制が敷かれており，住民にとっての身近な相談機関であるとともに，町会・自治会等の調整機能を果たしていたのである。

　地区社会福祉協議会は，先述のとおり，その活動費は当該地区で集めた会員会費の50％を上限とした資金が充当されている。担当コミュニティワーカーによる支援はあるにせよ，活動財源の確保から活動計画・予算編成までを住民が行うことから，社会福祉協議会職員や行政職員にはない発想に基づく活動が展開されている。また，地区に暮らす住民ならではの視点から，まちのちょっとした課題や解決に向けた発想力も，地区社会福祉協議会の存在価値といえる。

図表 4-5　地区社会福祉協議会

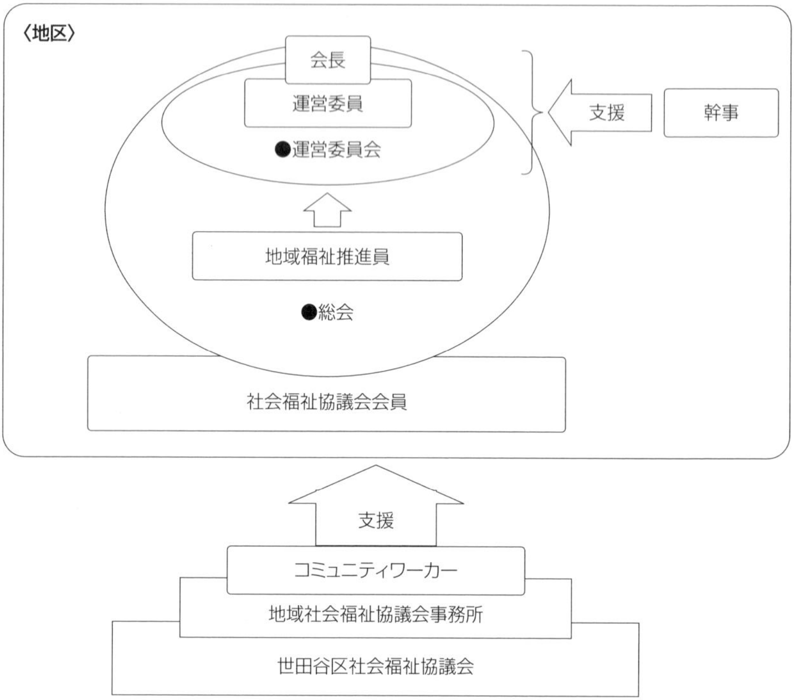

〈地区〉
- 会長
- 運営委員
- ●運営委員会
- 地域福祉推進員
- ●総会
- 社会福祉協議会会員

支援 ← 幹事

支援 ↑
- コミュニティワーカー
- 地域社会福祉協議会事務所
- 世田谷区社会福祉協議会

（筆者作成）

図表 4-6　U地区社会福祉協議会の組織・活動例

役員体制	相談役1　会長1　副会長2　会計2　監事2
運営委員	20名（民児協委員，町会関係者，日赤関係者，青少年地区委員，地域包括支援センター職員）
地域福祉推進員	71名（構成は同上）
会議体	総会，三役会，運営委員会，事業別ミーティングほか
活動内容	地区全体交流会，エリア別交流会，子育て活動支援，小学校夏祭り等への出店，研修会ほか
備考	地区全域とエリア（町会単位）別で交流会を行い，きめ細かく顔の見える関係を築いている

（筆者作成）

地区社会福祉協議会の組織は，地区によって異なるが，おおむね，会長，副会長を含む運営委員，監事，運営委員の母体である地域福祉推進員から構成され，行政出張所長・まちづくりセンターの所長が幹事として関わっている。

　地区社会福祉協議会は，地区を単位として，新旧・年齢等の別なく，同じまちに暮らす住民同士による小地域福祉活動の推進主体であり，さまざまな住民の協働による福祉のまちづくり活動といえる。さらに，地区社会福祉協議会には，先述のとおり行政職員・地域包括支援センター職員が関わっているとともに，担当コミュニティワーカーが調整機能や情報提供，さらには介入技法等を用いながら包括的に支援している。この機能性を活かして，地区社会福祉協議会においては，構成メンバーである地区の住民自身が，①まちの課題や個別課題を発見し，②運営委員会等で共有し，③自分たちで解決する，あるいは専門機関につなげて解決に向ける，という機能が発揮できるのではないだろうか。地区における，住民自身による課題の発見・共有・解決という一連のプロセスの構築は，地区社会福祉協議会ならではの効果であると考えられる。また，住民自身による活動や課題解決に向けた行動故に，そこには，即応性はもとより"思いやり"や"まちを良くしたい"というエネルギーの発露をまち全体で感じることができる。誰もが孤立せず，安心して暮らし続けていくまちをめざした，住民主体による地区社会福祉協議会活動の価値は，まさにその点にあるのである。

③ 地域福祉のフロントライン──市町村社会福祉協議会による実践

●住民主体と地域ネットワーク

　市町村社会福祉協議会では，組織ごとに展開している事業や活動はそれぞれ異なるものの，地区・地域の実情に合わせた小地域福祉活動に取り組んでいる。さらに，多くの社会福祉協議会では，介護保険事業や施設運営，権利擁護事業など多岐にわたる事業を展開しながら，地域福祉の向上に努力している。しかし，市町村社会福祉協議会の特徴は，その経営から事業運営に至るまで地域住民の参加の歴史であり，確立された参加の仕組みである。換言すれば，市町村

社会福祉協議会は，専門職である事務局職員自らが，地域や個人に内在する課題の解決に奔走するだけではなく，課題解決の過程において地域住民の主体的な参画を得ていることが，組織の特性といえる。ある意味で，職員よりも地域をよく知る住民の"当事者性"を，事業展開や組織経営上で獲得している組織は，市町村社会福祉協議会をおいて，他にあまり類をみない。その点が市町村社会福祉協議会の強みであるとともに，住民主体の価値である。

　この住民主体の価値を一層引き出すための仕組みとして，世田谷区社会福祉協議会では，地域住民の意思と力で地区社会福祉協議会が設立された。地区社会福祉協議会は，可能な限り身近な圏域を設定した。そして，その圏域に暮らす住民自身が発見した課題認識を共有し，課題の解決に向けた方法を構築し実践するとしたプロセスが，真の住民主体の確立に向けた不可欠な取り組みであるとともに，地域ネットワークの確立につながると考える。

　行政や社会福祉協議会から指摘され開始した支え合いの活動では，その継続性や効果性は決して確保できない。同じ地域に暮らす住民同士がさまざまな活動を通じて自ら地域ネットワークの必要性を認識し，支え合い，見守り合う活動は，まさに住民主体の小地域福祉活動の具現化として評価されるべきである。

　世田谷区のW地区社会福祉協議会では，住民相互の絆と協働により「命のバトン」事業に取り組んでいる。この事業は，地区民生委員・児童委員協議会をはじめ，町会・自治会，行政まちづくりセンター，地域包括支援センターなどが協力し開始された，住民主体による孤立防止に向けたセーフティネットづくりの活動である。地区ぐるみで希望者を募集し，緊急時に必要となる連絡先，服薬状況，かかりつけ医等の情報カードを透明な筒（バトン）にいれて冷蔵庫内のドアポケットに保管しておくとともに，冷蔵庫のドアには，バトンが入っている旨のステッカーを貼っておくものである。地区社会福祉協議会のメンバー自らが，所轄はもとより隣接の消防署に対してこの事業を説明し協力を得ている。特筆すべきは，「命のバトン」事業は，高齢者や障害のある方はもとより，地区に暮らすすべての住民を対象としている点であり，地区をあげてのセーフティネットづくり活動であるとともに，網の目を狭めることにより，洩れてしまう人をなくす活動であるといえる。この事業は，2011年度より施行

実施され，現在約130世帯が加入している。

●地域福祉実践の「鍵」概念──住民の主体形成に向けて

　世田谷区W地区社会福祉協議会の取り組みは，地域住民による見守りや孤立防止，孤独死の抑止等に向けた活動として，その効果に大きな期待が寄せられている。しかし，この活動の真の価値は，地域住民自らの実践意欲とまちを良くしたいという強い熱意が原動力になっている点にある。日頃から住民同士が顔なじみの関係やお隣近所の付き合いを構築し，結果として社会的孤立や孤独死を抑止していく。さらにその営みの過程において，まちが，いきいきと安心して暮らしていけるものに，ゆっくりではあるが確実に変わっていくのである。地域住民は，地域福祉の専門職ではないことから，必ずしも専門スキルや権限があるわけではない。しかし，住民主体による地域福祉活動の強みは，規定や前例に囚われない柔軟性や，専門職のような人事異動がないという点での継続性，さらには地域住民としての当事者性である。

　この点で，市町村社会福祉協議会のコミュニティワーカーは，これまで培ってきた地域組織や行政，福祉専門機関等とのネットワークを生かして，住民主体の基盤となる「住民の主体形成」に向けた支援に積極的に取り組んでいくことが求められる。個別課題の解決は，緊急性や即効性という意味において重要であることから，孤独死などのきわめて重大な課題に対する専門職による直接的な課題解決は不可欠である。一方で，市町村社会福祉協議会は，住民主体をベースとして地域づくりに取り組んでいることから，即効的な効果を見込むことはできない。しかし，予防的な視点から考えれば，市町村社会福祉協議会の取り組みは決して無力なものではなく，第2・第3の課題発生を阻む地域づくりと考えられる。「住民の主体形成」に向けた市町村社会福祉協議会の活動は，住民主体によるまちづくりに他ならず，日常生活における人と人との絆を感じながら安心して暮らすことのできる福祉のまちへとつながっていくのである。

【引用・参考文献】
井岡勉監修／牧里毎治・山本隆編［2008］『住民主体の地域福祉論』法律文化社

河合克義［2009］『大都市のひとり暮らし高齢者と社会的孤立』法律文化社
厚生労働省［2008］『これからの地域福祉のあり方に関する研究会報告書』
「新版・社会福祉学習双書」編集委員会編［2005］『社会福祉協議会活動論』〈新版・社会福祉学習双書（2005-15）〉全国社会福祉協議会
三浦文夫・右田紀久恵ほか［2003］『地域福祉の源流と創造』中央法規出版

5 子育てと地域組織化
■当事者の組織化と子育て・子ども支援のネットワーク形成

平野幸子（明治学院大学社会学部付属研究所）

●はじめに

　本章は、大学の研究所内にある民間相談機関による子育て支援領域に焦点をあてた地域での実践事例を紹介する[1]。本事例は、子育て当事者による活動への支援を契機に、行政との協働による地域子育て懇談会という企画を活用しながら、子育て当事者グループを含む子育て・子ども支援関係者のネットワーク形成を試みる事例である。実践を展開する糸口は、民間相談機関のソーシャルワーカーが、当該地域に孤立した子育て家庭が存在することを地域課題として認識したことである。現状は、実践の成果が花開いている状態とはいいがたい。少しずつの積み重ねのなか、関係者が今後の展望を描ける段階に入ったとはいえるかもしれないが、展開途上の事例である。

　当該の民間相談機関は、大学研究所付設で、一般的な民間相談機関とは異なる特徴をもつ。それ故、本事例を一般的な事例とすることは差し控えるべきかもしれない。一方、行政との協働という特徴をもつ事例である。民間相談機関がその立場性を活用しつつ、行政と協働しながら形成するネットワークが[2]、社会的孤立の防止や求められるコミュニティの再興・地域の支え合いに、いかなる意義をもち機能できたらよいか、実践の経過をたどりながら考察し、今後を展望することには若干の意義があるといえよう。

1 当事者の組織化と子育て・子ども支援のネットワーク形成
　　——港区での実践

●事例の背景

　本事例は、大学の研究所内にある民間相談機関（以下、当該機関という）が、所在する地域でコミュニティワークを用いて実践する事例である。当該機関は、

その実践活動として，2000年度以降地域支援活動を模索している。その地域支援活動とは，身近な生活課題（子育てや介護，それらを担うことの多い女性たちの課題等）に接近し，当事者同士の連帯と彼らによる発信・提案を促し，課題への取り組みを通して，市民一人ひとりが従来もっている力を発揮し，市民としてよりエンパワーするよう支援することと考えている。本事例の子育て支援領域への接近は，2002～04年度に諸事業（市民講座の企画実施や地域のボランタリーな活動者との研究会開催ほか）を通じて得た情報やニーズから，地域問題としてソーシャルワーカーが認識したことに端を発する。

当該機関には，専任と非常勤のソーシャルワーカー2名が勤務する。大学研究所付設という特徴から，研究所所員がスーパーバイザーとして実践の方向性の協議に参画する。いわゆる相談活動のほか，事例経過に示される地域子育て懇談会を含む市民講座等の企画実施を行う。これらの企画は，地域内の当事者や諸活動者と協働する発想を基本にしている。

当該機関が所在する地域・港区は，東京の都心部に位置し，人口約20万人である。沿岸部のマンション急増により一時減少した人口は回帰し，沿岸部の子育て家庭が急増する地域である。

●当事者の組織化と子育て・子ども支援のネットワーク形成の経過

以下は，当該機関が子育て支援領域に関わる実践を開始した2004年度以降の経過である。年度ごとの特徴的な実践の事柄，特に，子育て当事者による活動への支援と，子育て・子ども支援のネットワーク形成に関する取り組みに焦点化して提示する。

●2004年度

2004年度以前の実践から，当該地域に孤立した子育て家庭の存在を把握した結果，当該機関の実践として地域の子育て・子育ち環境の向上について模索し始めた。子育て当事者による仲間づくりのための自助グループ活動支援を検討し，実態把握を行った結果，情報誌制作を担う子育て当事者グループ（以下，当事者グループという）との出会いがあった。行政の子育て情報誌制作の公募委

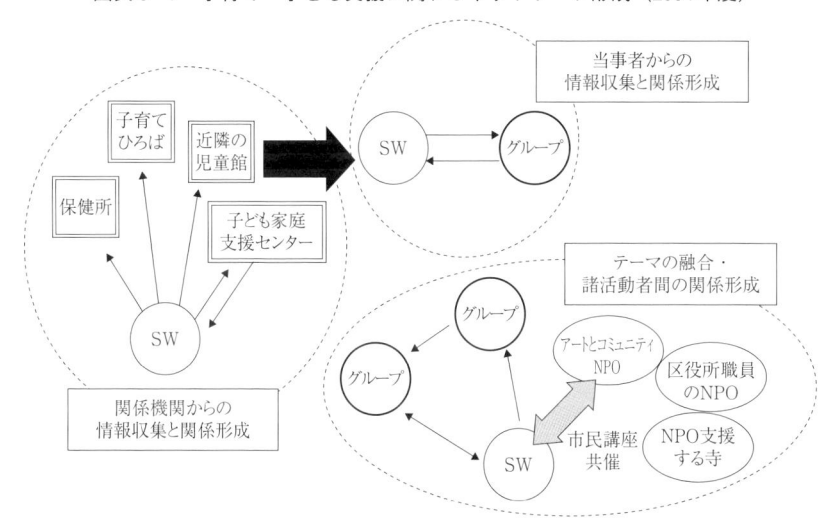

図表5-1　子育て・子ども支援に関わるネットワーク形成（2004年度）

注：図表5-1～7のなかの丸で囲んだ「SW」は当該機関のソーシャルワーカーを，「グループ」は当事者グループを表している。

員が，その活動後に設立したグループだった。この当事者グループは，子連れでお出かけしようというメッセージを込めて，地域の子育て情報をフリーペーパーとしてまとめ，公共施設の協力を得て子育て当事者に配布していた。この当事者グループへのヒアリングから，子育てする当事者が，身近に存在する出かけられない親子を心配する目線をしっかりもち，なんとかしたいと自助だけではなく共助を模索していることがわかった。この当事者グループとのつながりから，他の子育て当事者との出会いも広がり，コミュニティをテーマとする市民講座に協力をしてもらう機会もあった。

●2005年度

　当事者グループへの活動支援として，当該機関のプレイルーム提供を開始した（現在も継続）。また，当該地域の子育て・子育ち環境向上をともに考えるため，関係を築いた当事者グループ活動者に，市民講座の場で，都心での子育て状況に関する課題提起を呼びかけ実現した。

5　子育てと地域組織化　197

図表5-2　子育て・子ども支援に関わるネットワーク形成（2005年度）

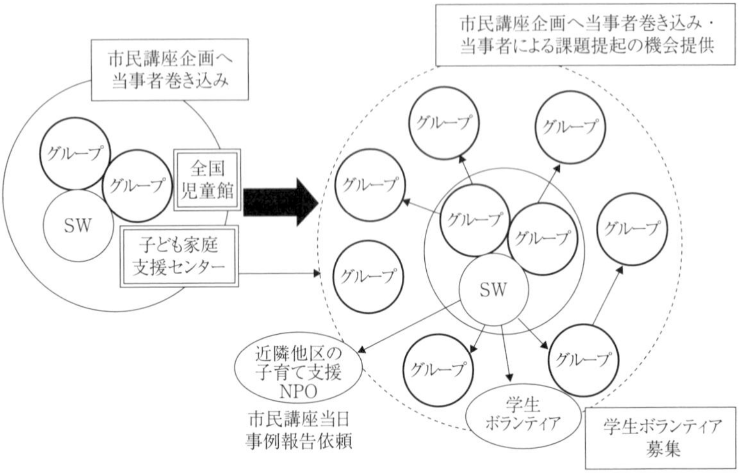

　市民講座の企画過程で，関係を築いた活動者たちから，同じ地域で活動する他の当事者グループとつながりたいとの希望が出た。活動者とともに地域内の当事者グループを探し，市民講座への参画を呼びかけた。結果，複数（10グループ）の当事者グループと出会った。それぞれの活動者は，同じ地域内の当事者グループの存在を知り喜んでいた。講座参加者からも，子育て当事者の活動者が当該地域にも存在することへの驚きの声が聞こえた。それらの当事者グループとは，行政の講座終了後にできたグループ・保健所事業参加後のグループ（第一子と母親が参加できる事業）・社会福祉協議会の子育てサロン・女性市民団体傘下の育児サークル等であった。担い手は，幼稚園児をもつ母親中心で，いわゆる専業主婦層なのだが，自営業を一部担う働き方の方も複数いた。

●2006年度
　2005市民講座の企画過程で，当該地域内の当事者グループ情報を収集でき，グループ間のつながり継続というニーズや活動上の課題等も把握し，グループ間の関係構築を視野に入れ支援継続を意図した。活動に役立つスキルアップ講座も模索した（2009年度以外，継続実施）。

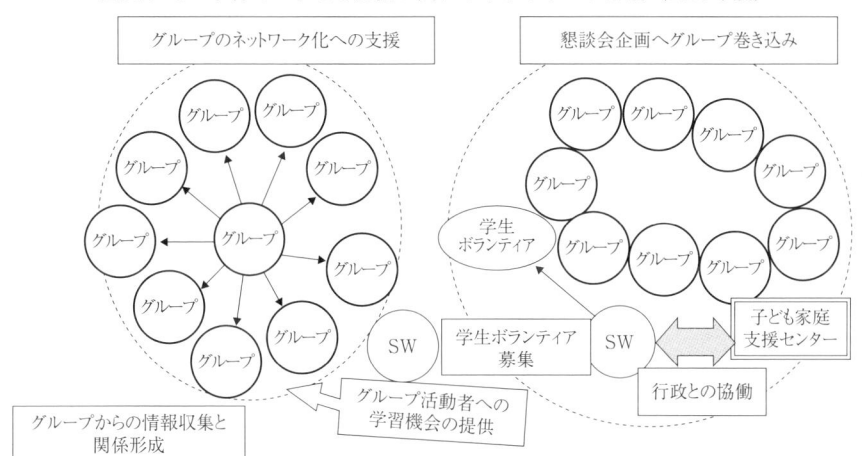

図表 5-3　子育て・子ども支援に関わるネットワーク形成（2006年度）

　年度途中，行政から「地域子育て懇談会」（以下，懇談会という）協働の提案を受けた。この懇談会は，子育て当事者を含む関係者に，子育てを地域ぐるみで行おうと呼びかけ，そのための情報や意見交換をする場である。当該機関は，子育て当事者参画の機会となることと当事者グループ間の関係構築に寄与できるとの理由から提案を受け入れた。当事者グループの活動者たちに企画参画を呼びかけ，「子育てをささえる地域創りとは」のテーマで実施した。結果として，当事者グループ間のネットワーク化の機運も生まれ，ネットワーク組織（以下，子育てネットという）の活動表明もなされた。

● 2007年度
　活動表明した子育てネットから2007懇談会企画への主体的な参画の申し出があり，企画実施した。参画したのはグループ8団体12名だった。企画過程で，当該地域内子育て家庭急増地区の子育て当事者対象のニーズ調査を実施した。懇談会では，調査結果をふまえた子育てにやさしいまちへの具体的な提案が行われた（テーマ名は，「急募！子育てにやさしい店と街」）。企画参画メンバーからは，子育て経験から社会参加の場が得られた喜びや自分たちが調査に関わったうえで発信できた充実感などが聞かれた。

図表5-4　子育て・子ども支援に関わるネットワーク形成（2007年度）

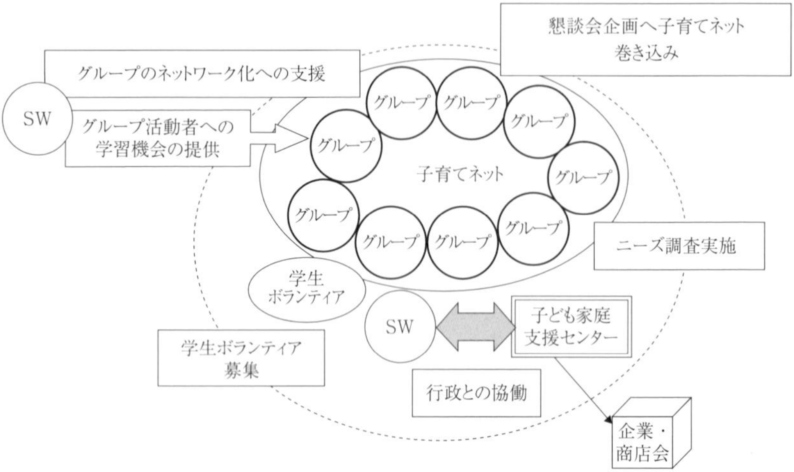

[図：中央に「子育てネット」を囲む複数の「グループ」円。周囲に「グループのネットワーク化への支援」「グループ活動者への学習機会の提供」「SW」「懇談会企画へ子育てネット巻き込み」「ニーズ調査実施」「学生ボランティア」「学生ボランティア募集」「SW」「子ども家庭支援センター」「行政との協働」「企業・商店会」の要素が配置されている]

● 2008年度

　2008懇談会企画は，前年度懇談会での提案の実現について，子育て当事者が協議する過程となった（子育てネットメンバー 8 名）。2008懇談会は，地域の異世代の人たちを含む様々な人との関わり合いのなかで子育てをしたい，その実現のため地域内に誰でも立ち寄れるオープンな居場所がほしい，自分たちが運営にも関わりたい，子育て当事者のつながりづくりには子育て支援関係機関も協力してほしいという課題提起となった（テーマ名は，「つながりの輪をひろげたいなぁ」）。

　子育てネットはその後，新たなグループとのネットワーク拡大そのものよりも，既存のネットワークを活用して地域内の子育て情報を発信したり，イベントでの活動PRへ重点をおくようになった。

　2度の懇談会開催により，懇談会には，地域内の関心の高い多様な関係者（子育て支援関係機関，ボランティア活動者やNPO，民生・児童委員や青少年委員等の地域内の諸活動者等）が参加されることがわかった。2008懇談会では，さらに各種別の子育て支援関係機関に参加してもらうことを意図し，子育て当事者の課題提起へのコメントを要請した。

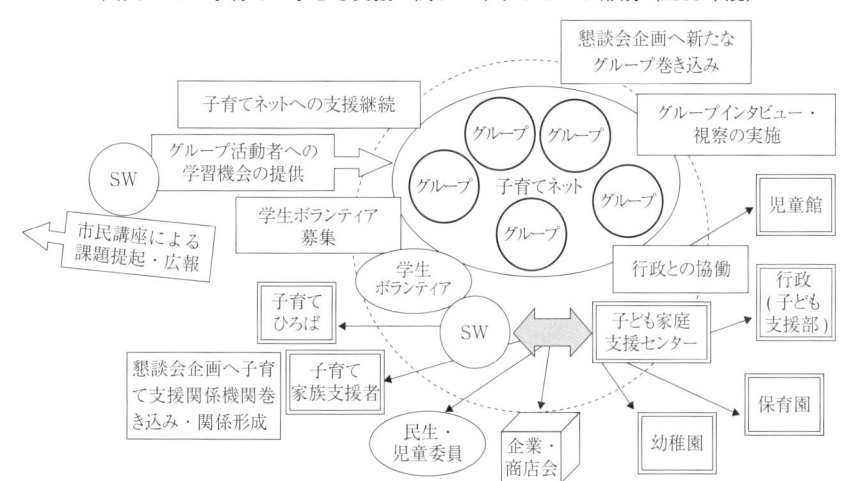

図表5-5　子育て・子ども支援に関わるネットワーク形成（2008年度）

●2009年度

　懇談会企画への新たな当事者グループや子育て当事者の巻き込みを企画過程で再検討し，当該地域内の当事者グループ等に，懇談会当日の活動紹介（展示）の呼びかけを始めた（2009懇談会以降，継続。各年度約20団体参加）。当該地域内の当事者グループとは，当該機関のプレイルーム利用団体やそれらのグループからの口コミ情報，子ども家庭支援センターの利用団体・子育てサロン登録団体・社会福祉協議会のボランティア登録団体／助成申請団体等のリストから該当する団体の存在を把握した。

　当該機関のプレイルーム利用団体は，2005年度以降の当該機関で活動する当事者グループである。関係構築した当事者グループや子育て支援関係機関からの紹介等で，利用希望団体は微増した[5]。また，行政の保健師から，当該機関の活動支援機能を期待され，2010年度以降，第一子の母親対象講座の会場として提供してほしいとの相談を受け提供することになった（2010年度以降，講座終了後グループが設立され，複数の当事者グループが活動を継続）。さらに，子育てのさまざまなニーズをもつ保護者の状況も把握したいと考え，既存の団体（障害のある子どもの保護者会，ひとり親の団体等）との接触を試みた。障害のある子どもたちの保護者会（3団体）との関係は継続している。

図表5-6　子育て・子ども支援に関わるネットワーク形成（2009年度）

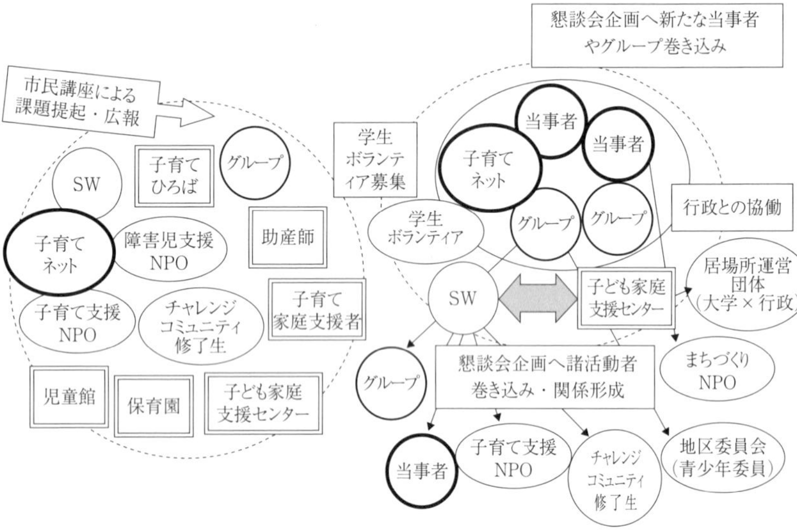

 2009懇談会企画は，子育てネットメンバーと新たに募集した子育て当事者メンバー（12名，初めて父親の参画もあり）により協議を重ねた。「子どもをもって感じた地域のつながりの大切さ」というキーワードとともに，「つながりの輪をひろげたいなぁ　まちに顔見知りがいると安心だね」というテーマで，2007・2008懇談会での課題をふまえるものとなった。企画過程で，さまざまな地域のつながりづくりの先駆者情報が集まったので，取り組み報告（10組）をしてもらい，課題の共有とともに関係構築も行った。
 また，2008懇談会で協力要請した子育て支援関係機関から，関係機関間のつながりを求める声が複数あり，行政と協議しながら，そのネットワーク形成を視野に入れた市民講座を企画した。

● 2010年度・2011年度
 2010・2011懇談会は，新たな子育て当事者に参画を呼びかけるため，企画メンバー募集の活動説明会を実施した。新たなメンバーのなかには，育児休業中の母親や地域での活動経験のない外勤ワーキング層の母親，地域活動だけで

はなく子育て経験を活かして起業する母親等も加わった。2011懇談会も新しいメンバー（当事者グループ活動者中心）が加わったが，2010懇談会メンバーが半数以上継続した（2010・2011年度とも22名参画）。2010懇談会以降，外勤ワーキング層からの要望により企画会議を土曜日にも開催した結果，複数の父親の参加も得られた。

　2010・2011懇談会とも，それまでの課題提起をふまえて企画を協議した。2010懇談会は，テーマを「まちの中に　あなたや子どもの居場所ありますか？」とし，子育て当事者自らが親子の居場所づくりに取り組む実践や，町の組織の方と連携する取り組みを報告した。企画メンバーの子どもの年代が未就学児だけではなくなり，また多様な働き方のメンバーの参画が，企画テーマにも反映した。どの親子も地域のなかで孤立しないためには，「とりもつ人の存在が大切」という発信もされた。

　2011懇談会のテーマは，「みんなで始めたいね　となりの人とのつながりづくり」であった。テーマ上は表現されていないが，父親の会の活動報告が行われた。テーマの基本は，2011年3月の東日本大震災を経験し，子どもを守るために災害に備え地域でしておくことであった。

　2008懇談会以降，懇談会や市民講座を通して出会った当事者グループ，子育て支援関係機関，地域内の諸活動者等から，ネットワーク形成を求めるニーズが毎年寄せられてきた。行政と協議し，ネットワーク形成を進展できる場を模索した。行政の担当部署子ども家庭支援センター[6]（以下，センターという）は，子どもの虐待通報を受ける相談機関である。センターは，地域の活動者の存在やそのネットワーク形成を，虐待を予防する環境という意義からの展開を期待している。結果，2010年7月にネットワーク形成を進展する場として「地域ネットワーク会議」（以下，会議という）を開催した（2011年度も同時期に実施）。会議の目的は，「同じ地域の中で，子育てや子どもたちを応援するという同じ目標をもつ関係機関／団体同士が，直接顔を合わせ，互いの取り組みを知り，関係を築き，協働の可能性を広げること」である。

　会議への参加を呼びかけた機関／団体は，子育て支援関係機関（保育園，幼稚園，子育てひろば事業者[7]，児童館ほか），民生・児童委員，青少年委員，公立小

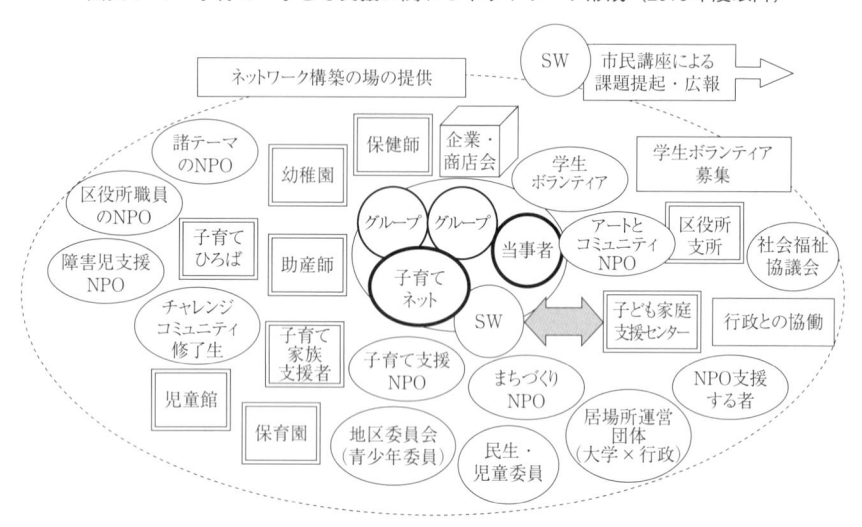

図表 5-7　子育て・子ども支援に関わるネットワーク形成（2010年度以降）

中学校ＰＴＡ，行政内の関係部署，市民講座や懇談会の実施を通して関係形成した，あるいは存在を把握した当事者グループや子育てサロンを含むボランティアグループ・ＮＰＯ，保健師・助産師，企業／商店会，チャレンジコミュニティ大学修了生[8]，社会福祉協議会，その他である（**図表 5-7**は呼びかけた機関／団体のイメージで，図上の位置関係に意味はない）。図のイメージどおり，参加を呼びかけた機関／団体は多様で多数だが，会議には，当該地域内の各地区から，あらゆる種別の機関／団体が網羅的に参加したわけではない。会議後のつながりは，地域内の当事者グループ運営の既存のメーリングリストに任意登録し，情報の交換を促している。会議後のネットワークを形式化し，加入を問う仕組みにはなっていない。会議への評価として，参加者からは「多様な立場の参加者と出会えてよかった」と複数の声があった一方，「エリアが広く，事後偶然出会うことも少なく関係を続けにくい」等の意見が聞かれた。

2 事例経過からの考察

●子育て当事者の活動支援と当事者の組織化

　当該機関の子育て支援領域に関わる実践は，地域に孤立した子育て家庭が存在することを把握し，子育て当事者による仲間づくりのための自助グループ活動支援の模索から開始した。まさに子育て当事者同士がつながることを支援し，子育ての悩みを共有したり子どもの成長をともに喜び支え合い，孤立して子育てする人がいなくなることをめざそうとした。だが，その先の実践の想定モデルはなく，当事者たちのニーズを手がかりに実践の展開を検討している。結果，当事者グループの活動は，単なる仲間づくりだけではなく，共助として広がる可能性をもつと認識する。同質の当事者同士のグループではなく，自らの辛かった子育て経験をふまえ後輩当事者のために活動を興す当事者もいた。

　当事者グループとは，子育て当事者がつくった自助グループやボランティア活動を担うグループとの広義の意味で用いている。事例中の当事者グループは一様ではない。事例経過には，紙幅の都合もあり詳述できなかったが，なかには市民活動として活動の厚みを増す可能性を秘めたグループもあった。筆者なりに，事例上の当事者グループの設立の経緯・活動内容や活動スタイルについて整理すると次のようになる。

【設立の経緯】
① 子育て支援関係機関等（子ども家庭支援センター，行政の生涯学習系ほか）の子育てに関する講座終了後に受講者が設立。
② 行政発行の子育てガイドブックの制作活動後に公募委員メンバーが設立。
③ 児童館事業への参加者が事業終了後に自主グループ化。
④ 保健所（保健師）による同年齢児の親の交流機会の終了後に参加者が設立。
⑤ 子育て支援関係機関の利用児の保護者会として設立。
⑥ 女性市民活動団体傘下の母親メンバーにより設立（母体の団体の支援あり）。
⑦ NPO法人の特定テーマのファシリテーター養成講座参加者による設立。
⑧ 体育指導や作法教室等講師による活動。

⑨ ベビーマッサージ・ベビーサイン講師による居場所提供から設立。

【活動内容や活動スタイル】

A 子育て当事者対象の講座企画（講座テーマは，特定のプログラムも特定の地域課題もある）。

B 特定のプログラム（例：料理，ゴスペル，リトミック，体操，ヨガ，アルバム作り，作法習得ほか）の企画と実施。

C 特定の地域課題（例：地域子育て情報の収集と発信，親子の居場所づくり，チャイルドライン創設，震災被災地支援，産後ケアほか）に取り組む活動。

D 同質（例：同年齢児の保護者，障害をもつ子どもの保護者）の固定メンバーによる情報交換と交流。

当該機関が当初想定した子育て当事者による仲間づくりのための自助グループとは，【設立の経緯】④＋【活動内容や活動スタイル】Dが，ある意味典型例といえる。しかし典型例のほか，事例上には当事者グループとくくるなかに多様な活動が存在した。上記の整理から，当事者グループについて以下のように類型化できるのではないか。

　「自助グループ」→【設立の経緯】④＋【活動内容や活動スタイル】D
　「特定プログラム実施グループ（文化・芸術活動や親子対象プログラム含む）
　　　→【設立の経緯】①③④⑤⑥⑦⑧＋【活動内容や活動スタイル】AB
　「特定の地域課題取り組みグループ」
　　　→【設立の経緯】①②⑤⑦⑨＋【活動内容や活動スタイル】AC

事例経過では，当該機関からの呼びかけにより市民講座や懇談会の企画立案に参画するか，活動紹介を行う形式で，当事者グループを巻き込んでいる。結果として，市民講座や懇談会の参加者に，当事者グループの活動を顕在化する機会になっている。参加者とは，主に子育て支援関係機関や関連の地域活動者等と，一般の子育て当事者，地域内の他の当事者グループ等である。当事者グループ活動の顕在化は，支援情報を必要とする利用者・支援者双方にとって資源情報が増すことになる。固定メンバーによる活動は新メンバー受け入れの可能性は低いが，それでも既存の支援とは異なる地域内のサポートの存在や形式を知らせる機会になる。地域内の他の当事者グループにとっては，類似の活動

の仲間と協働の可能性を広げる機会になる。

　当事者グループ活動の顕在化は，当事者グループの活動者，殊に「特定の地域課題取り組みグループ」にとって，以下の意義もあると筆者は考える。この類型の活動者のひとつの典型例は，子育て当事者として，その経験を基に後に続く子育て当事者対象の活動を行う例である。子育て当事者の立場を起点に，同じ当事者目線をもち続けながら支援を担う。自助グループ活動の担い手が，この活動へ移行する場合もある。この活動者にとっての活動の顕在化は，自身の活動を客観視することになり，その位置づけを確認する機会となる。つまり，自身の活動の意義を見出し，子育て当事者同士という仲間目線の支援者としてエンパワーしていくことにつながる。地域内の他の当事者グループや子育て支援関係機関とのネットワークも形成されると，自身の活動の場に参加する子育て当事者や，周囲の子育て当事者個々について，必要な支援を検討したり関係づけを行う活動者も現れる。

　事例の子育て当事者の活動支援と当事者の組織化とは，当初想定した子育て当事者による仲間づくりのための自助グループ活動支援に限定されるものではなかったといえる。そして，いずれかの経緯を経て設立された当事者グループ活動を顕在化し，点在していた当事者グループに網の目をつける取り組みといえる。網の目は，類似の当事者グループをつなぐ網の目とともに，地域内の多様な子育て支援関係者との網の目でもある。この取り組みは，子育て当事者の目線をもち続けながら支援を担う活動者の支援力向上に寄与している可能性もうかがえる。

●子育て・子ども支援のネットワーク形成の実践経過に関して

　事例上の当該機関は，その実践として当該地域内の子育て・子ども支援のネットワーク形成を行っているが，当初より意図していたのではなかった。ただはじめから，市民講座への協力要請という方法で行政を含む子育て支援関係機関とのネットワーク形成は意図していた。結果として，行政との懇談会の企画協働に至り，当事者グループのネットワーク形成を支援しつつ企画を実施した。懇談会企画は，一貫して子育て当事者による課題提起としている。また，懇談

会を継続するなか，さらに企画へ協力要請しながら，多様な関係者とのネットワーク形成の契機をつくっている。また，懇談会での課題をテーマとする市民講座を実施し，関心をもつ機関／団体等が出会う契機にもしている。

その結果として，子育て・子ども支援に関わる多様な関係者間のつながりを持続したいとのニーズが顕在化し，行政とネットワーク形成の場づくりに至る。開始した地域ネットワーク会議は，多様な関係者との出会いの場と参加者は評価するが，会議はどのような場に育つべきか，成果はどのように顕在化するとよいか，現状は未知の状態である。

このネットワークの意義は，行政と当該機関が子育て当事者とともに，子育て支援関係機関，子育て当事者や当事者グループを含む地域内の諸活動者等と，顔の見える関係構築と協働の可能性の拡大をめざすことにある。行政＝子ども家庭支援センターとしては，ネットワーク形成の進展が，子どもの虐待を予防する環境となることを期待している。このネットワークは，類型としては，子育て支援機能を有する専門機関間のネットワークも，子育て当事者を主な活動主体とするグループやその他の地域内の活動者間のネットワークも包含する，地域内の総合的なネットワークの類型といえる[9]。圏域は，現状は当該地域全域であり，きめ細かく機能するネットワークとはいいがたい。諸課題を打破しながら，本ネットワークに期待される状況へと進展できるよう，関係者はさらに取り組まねばならないだろう。

3 まとめ——社会的孤立の防止・コミュニティの再興・地域の支え合い

本章では，大学の研究所内にある民間相談機関における子育て当事者による活動支援を契機に，行政との協働による懇談会企画を活用しながら，子育て・子ども支援関係者のネットワーク形成を試みる事例を紹介した。

本事例の実践は，当該地域に孤立して子育てする人がいなくなることを願い，模索が始められている。その過程で取り組むことになった行政との協働の懇談会は，子育て当事者を含む関係者に，子育てを地域ぐるみで行おうと呼びかけ，そのための情報や意見交換をする。懇談会では，一貫して子育て当事者たちが

課題提起してきたが，それは，「子どもをもって感じた地域のつながりの大切さ」というキーワードが物語るとおり，地域コミュニティの大切さや地域の支え合いの必要を実感した者からの発信である。

　これらの発信は，地域の多様な子育て支援関係者に向けたものであると同時に，同じ子育て当事者に向けた発信でもある。子育て支援関係者に対しては，応援してほしい・一緒に取り組んでほしい，というメッセージである。子育て当事者に対しては，一緒に取り組みましょうだけではない。むしろ，子育てはそもそも一人ではできない，助けてと言っていいんだよ，というメッセージを含んでいる。

　懇談会の場でメッセージを発することだけでは，孤立化しやすい都心での子育て環境を改善することは困難である。そして懇談会に参加できる人や当事者グループをつくったり，そうした場に参加できる人はいい，といういい方にもなる。孤立は見えにくく，ひとたび孤立した人たちとの関わりは，残念だがもちにくい。懇談会では，どの親子も地域のなかで孤立しないためには，「とりもつ人の存在が大切」という発信もされた。相手の状況を考えて，なにがしかの場に参加しやすくなるようとりもつ，それをできる人が行おうという意味であった。

　当事者グループ活動の顕在化の意義として，活動を担う子育て当事者がその目線をもち続けながらの支援力向上に寄与すると考察した。これは，「とりもつ人」としての自覚を高め，必要とされることを無理なく関わる力を高めることのように思う。「とりもつ人」は，当事者グループ等の活動を行える人だけが果たす役割ではない。「子どもをもって感じた地域のつながりの大切さ」に気づいた人が，できることをできるところから行おうというものである。懇談会でのメッセージ発信が，その気づきを拡散させ，「とりもつ人」が増えることを関係者は願っているだろう。気の遠くなる取り組みだが，孤立化予防の特効薬が簡単には手に入らないならば，地道に行うしかない。

　事例における子育て・子ども支援の多様な関係者とのネットワーク形成は，子育て当事者という住民自身が生活者として参加・参画することに端を発した。現状は，しっかりネットワークが構築されているとはいえないが，子育て支援

機能を有する専門機関間のネットワークも，当事者グループやその他の地域内の活動者間のネットワークも包含する，地域内の総合的なネットワークに展開できる可能性をもつ。そこに住民参加のシステムが常に組み込まれ，住民が主体となり，子育て支援関係機関とも地域内の諸活動者ともネットワークが構築されるならば，地域にとっての重要な資源（ソーシャル・キャピタル）[10]が築かれることになるだろう。現状の圏域ではあまりに大きな網の目である。今後，関係者との取り組みにおいて，網の目を細かくする取り組みが必要である。併行して，子育て当事者も，子育て支援関係機関も，地域内の諸活動者も，それぞれの立場が無理なく，だが意図して「とりもつ人」になることや「とりもつ」活動を展開し協働することや，そうした意識醸成を地道に進めていく必要があるだろう。

1) 本章で取り上げた事例は，以下の拙稿における事例と同様である。主題に沿い加筆・修正を行った。
平野幸子（2012）「民間相談機関における地域福祉実践その3―子育て・子ども支援に関わるネットワーク形成に関する考察」明治学院大学社会学部付属研究所年報42号，明治学院大学社会学部付属研究所発行。
2) 本稿では，ネットワークの定義について，以下の社会福祉用語辞典による説明を前提とする。「一般には，網目状の構造とそれを力動的に維持するための機能を意味する。社会福祉およびソーシャルワークの領域ではそれを人間関係のつながりの意味で用いることが多い。例えば，小地域ネットワーク活動といった用語に代表されるように，地域における住民同士の複数の関係のつながりを指すものとして使われることが多い。そこでは，住民間の対等な水平関係をとおして情報や感情の交流がなされ，地域社会の重要な構成要素とされる。また，援助専門職間の「連携」という意味でネットワークを用いる場合もある」（中央法規出版編集部編集『社会福祉用語辞典〔五訂版〕』2010年，中央法規出版）。
3) 当該機関は，2001年度までは個別の方々対象の生活相談を中心とする活動を行っていた。その後，地域支援活動が中心的な活動になったが，上記生活相談の看板も下ろさずにいた。2010年度より個別の相談活動は，「地域活動相談」として，地域の方々からのボランタリーな活動への支援と位置づけて行っている。
4) 2004年度以前の実践とは，相談活動のほか，市民講座の企画，研究会の開催等である。特に2003年度に，当該機関の所在する地域内のボランタリーな活動者・市民活動者らと「都市型ボランティア活動に関する研究会」を行った。計8回，当該地域で取り組まれているさまざまなボランタリーな活動を共有し，その特徴を協議することが目的の研究会だった。ボランタリーな活動実践者からの報告は，2002年度に着任した当該機関のソーシャルワーカーにとっては，当該地域の諸問題との出会いの機会となり，孤立した子育て家庭の課題についても意見が交わされた。

5) 当該機関のプレイルームは大学設備の一部のため，貸室機能のみが情報として先行することは避けたいと考えていた。そのため，地域の活動者全般への広報は行っていない。
6) 子ども家庭支援センターは，1995年から始まった東京都独自の機関で，すべての子どもと家庭を対象にする，子どもと家庭に関するあらゆる相談に応じる，子どもと家庭の問題へ適切に対応する，地域の子育て支援活動を推進する，子どもと家庭支援のネットワークをつくる，という基本的な役割と特徴をもつ。
7) 子育てひろばは，事例上の当該地域における，3歳児未満の子どもと保護者が遊び場利用等ができる施設の名称である。
8) チャレンジコミュニティ大学とは，当該地域におけるシニア層を対象とする大学（講座）の名称である。当該地域に所在する大学が提携して実施している。
9) 平野幸子（2008）「子育て支援領域における『地域組織化活動』について―先行研究の解題と一考察」明治学院大学社会学部付属研究所年報38号において，子育て支援領域における「地域組織化活動」に関する先行研究を収集し，解題と考察を行った。子育て支援領域のネットワークに関し，以下の指摘を行った。ネットワークのタイプの記述は，以下の類型を基にしている。
   1) 拙稿の先行研究収集の範囲内ではあるが，「子育て支援ネットワーク」に関する論述は，他の活動・事業との比較において多数取り上げられていた。子育て支援を含む児童福祉領域の実践にとって，ネットワーク形成やその運営は重要なテーマである。
   2) 子育て支援領域のネットワークに関し，呼称は多様で定義も多義である。概観するならば，4類型が存在する。
      ① 子育て支援機能を有する専門機関間のネットワーク
      ② 子育て当事者を主な活動主体とする子育てグループやその他の地域内の活動者間のネットワーク
      ③ ①も②も包含する，地域内の総合的なネットワーク
      ④ 子育て家庭におけるコンピューター活用によるネットワーク
10) 川島ゆり子（2011）「地域を基盤としたソーシャルワークの展開―コミュニティケアネットワーク構築の実践」を参考とした。川島は，ネットワーク上に蓄積される協働経験，情報，スキル，信頼の総体をソーシャル・キャピタルと捉え，地域の非常に重要な資源という。

【引用・参考文献】

川島ゆり子［2011］『地域を基盤としたソーシャルワークの展開―コミュニティケアネットワーク構築の実践』ミネルヴァ書房
田中秀樹［2010］「コミュニティソーシャルワークにおける支援展開の方法（その1）―チームアプローチ，ネットワークを中心に」『コミュニティソーシャルワーク』第5号，地域福祉研究所
牧里毎治［1994］「ネットワークを知る―地域福祉に迫る切り口」『月刊福祉』5月号，全国社会福祉協議会
牧里毎治・山野則子［2009］『児童福祉の地域ネットワーク』相川書房
山野則子［2010］「市町村児童虐待防止ネットワークとコミュニティソーシャルワーク」『コミュニティソーシャルワーク』第5号，地域福祉研究所

⑥ 地域におけるネットワークの構築

西川　正（NPO法人ハンズオン埼玉）

●はじめに

　私は，バブル経済真っ盛りのころ，小さな共同保育運営の学童保育の指導員として社会に出て，その後，1990年代は出版社，障害者団体の専従スタッフ，NPO支援センターなど，この20年ほど，地域で市民活動やNPOのスタッフとして働いてきた。また，地元では昨年春まで10年以上，娘たちの通う保育所の保護者会の活動に参加してきた。

　本稿では，私が関わってきた地域活動やNPOでの経験をもとに，現在，展開されている（または，されようとしている）種々の「社会福祉／公共サービス」のありようを，コミュニティの再構築という視点から問い直してみたい。特に「サービス」という言葉で表されている社会関係を問い直すことを通じて，現在，この社会で大きな問題となっている社会的孤立にどう対応していくことができるのかについて考えたい。

　コミュニティの弱体化ないし崩壊に起因するさまざまな問題は，子育てだけに限るものではない。しかし，とりわけコミュニティの崩壊・人々の孤立の影響を最も強く受けているのが子育ち・子育てという課題ではないだろうか。

　人が育つとは，さまざまな立場，属性の人々と多様な関係をつくる力がついていくということだ。この力は，経験によってしか得ることができない。しかし，過度の市場化により暮らしのすべてがサービスの生産者と消費者という関係に一元化されるなかで，この多様性が奪われているのではないか。その結果として，子どもの育ちにさまざまなひずみを生み，また子育て不安や，虐待を生み出しているのではないだろうか。これからの子育て支援あるいは社会保障とは，多様な属性や立場の人々がどのように相互に「かかわり」を取り戻していくか，あるいは創り出していくか，を抜きに考えることはできない。社会保

障を「サービス」と考えることでなしえたことがあり，逆に新しく生まれた問題があるのではないか。本稿ではその功罪についてそれぞれ吟味してみたい。

1 たき火の現場から——おとうさんのヤキイモタイムキャンペーン

まず，私自身がコミュニティワーカー／ネットワーカーとして試みてきたソーシャルアクションについて紹介し，現代の子育ての現場でどんな課題が生まれているかについて考察する。

●1万人が参加のヤキイモタイム

私が所属するNPO法人ハンズオン埼玉では，8年前から，父親の育児参加・地域での仲間作りを進めるために埼玉県と協働で「おとうさんのヤキイモタイム」というキャンペーンを展開してきた。埼玉県内の保育所や幼稚園，あるいはその保護者会や小学校のPTA・おやじの会，NPOなどが開催団体となり，地域の父親を誘って焼き芋をするという，いたってシンプルな事業だ。2005年に32カ所で始めたこのプロジェクトも年々活動を広げ，毎年秋から冬にかけて県内100カ所以上で焼き芋が行われ，1万人以上の方が火を囲んできた。

ワークラフバランスや子育て支援が叫ばれる昨今，「父親も子育てを」の声は年々広がっている。しかし，長時間労働の職場と家庭の往復だけで，他の家族や地域と関わりをもちにくいという実態はなかなか変わらない。かけ声やスローガンを唱えられて，頭ではわかっていても心や体は反応しない。そんな地域と関わりをもちにくいお父さんたちと，その地域で何か一緒にできないか，ということで生まれた企画がこのキャンペーンだ。育児参加，地域参加をしたいが，きっかけがもちにくい子育て中の父親に，地域でつながり子育てする楽しさを味わってもらい，暮らしや地域，子育て，家族について考え，話す機会をもってもらいたいという趣旨で企画した。2005～10年までは埼玉県の次世代育成支援事業として実施し，それ以降は，生活協同組合などと協働で開催してきた。

焼き芋を開催したいという団体には，生活協同組合パルシステム埼玉の協力

（寄付）を得て，1カ所あたり1箱10kgのお芋をいわばつながりづくりの「種芋」を応援として送る。開催の条件は，①父親に呼びかけをするか，父親自身が企画することと，②地域の方がオープンに誰でも参加できる形にすること。毎年夏の終わりに県内各地の施設や団体に開催の募集をし，開催者との調整やアドバイスをしつつ，一方で，キャンペーンとしてマスコミ等での広報を進めてきた。

● ヤキイモタイムで生まれるもの

　ヤキイモタイム（以下，ヤキイモという）は多くの人が参加するイベントになっているが，その成果・効果は数字ではかれるものではない。いま子育ての現場でどんなことが課題になっていて，それに対してヤキイモがどういう効果をもたらしているのか，いくつかのエピソードをもとに振り返ってみたい。

★エピソード01［知り合うきっかけ］
（火をみながらTちゃんのお父さんと。）
私「すごい包丁さばき～！お仕事なにしてらっしゃるんですか？」
Tちゃんの父「○○○（繁華街）にあるんですが，モツ煮込みの店をやってるんですよ」
私「へー，今度，お店にいってもいいですか？」
Tちゃんの父「おお，ぜひいらしてください」

　私の住む埼玉県上尾市が公立保育所の保護者を対象に行った調査では，4割を超える保護者が「利用者間のネットワーク」について不足していると応えている。その他の項目で「不足している」はそれぞれ1割程度で，この項目だけが突出していた。[1]

　娘が通っていた保育所では，お互いの職業を聞くことすら控える空気があった。個人情報保護法の誤解もあり，互いの家族や仕事について聞くことすらはばかられるようになってきた。保育士も教えてくれない。こういう機会があって，初めて互いのことを知ることができる。

　ベテランの保育士や古参の保護者に聞くと，以前だといわゆる力のある保育士は，まわりの支援が必要な親子に対しては信頼できる別の保護者にそれとな

く事情を伝え，自然に互いに助け合える関係をつくろうとしたという。しかし，近年では，そもそも関係をつくることの意味が保育士の間で共有されていないし，また，「漏れた」と言われた場合のリスクを考えると，何も言えない，という保育士の声をよく耳にする。

　ここは自分のことを話しても受け止めてくれる場所だよ，と思えたら人はおちついて他者の声にも耳を傾けることもできる。いま，それを許さない緊張感が保育所だけではなく，社会全体に広がっているのではないだろうか。

★エピソード02　［子どもが育つ環境をつくる］
　先生「すみません。BちゃんがたまたまAちゃんにぶつかっちゃって，Aちゃんがケガしちゃったんですよ。ちょっとたんこぶできちゃって。」
　Bちゃんの父「そうでしたか〜，じゃあ連絡しておきますね。すみませんでしたね。（Aちゃんでまだよかった〜）」
　Aちゃんの父「ああ，Bちゃんですか。しかたないですよね，お互い様ですから気にしないでください。」

　実は，Aちゃんの親とBちゃんの親はヤキイモを通じて知り合った。この場合，知らない親同士だとかなり緊張が走る。子どもは，子ども同士ぶつかったり，トラブルをおこしながら育っていく。関係ができていないと，保護者は問題を施設側になげ，「加害者は誰だ，どっちの責任だ」とか「保育者がよく見てないからだ」とか言ってしまう。施設側はそうなってしまうのが恐いので，「誰がやったかは教えません。園の責任ですから」と保護者に言い，結果，少しでもアブナイことは一切なし！となってしまう。
　そもそも人が付き合えば迷惑をかける。その迷惑をかけ合うことができる関係，許し合える関係があったら，「ごめんね」ですむ。「**事件**」になるかは，「**その前**」の関係性に依拠している。たとえていえば，両者の間に糸がつながっていて，普段は垂れている状態。何か問題があったときや困ったときにピンと張り，解決すればまた垂れる，そして，解決というプロセスを経て太くなる。こんな関係性を育てておくことが，子育て支援であり，また子どもが自由に遊び育つ環境づくり（子育ち支援）ではないだろうか。

生活のあらゆる場面で外注化が可能になり，家族・個人が家の中で閉じていることができる暮らしでは，小さなトラブルを吸収するバッファー（建築構造上の「あそび」）がなくなっているといえる。常に糸がピンと張っているか，またはつながっていないかのどちらかだ。子ども自身の力を信じ「ゆっくりと待つ」ことがむずかしい。＝AKU（あぶない・きたない・うるさい）な存在なのが子ども[2]。複数の大人で見守れるなら，それは「おもしろい」「かわいい」とみえるが，ひとりでみるとそうは思えないものだ。子どもが子どもとして存在できることを保障するには，大人の気持ちのなかに「あそび」が生まれる環境がなければならず，今それは自然には整わなくなっている。

★エピソード03　［許し合える関係／システム社会への対抗文化として］

「あれ，所長，なかなかやるなあ。」

　ヤキイモタイムを始めて2年目のこと。わが娘の保育所でも，と思い，所長に声をかけた。即答で「公立保育所では無理」。実は，その年の春から市の事務職員が所長として配置され，保育士でもないので，おむつも替えられない「普通のおじさん」が所長さんになっていた。評判がよいとはいえない状態だった。

　やっぱり無理か，と地元開催をあきらめかけた。するとその所長が「保育所では無理だけど，うちの自宅のとなりの空き地でできると思うよ」と声をかけてくれた。

　1月の初めの日曜日。低気圧の発達で猛烈な北風が吹きつけていた。開催をあやぶみつつ現地にいくと，所長さんが近所の農家に声をかけて，トタンとクイをもってきて，大きな風よけをたて始めた。さらに，焚き火に使う廃材も落ち葉も，一緒にもらいにいったりしてくれた。集まってきた保護者は，長靴で作業着を着て，あれこれ気をつかってこまごま働く所長の姿にびっくり。「実はいい人？」「意外」との声。強い北風に吹かれながら，所長も含めてみんなで身をよせて焚き火にあたった。風は冷たいけど，火のまわりには暖かい雰囲気があった。

　「先生」と「保護者」という「立場だけの付き合い」を詰めていった結果，互いに監視し，落ち度を指摘するということになりがちだ。結果として，施設運営者（教員や保育士）は保護者とのトラブルを恐れ，リスクをおかさず，マニュアルどおりの仕事をせざるをえなくなる。「先生」「所長」「保護者」である前に，人なんだというところから付き合ってみること。どんな人なのか，その「人の

柄」を知り合う機会をつくること。そうすると，そこに「ゆるみ」＝人がつながる"のりしろ"が生まれる。強風にあおられながら「おいしいねぇ」と焼き芋を食べる所長と父親たちを見ながら，そんなことを考えた思い出深い1日となった。

実は，ヤキイモのように保育者と保護者が休日などに一緒に食べたり遊んだりすることは，以前は私のまちの保育所でもよく行われていた。しかし，この20年で，保護者と保育者，保護者同士の関係は大きく変わってきた。それは一言でいえば，保育という営みが，託児サービスに変わっていく歴史だったといえる。次節では，その変遷をたどり，社会がどのように変化をしてきたのか確認したい。

2 社会福祉のサービス産業化と社会的孤立

●サービスとしての行事

私の娘が通っていた保育所の行事を振り返ると，保護者と保育士の実行委員会で行われていたさまざまなイベントが，保育所のサービスとして提供されるようになっていった歴史がある。数年前，ある雑誌に書いた一文を引用する。[3]

　私の娘の通う公立保育所の夏祭りの様子がこの10年で大きく変わった。ほんの数年前までは，保護者が分担して焼きそばやジュース，金魚などのお店をやっていたのだが，「O157だ」「殺傷事件だ」と騒いでいるうちに，食べ物や花火など少しでも「危険」がともなうものは，全部なくなってしまった。先生たちも工夫してくれているのだが，昔を知る少し元気な親たちには，ものたりない。そこで，花火や食べ物をやろうと保育所や市役所に働きかけるが，「何かあったときに責任がとれません」と所長や市役所に「責任」をもちだされてしまうと，どうしていいのかわからなくなる。
　花火にしても，例えば近所に煙がいやだという人がいれば，本数を減らすなり，親が丁寧にあいさつ周りをするなりすればいいし，「手持ち花火」があぶなければ，「ナイアガラ」だけでもいいはずだ。労力が足りなければ，例えば，どうせ自分の子どもの写真をとるぐらいしかやることがなくて，うろうろしているお父さんなんかに手伝ってもらえば，喜んでやってくれるはずだ。しかし，「私たちも協力するから花火，やりませんか」と申し出ても，「お願いだからそこまで言わないで，私たちがんばりますから」と断られてしまった。そういう対応になってしまう背景に，夏祭りも，保育所が「責任をもって」

サービスとして保護者に提供するものだという認識があるようだ。(中略)

　夏祭りも,昔は保護者と先生が実行委員会をつくって行われてきた。いろんなコトやモノを作ってきたのが,保育所の文化だったともいえる。実は,消えたのは花火ではなく,立場が違っても人と人が対等に話し合って決めるという「円卓テーブル」だったのかもしれない。

　「保護者のみなさんは,ゆっくりしていてください」と言いつつ,コマネズミのように働く保育士さんたち。保育所の側から要請されるのはお客さんとしての参加か,または保育士に言われたことをするというだけの単なる下請け＝労働力の提供となっていった。保護者には何も求めないから,何も言わないでほしい,といっているかのようだった。手を出したくても出しようがなく納得できない保護者と,一方で,先生の仕事だからと,わりきる保護者……。
　「『お金をだして預けているのに,なぜ保護者がやらなければならないのか』と言われることもある。そう言われるとお願いしたくてもできない」と言う保育士もいる。
　行事のアンケートをとると,感謝の言葉にまじって,意見や提案というよりも苦情や要望がくる。もっと〇〇してくれないの？という「くれない族」の増加。保育所側は保護者の意見はなるべく聞かない方がよいと考え始める。本音をかくし,対話をやめ,黙ってサービスに励む。保護者はその対応をみて,より強い言い方をするか,または苦情と受け取られてしまうことを心配して,意見を言うことを控えてしまう。
　運営側と利用者側の間で壁ができ,「あちら側」と「こちら側」に分かれ,ともにつくるという雰囲気が失われていく。互いに「どうせ,保育所は勝手に決めるのでしょう」「どうせ保護者にいってもわかってもらえないでしょう」と言い合い,コミュニケーションがかみあわなくなっていく。こうした傾向は,イベントだけではなく日常のやりとりで進んできた。また,保育所だけではなく,学校や公民館,児童館などあらゆる公共施設・社会サービスの現場で確実に進んでいる。

● **サービス産業モデルと社会的孤立**

　社会福祉を「サービス」として捉える視点は，1990年代のニューパブリックマネジメント＝「公共サービスの効率化」がいわれ始めたころから急速に進んできた。2000年の社会福祉基礎構造改革に基づき導入された介護保険は，「介護の社会化」をスローガンに，「措置から契約へ」＝お上のお仕着せの措置ではなく，選択と自己決定へ，と謳われた。「サービス産業化」による急激な量的拡大は，介護労働の低賃金問題や質の担保についてなど，多くの課題を残しているものの，家族に閉じ込められていた介護の問題を大きく外に向けて開くことになった点で高く評価されてもよいと思う。

　しかし，その一方，住民を社会サービスの消費者，すなわちお客様であるとする風潮（住民の自己認識）は着実に広がってきているという側面も見逃すわけにはいかない。市場システムとしていったん機能しだすと，助け合い／お互い様であるという意識は遠のく。顔の見えない関係になればなるほど，経済原理に見合わない部分はそぎおとされていく。その背景には，生活のあらゆる場面で外注化が進み，暮らしはつくるものというより買うもの（消費するもの）という意識の浸透がある。「サービス」の広がりとともに社会化と市場化がイコールのものとして語られるようになってきた。

　あらためて，サービスとして社会福祉が提供されること（サービス産業モデル）の問題点を考えてみたい。私は次の３つの問題点があると考えている。

(1)「あなたでなくてもいい」

　市場原理が媒介する関係性とは，売る人も買う人も「必ずしもあなたでなくてもいい」という質のものだ。売る人にとって買う人は誰でもいいし，買う人にとって売る人は誰でもいい，と。

　一方，本来ケアとは，ケアするものとされるものの協働によって成立する営みだ。いわば「誰でもいい」という関係性を超えて生まれるものだともいえる。

　筆者の勤務する大学のゼミで，昨年，学生がこんなエピソードを紹介してくれた。「コンビニでバイトしていると，１万円札をもってくる子，けっこういるんです。いいのかなあ，と思うのですが，何も言えなくて……」。顔見知り

の子どもであれば,「このお金どうしたの？」と聞くだろう。かつての商店街や駄菓子屋のおばちゃんはそう言うだろう。しかし,現代の子どもはお金をもっている方が王様という消費者としての自己認識を育てる。「クレーム」という表現方法しかもたない子どもや保護者が登場したのは,その必然の結果だ。託児「サービス」は市場原理になじんでも,「人としての育ち」はそれだけでは保障できない。

（2）「他のお客は関係ない」
　サービス産業モデルは,事業者と顧客が1対1の関係（契約関係）を結ぶことで成り立つ。そこでは,顧客同士の関係は歓迎されない。事業者は顧客同士がつながることを避ける傾向がある。商取引は特別なサービスや価格を提供する場合,内密に行われる。実質の原価は公開しない。顧客同士が関係を結ぶことが,事業者の利益につながることはまずない。顧客の情報は事業者のみが知り,他の顧客に知らせること,または知り合える機会をつくることは基本的にない。たとえば,保護者が他の子どもやその保護者に関心をもつ,ということを奨励する必要は事業者にはない。つまり「他のお客は関係ない」ということになる。

（3）「自らの未来について,関与しなくてよい。責任をもたなくてもよい」
　「お客様」はどんなに大事にされても,会社のガバナンスに公式に参画できるわけではない。企業が消費者の声を聞くのは,会社の売り上げをあげるためであって,消費者のためではない。消費者は,その事業に責任をもつ必要がないかわりに権限もない。これを言い換えれば,自らが責任をもつことができるという実感をもてないということでもある。他人任せで「なんとかしてくれないか」という「くれない族」の増殖に容易につながる。結果,当事者性を奪い,自分たちでつくる,変えることなどできないという無力感を蔓延させる。「どうせ」という言葉が多用される社会となる。
　住民は,お客様になればなるほど,「クレームというものの言い方」が増えていく。その結果,さらに「あちら（事業者・サービス提供者）」と「こちら（利

用者)」のコミュニケーションの壁は高くなる。そうなるとクレームが激増していくという悪循環になる。

 以上のことは，企業が参入したらすべてそうなる，ということではない。実際は，運用しだい＝経営者の姿勢が大きく影響する。しかし，原理的には，「かけがえのない関係」を創出しようというインセンティブは，市場原理にはないということは押さえておきたい。とりわけ，人の顔が見えない＝現場に決定権がなくマニュアルで動くことで成り立っているような事業者，たとえばチェーン展開で事業規模がふくらんでいくような事業者が幅をきかせる地域は，質の低下や事故，突然の撤退のリスクも高いといえる。

●戦後社会運動の死角

 戦後の社会運動は，国民の権利を謳い，行政にそれを施策としてやらせていくことをゴールとした。その結果，多くの制度や施策をつくりだしてきた。これもまた高く評価されてよい。しかし，一方で，行政が中心の社会運営はともすれば住民の関与を嫌い，意志決定を現場で行うこと＝当事者性を奪われるリスクがあったのではないだろうか。文部科学省を頂点とする教育行政は，その典型だといえる。こうした制度化，公立化にともなう「お役所」仕事化について，運動側は十分に注意を払ってきたといえるだろうか。

 2000年代以降の「民間の方が微笑んでくれるだけまだましだ」という小泉改革や今日の独断的に行政改革を叫ぶ首長が強く支持される背景にはそうした，住民の主体性の喪失（お客様化）があるのではないか。行政に対し，権利を保障せよという視点だけの運動の何が問題だったのか検証を改めてしていく必要があるのではないだろうか。

 元来，自らの責任で，暮らしのなかで，他者との共同性のなかで営まれていたのが子育てである。しかし，生産の現場が家庭・地域からなくなり，生活に必要な財やサービスは買うことによって調達する暮らしが一般化したなかで，「普通に子育てする」ということは，すなわち「孤育て」とならざるをえない。「孤育て」という課題は，お役所仕事や市場経済によるサービス提供によっては，決して解決できるものではない。託児サービスを買うという暮らしでは，子育

ての肩代わりをみつけることができても、それだけでは、子育てを喜びとして受け止めることができない。

待機児童問題など、託児に対するニーズは年々高まっている。これに対応するため、現在、子育て新システムが政府・国会で議論されている。どのようなサービスをどれだけ、どうやって供給するのか、と。介護、福祉、教育、子育てを従来の精神論としてだけではなく、それを支えるための資源論として語ることは十分に評価されてよいと思う。預け先があることで、虐待などのより深刻な事態に対するリスクは軽減できるだろう。対処療法としては有効でもあるし緊急性も高いと思う。しかし、その一方で、サービスという概念のみでは、「孤育て」の根本的な課題の解決にはならないこともまた事実なのではないだろうか[7]。

③ コミュニティワークとしての社会サービス

住民を公共サービスの消費者として扱うことを社会福祉のサービス産業化（サービス産業モデル）と位置づけるとしたら、一方で、サービスをきっかけとして、コミュニティをつくりだそうとする動きがある。これを本章ではコミュニティワークを伴う社会サービス＝コミュニティワークモデルと呼ぶ[8]。

コミュニティワークモデルでは、主体が住民であり、住民同士（利用者同士）が結び合って生み出す価値を追求する。また、自らが地域の子育ての主体であるという自覚を促す。たとえば、次のような場面。

> 先日、私の娘が通う学童保育所の保護者会役員会で、塾やそろばんなどの習い事についてどう考えるかが話題になった。保護者のなかでもとても関心が高く、さまざまな意見が出た。
> 「学童から子どもだけで行かせたいという意見もあるが、みなさんはどう思いますか？」
> 「安全を確保するために預けているわけだから、一人で出かけるのはないだろう。私は不安。」
> 「実際に市内で、以前、学童から習い事に行く途中で交通事故で死亡したという事件があったと聞いている。心配だ。」

「学童をいったん出たら，それは帰宅したものとみなすべき，子どもたちだけでの帰宅は禁止しているわけだから，塾も同じでは。」
「でも，それもあって，高学年になると，塾や習い事を優先して学童をやめるという子も出ている。そう思うと，学童から行かせてやる方法はないものかと思う。」
「学童以外の子は，学校から家に帰って，遊んで，そろばんにいって，帰ってまた遊ぶ。それは，ごく普通のことで，習い事にも一人で行ってる。子どもの立場に立って考えれば，当然だろう。私たち親は，親の都合で学童保育を選んでいる。なるべく子どもの立場に立って考えたい。」
「何をするにもリスクは伴う。リスクゼロはないのだから，私たちがどんなリスクをとって，何をとらないのか，具体的に1つひとつ確認していくことが必要ではないか。」

　この学童は，保護者が運営するNPO法人に市が補助することで運営されている。数年前法人化するまではいわゆる共同保育（父母会運営）で，指導員の雇用もすべて父母会で行っていた。会話にもあるとおり，ここでは保護者は責任を負う主体だ。どのリスクをとって，何を保障していくのかを自ら決めていかねばならない＝決めていくことができる。保護者は，こうした議論を通じて，わが子のみならず子どもたちがこの地域で育つには何が必要かを考え，学び取っていく。そして，たとえば生活道路に車が立ち入ることの制限など，学童保育所だけでは解決がいかない，がしかし，取り組まねば子どもの育つ環境がつくれないという問題認識に立つことができる。
　こうした学びは，保護者が運営に参加し，指導員が子どもの立場に立って保護者に問題提起することなどから生まれる。毎月保護者会が開かれるが，そのなかで指導員はさまざまな子どもたちの状況を物語りとして伝えていく。そして必要であれば，一緒に考えてほしいと問題を提起する。そんな繰り返しのなかで，サービス利用者として入った保護者が，共同の子育ての主体として育っていく。まさにコミュニティワークである。
　保護者会では指導員から保育の報告が行われる。指導員が保護者に共有しておいてもらいたい事実や，そのことに対する認識が，子どもの実名をあげて，エピソードとして語られる。ある月の役員会では，そのことが話題になった。

「指導員さんの子どもへの対応の仕方だけを聞くなら，A君，B君でもいいのかも。」

「名前が入ってないと，何を話されているのか，わからないから関心がなくなるかも。」
「私も最初驚いたけど，名前を聞いてると，あとでその子に声かけられたり，親と話せたりしますよね。」
「でも，名前を出されてびっくりするお母さんの気持ちもよくわかる。なるべく事前に了解をとるなど，丁寧に対応した方がいいのでは。」
「たくさんエピソードを聞いてると，その子もかわいくなる。何年かして『あんなことあったのに，こんなに成長して』とかって言えるようになるといいな。」
「たとえば，いわゆる特別な配慮が必要な子のことを『先生があの子ばかり見てる』とかっていうようになったら，その子もその親もいたたまれないかなと思う。みんなで，みんなの子を見ているっていう感じの場になるといいなあって思っています。」

　子育てを「私の責任」として閉じ込めず，「私たちの責任」として捉え直すこと。他者から課される義務としてではなく，そのことを自ら負うという意味での責任感。負うことは，自分たちなりの子育てができるということであり，それが喜びとして＝自らのエンパワーメントとして自覚されること。そのためにどんな呼びかけや環境を用意することができるのか，そこが専門職には問われている。それはとてもむずかしいことではあるけれど，その方向に向けて一歩でも踏み出さない限り，人が豊かに生き，育つための現場をつくることもできないし，「クレーム」に悩み，退職する保育者や教員を減らすことはできないだろう。
　「子育て」をはじめとする社会的孤立という課題に対応するには，こうしたコミュニティワークを伴う社会サービス（コミュニティワークモデル）が不可欠だ。それは居場所モデルと言い換えてもいいかもしれない。誰もが家・家族以外にもう1つ居場所を確保するということを社会サービスの目標に設定する。親が親として育つということは，自分の子以外の子にとって自分が居場所（頼れる大人）になることであり，地域の子が必ずどこかで居場所がもてるように自ら当事者として動くことだ。家族に閉じるのではなく，かつ，顔の見える関係をつくりだすための「しかけ」として社会サービスを捉え直すことができないだろうか。

おわりに

　7年間，各地のヤキイモの現場をまわっていると，とてもいい雰囲気でヤキイモをしているところと，そうでないところがある。首をかしげたくなるのは，いわゆる公共施設，特に一部の児童館や公民館などイベントを提供することが自分の仕事だと考える職員さんが運営している場。第2節でみたように「サービス」として，イベントを提供し，参加者はお客さんにしてしまっている。その特徴は，①企画を職員だけでやっている，②準備を職員だけでやっている，③当日の作業もほとんど職員でやっている。父子がきても，父子だけで，できあがったヤキイモを食べて，それで帰っていく。気がつくと誰とも知り合いになっていなかったりする。

　逆に，とてもいい雰囲気で開催している場では，①企画の段階から参加者自身（父親自身）が関わっている，②芋，燃料など必要な食材や資材はみんなでもちよっている，③ああでもない，こうでもないといいながら，みんなが作業に関わっている，というような場合。みんなで遊んでいる，という形容があてはまる。小規模の場合，あるいは地域活動やNPOが開催している場合の方がそうなりやすい。

　いかにお客さんにしないか，この場をつくる当事者になってもらうか，ということがポイント。それが場の雰囲気を暖かくし，人をつないでいく。仲間内でやれば，楽しくやれるのは当然だ。しかし，オープンに開催される場，誰が来てもいいですよ，そして，新しく知り合いになりましょう，仲間になりませんか，という場では，人がつながるためのしかけやその呼びかけ人が必要になる。

　オープンであっても暖かい場所には，必ず，その場を暖めている人がいる。コミュニティをつくるための仕事。人がつながることを促し，自分たちもできるという気持ちを育むこと。すなわちコミュニティワークを伴う社会サービスこそが，いま，地域で求められている。ヤキイモというサービス（メニュー）ではなく，みんなでともに過ごしていると感じられるヤキイモの「時間（タイ

ム）」が人々の気持ちを暖め，ゆるめていく。

　サービスの先にどんな地域・社会をめざすのか。もう一度，確認するところから始めたい。孤立は無力感を生む。暮らしを外注することによって孤立してきたのだとすれば，いま必要なのは，その外注（サービス）をきっかけにして，買うことができない固有の関係性＝コミュニティをつくり出すことだ。人の気持ちをゆるめ「あそび」をつくる。そうすれば，人はもっと他者と一緒に暮らすことを選択していくはずだ。自然と他者のことが気になる，時間がかかっても，そんな社会になるためのデザインをさまざまな立場の人たちと一緒に模索していきたい。

1)『上尾市次世代育成支援に関するニーズ調査』平成16年，上尾市。
2) 天野秀昭さん（日本冒険あそび場づくり協会理事）の造語
3)『暮らしと教育をつなぐWe』135号，2005年。
4) このことはクレームの研究者から強く指摘されている。たとえば，『親はモンスターじゃない！─イチャモンはつながるチャンスだ』（小野田正利，2008年）など。
5) 私の住む上尾市の例では，共同保育所があり，ここで親として共同性を体験した保護者が公立に入って活躍するという流れがあった。が，公立で０歳児保育を引き受けるようになったとき，共同保育所は目的を達成して解散している。
6) 2009年の民主党政権の「新しい公共」というスローガンはそうした，お客様化した住民の当事者性を取り戻すとして「誰もが居場所と出番を」と謳ったが，その実体としては，公共の担い手ではなく，公共サービスの新しい担い手（安上がりな下請け）を生み出すだけになっているのではないか，と私は危惧している。
7) 行政が法律に基づいて必要な国民に対して実施すべき事業という意味での公的サービスを受ける権利を否定するものではまったくない。子育てという課題が社会的な問題であるという認識にたつとき，その問題の解決，つまり社会化するということは，法律と予算に基づく社会保障の問題であると同時に，市民自身がその当事者であるという認識に基づいて自ら活動するということも含まれているはずだ。たとえば，埼玉県内では90年代まで多くの市民によってたくさんの共同保育所が営まれていたが，行政による施策や制度が整うと，ほとんどの保育所が役割を終えたとして閉所された。しかし，共同保育所が担ってきた役割は，単に行政のかたがわりではなく，共同性・市民性を育むこと（親同士の関係づくり・自主的に共同の場をつくる経験・必要な制度や政策を実現するための活動の経験）も含まれていた。しかし，これらの文化は，制度として確立する（たとえば公立保育所になる・認可園になる）につれ，喪失していった。現場で親と保育士が当事者として，議論を重ねながら合意を形成し，決定に責任をもつという当事者としての自覚・市民としての成長の機会がなくなっていった。同時に入ってきたのが，サービス産業としての社会福祉という考え方だった。そのなかでは，親が親として，また市民として成長することは，施

設や施策の目的としては含まれていなかった。共同性や市民性を再生産していくというコミュニティーワークの視点，方法論は，そこにこだわっているごく一部の無認可の保育所あるいはNPOの中の一部で試みられているだけで，社会全体はもとより，いわゆる社会運動体の内部でもきちんとした議論がなされてきたとはいえないのではないだろうか。

8) コミュニティワークについては，『地域が変わる社会が変わる 実践コミュニティワーク』ビル リー 著／武田信子・五味幸子訳，2005年など参照。

7　精神障害者と社会的孤立

横山秀昭（横浜市港北福祉保健センター）

1　精神障害者の捉え方

●はじめに

2011年7月の新聞では、「4大疾病、精神疾患加え5大疾病に…厚生労働省」と報じている。確かに、2008年度の患者調査[1]では、精神および行動の障害の患者数は323万人となり、患者数が最も多い疾患である（図表7-1）。このような精神疾患を抱える精神障害者について,社会的孤立に観点から論じることは、

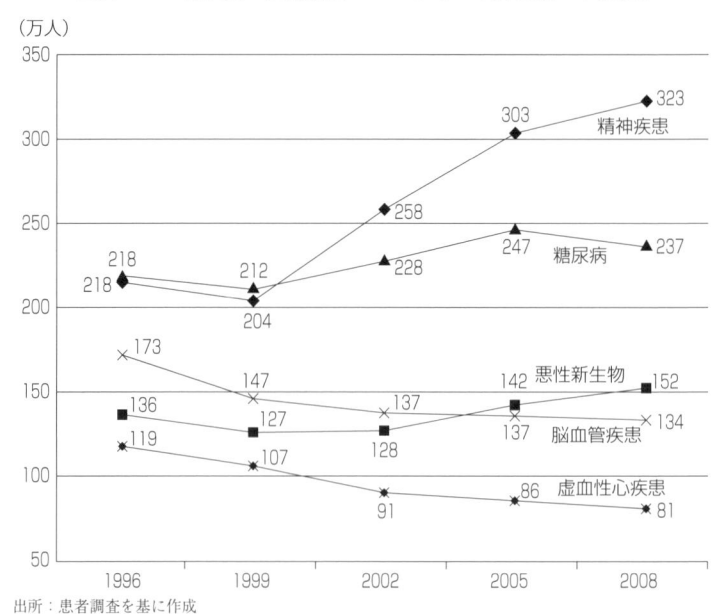

図表7-1　傷病別の医療機関にかかっている患者数の年次推移

（万人）

年	精神疾患	糖尿病	悪性新生物	脳血管疾患	虚血性心疾患
1996	218	218	136	119	173
1999	204	212	127	107	147
2002	258	228	137	128	91
2005	303	247	142	137	86
2008	323	237	152	134	81

出所：患者調査を基に作成

年間3万人以上と高止まりを続ける自殺者や若者の引きこもり，そして2012年に入り，全国で多発している知的障害児・者とその家族の孤立死問題などとの関連でも大変意義深い。

ただし，精神障害者の定義と範疇に関しては，整理が必要であると考える。前述の表記だけでも，「精神疾患」，「（精神疾患の）患者」，「精神および行動の障害」「知的障害児・者」とさまざまな呼称があり，「精神疾患の患者が精神障害者なのか」，「知的障害者と精神障害者は別ではないか」などの疑問を抱くのも至極当然のことである。一方，精神障害者が社会的に孤立していることは，多くの人が考えることであろう。本章では社会的孤立を改善していく観点から，まず精神障害者の定義と範疇を整理しておく。

●法律上からみた定義

精神保健及び精神障害者福祉に関する法律（以下，精神保健福祉法という）では，第5条で「『精神障害者』とは，統合失調症，精神作用物質による急性中毒又はその依存症，知的障害，精神病質その他の精神疾患を有する者」と定義している。このように，知的障害者が含まれており，1950年の精神衛生法制定当初から変わっていない。

しかし，精神障害者保健福祉手帳について定めた同法第45条では，精神障害者保健福祉手帳の交付を申請できる者から知的障害者は除かれている。精神障害者保健福祉手帳制度ができたのは1995年であり，これにより精神障害者も明確に社会福祉の対象となった。一方，知的障害者については，1973年から療育手帳制度が先行して始まっており，すでに社会福祉の対象であったため，精神障害者保健福祉手帳の対象からは除かれたと推測される。

他方，障害者自立支援法第5条[3]では自立支援医療制度（精神通院医療）により，精神疾患にて，通院する場合の医療費の一部[4]を軽減する制度を設けている。この制度の趣旨は，精神疾患は他の疾患と比較して，長期の療養を要することが多く，その治療費の自己負担を軽減するためのものであり，1965（昭和40年）の精神衛生法の改正により設けられた制度である。この制度の対象となる精神疾患は，国際疾病分類第10版，いわゆるICD-10に準じている。

●各定義の関係と採用すべき定義

　3つの精神障害者の定義を示したが，この3定義は，図表7-2のような関係である。広義の定義が精神保健福祉法第5条であり，精神疾患の患者すべてを対象として捉えている。そのなかで，比較的長期に通院治療が必要である患者が自立支援医療制度（精神通院医療）の対象者となる。ただし，自立支援医療制度はあくまでも通院医療費のみを対象とした軽減制度であるため，入院患者は除かれている点に留意する必要がある。そして，一番狭義の定義が，精神保健福祉法第45条の精神障害者福祉手帳所持者である。この手帳は，福祉サービス利用や税法上の控除，そして障害者就労のためのパスポートということができるが，同程度の精神障害を有していても，これらのことを必要としない，または知らずに取得していない精神障害者は数多く存在している。

　さて，精神障害者と社会的孤立との関係で精神障害者の範疇を捉えると，精神疾患を患ったことに由来する孤立の問題はとても大きい。これは，制度利用のあるなしや手帳の所持には関係ないことである。逆に，制度利用や手帳を所

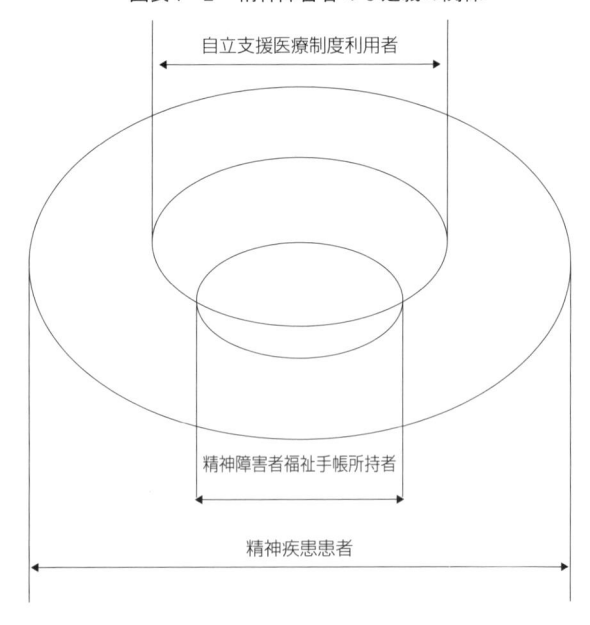

図表7-2　精神障害者の3定義の関係

自立支援医療制度利用者

精神障害者福祉手帳所持者

精神疾患患者

持することにより，行政との定期的な接点が生まれて，孤立を防ぐことにもつながる場合がある。よって，本章での精神障害者の範疇は，一番広義の精神保健福祉法第5条に基づく定義，つまり，精神疾患を有する者と捉えることとする。

② 精神障害の特性

●精神疾患の病状と家族内での孤立

　図表7-3は，精神疾患の大分類ごとの患者数の推移を示している。急増している精神障害者のなかでもうつ病が増えていることがわかる。大分類の下に小分類があり，数多くの病名に分類されている。たとえば，いわゆる「うつ病」と呼ばれているものは，F3「気分障害」という大分類の下，F32の「うつ病エピソード」という小分類に入る。さらに，この小分類の下に，「軽症うつ病エピソード」，「中等度うつ病エピソード」という病名に分類されるのである。このように，精神疾患といっても非常に多くの病名があるので，病気の特徴も星の数あるといえる。一方で，共通する病状も多い。ここでは，代表的な精神疾患から共通している病状を考えながら，それと家族内での孤立との関連を考えたい。

　うつ病をはじめとして，多くの精神疾患に共通している代表的な症状として，抑うつ状態がある。精神運動機能の低下などにより，出現しやすい症状であるが，この機能低下は体全体に影響を及ぼすので，生活場面でさまざまな行動が低下し，生活上での大きな障害が出てくる。重症化すると，引きこもり状態から寝たきりになる場合もある。このように抑うつ状態と孤立とは直結している。

　統合失調症に代表的に現れる症状として，幻覚妄想状態がある。抑うつ状態とは逆に，精神運動機能の過活性化によるものと考えられている。幻覚症状としては幻聴と幻視が代表的であり，いずれも現実には存在しない声や音が聞こえたり，物体が見えたりする。ほとんどの幻覚は本人にとっては不快や恐怖を覚える内容である。よって，家族等に助けを求める場合が多い。妄想症状は，事実でないことを事実と思いこんでしまうことである。「家の回りに大勢のや

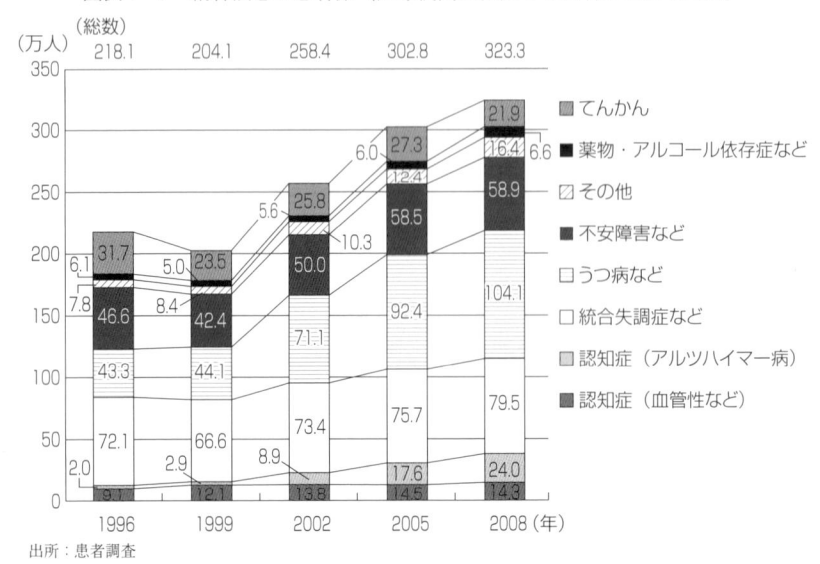

図表7-3 精神疾患の患者数（医療機関に受診する患者の疾病別内訳）

(万人)　(総数)
　　　　218.1　204.1　258.4　302.8　323.3

年	1996	1999	2002	2005	2008
てんかん	6.1	5.0	5.6	6.0	21.9
薬物・アルコール依存症など	31.7	23.5	25.8	27.3	16.4
その他	7.8	8.4	10.3	12.4	6.6
不安障害など	46.6	42.4	50.0	58.5	58.9
うつ病など	43.3	44.1	71.1	92.4	104.1
統合失調症など	72.1	66.6	73.4	75.7	79.5
認知症（アルツハイマー病）	2.0	2.9	8.9	17.6	24.0
認知症（血管性など）	9.7	12.1	13.8	14.5	14.3

出所：患者調査

くざがいて，自分を狙っている」という妄想を抱いている人に会ったことがあるが，その人は妄想の内容を事実と確信しており，とても怖そうであった。このように，自分が狙われているとかいやがらせを受けているという内容の妄想はかなり多い。よって，妄想症状でも，家族等に助けを求める場合は多い。

　幻覚や妄想の訴えを聞いた家族はどのように反応するであろうか。ほとんどの場合は，最初は「なにを馬鹿なことを言っているの？」という反応を示し，何回か同じ訴えを聞くうちに精神疾患を疑うようになり，受診を促す場合が多い。このような反応を目のあたりにした本人はどのように感じるだろうか。幻覚や妄想は，本人にとっては事実と確信している。それを否定されたり，あげ句の果てには，精神病患者扱いをされてしまい，本人は家族から孤立していくことになる。この関係性がさらに進行すると，本人は家族に対して猜疑的になる場合もあり，本人の孤立が一層深まり，また引きこもったり，時には家族に対する暴言や暴力という形での表現形態になる。

●偏見や差別による地域からの社会的孤立

　精神障害者の家族内での孤立はとても深刻な問題であるが，精神障害に対する無理解，そして偏見や差別による地域での孤立，いわゆる社会的孤立の方が事態は深刻である。

　まずは，単身者の例で考えてみよう。筆者は近隣に対する被害妄想を抱くひとり暮らし高齢者宅に何回か訪問したことがある。「上の階の住民から電波攻撃をしかけられている」という内容の訴えがあり，長時間にわたり傾聴したが，当の本人にとっては真剣な訴えである。そして，その高齢者は上の階の住民に対して，実際に抗議の申し入れをしてしまい，さらにエスカレートし，傘でその部屋の玄関を叩くという行動にまで及んでしまった。もし同居の家族がいれば，家族が緩衝剤となり，行動化までには至らなかっただろう。そして，この行動が続けば，「この住宅から出ていってくれ」という話になることは十分推測できる。このように，単身の精神障害者の場合は，精神症状が直接的な原因となって，地域で孤立してしまうのである。

　しかし，このような例はそれほど多くなく，精神障害者に対する偏見や差別による社会的な孤立の方が多い。家庭内暴力では，度重なる家族への暴言，暴力は，近隣には騒音という形で伝わり，苦情となって返ってきた例もあった。その家では，その後頻繁に警察を呼ぶようになり，地域から偏見の対象となり，さらに孤立が深まってしまった。逆に抑うつ状態では，近隣へ直接的影響はないが，働きもせずに常に家にいることにより，周りからは不気味な存在に写ってしまい，近隣の目を気にして引きこもるという形で孤立していく例も多い。

　偏見や差別に基づく地域からの社会的孤立は，本人だけではなく，家族にも深刻な影響を及ぼしている。家族も，地域からの偏見や差別により，多かれ少なかれ社会的な孤立を強いられてしまうが，さらなる孤立を恐れて，精神障害者の存在を隠そうという心理が働くのもしかたがないことである。しかし，このことが適切な治療を遅らせてしまうことにつながる場合も多々見受けられる。家庭内暴力の相談では，ソーシャルワーカーからは110番通報を勧める場合が多い。しかし，多くの家族は「それでは世間体が……」となり，警察を呼ぶことを躊躇し，病状の悪化やさらなる家庭内暴力につながってしまう。ソー

シャルワーカーとしては,根気強く警察の力を借りることの必要性を説明するが,社会的孤立を恐れるあまり,納得しない形で相談が終わる場合が多いのも現実である。

③ 精神障害者のおかれてきた歴史と現状

本節では,精神障害者の社会的孤立の大きな原因である偏見や差別と,精神障害者のおかれてきた歴史との関係性を考えていく。

●私宅監置の時代

精神障害者は精神疾患を抱えた人であるので,本来は治療の対象であるが,わが国では長い間,隔離収容の対象であった。その隔離の歴史は,1900年の精神病者監護法から始まっている。当時,精神障害者は治安対策の的となっていたが,精神病院がほとんどないなかで,自宅の座敷牢に閉じ込めることにより,社会から排除してきた。家族は,監護義務者を決めて,警察署に届けることにより,精神障害者を自宅の座敷牢などに閉じ込めることができた。正確な数字はわからないが,全国で数千人の精神障害者が私宅監置されたといわれている。ここから,精神障害者が社会から孤立させられていった歴史が始まったのである。1918年に『精神病者私宅監置ノ実況及ビ其統計的観察』という著書を出した呉秀三は,その中で「我邦十何万の精神病者は実に此病を受けたるの不幸の外に,此邦に生れたるの不幸を重ぬるものと云ふべし」と何度も繰り返して言及し,当時の私宅監置政策を厳しく批判している。

その後,1919年に精神病院法が制定されたが,私宅監置は認められたままであった。1950年の精神衛生法において,私宅監置が廃止されるまで,私宅監置は法律では認められたままであった。しかし,法律上では廃止されても,その後も私宅監置は続いていたのである。私が行政に就職した1980年代になっても,私宅監置されていた精神障害者が発見されることがあった。身長よりも低い座敷牢に長年閉じ込められたことにより,膝が折れ曲がったままで伸ばすことが不可能になった精神障害者の痛ましい写真を見たことを覚えている。

●精神病院収容の歴史と現在

　精神衛生法では，私宅監置を廃止した代わりに，精神病院への入院の規定を定めた。つまり，精神障害者の収容先を自宅の座敷牢から精神病院に変えることが目的であった。その後の精神病院の乱立により，多くの精神障害者が入院させられていくが，そのきっかけとなったのが，1964年に起きたライシャワー事件である。当時のアメリカ大使を幻覚妄想に支配された入院中の青年が刺してしまったという事件で，国会でも取り上げられ，世間の注目をあび，精神障害者を危険視する風潮が強まるきっかけともなった。

　翌65年に精神衛生法は改定されたが，「精神障害者に関する申請通報制度の強化」や「緊急措置入院制度の新設」，そして「精神病院無断退去者に対する措置強化」など，精神病院への強制入院に関する規定が強化され，その後の精神病院の乱立と呼応する形で，多くの精神障害者が精神病院に送り込まれていった。その後，精神病床数は1993年の36万2000床を頂点とし，増加を続けた。当時の精神病院の状況を日本医師会長は「精神医療は牧畜業だ」と表現している。2008年でも34万9000床もあり，現在に至るまでほとんど減少していない。このように，世界でも類がないほどの精神病床数の多さと，精神障害者の社会的孤立は強い結びつきがある。

●社会的入院を強いられる精神障害者

　約35万人で推移している入院中の精神障害者のうち，約7万2000人は社会的入院患者であるとして，この人たちを10年以内に退院させる方針を厚生労働省が打ち出したのは，2004年である。確かに，精神病床の平均在院日数は減少し，2008年では313日となっているが（図表7-4），7万2000人の人たちがどの程度退院できたであろうか。精神病院の入院期間を調べると，5～10年が14.3％，10年以上が26％となり，5年以上の入院期間で約40％を占める[5]。一方，新しく精神病院に入院する場合は，最近は数カ月間の入院期間が多くなっていることから，1年以内の入院期間と5年以上の長期入院に，二極化していると考えられる。そして，精神病床数はほとんど減少していない。

　2004年からもうすぐ10年が経つが，7万2000人の人たちの多くは，今でも

図表7-4 精神病床の平均在院日数の推移

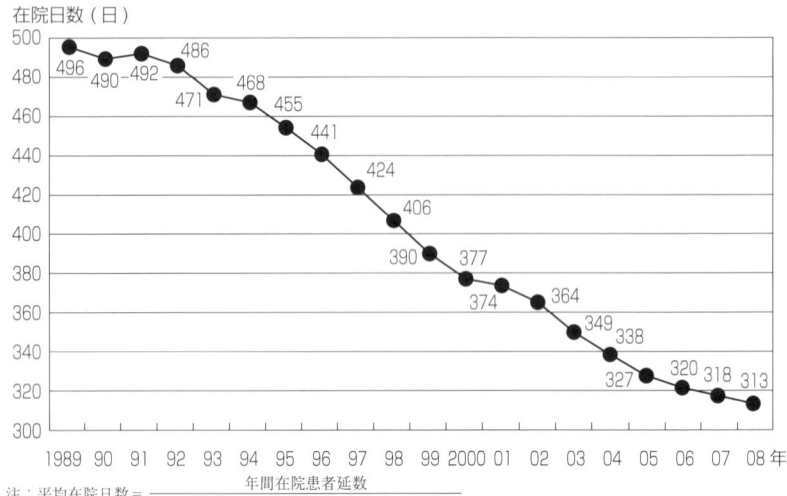

在院日数(日)
1989年から2008年までの推移：496, 490, 492, 486, 471, 468, 455, 441, 424, 406, 390, 377, 374, 364, 349, 338, 327, 320, 318, 313

注：平均在院日数 = 年間在院患者延数 / (1/2 ×(年間新入院患者数+年間退院患者数))
出所：病院報告

入院中と考えられる。そして，精神障害者に対するわが国の政策がこの人たちを生み出していると強調したい。この7万2000人に及ぶ社会的に入院している精神障害者こそ，最も社会から遠いところで孤立させられている人たちではないか。この孤立させられている数多くの精神障害者をいかに地域に戻していくのかが，過去から現在，そして未来にわたりわが国に突きつけられている命題である。

4 精神障害者の社会的孤立の実態

●増え続けるうつ病患者

5大疾病となり，増え続ける精神障害者であるが，疾病別の内訳は**図表7-3**のとおりである。統合失調症や不安障害，認知症などが増加しているが，うつ病の伸び率が目立つ。

そこで，ここではうつ病と社会的孤立の関連について，考えていきたい。1996年43.3万人，1999年44.1万人とうつ病患者はほぼ横ばいであったが，

2002年71.1万人，2005年92.4万人，2008年104.1万人と急激に伸びている。

一昔前は，「うつ病気質」といわれて，うつ病になりやすいタイプという考え方があった。ひと言でいうと，まじめで融通が利かないというタイプであるが，最近はこのようなことはあまりいわれなくなった。今は，どのような人でもうつ病になる時代といわれている。実際に筆者の知人でもうつ病になっている人が何人もいるが，「えっ，あいつが!!」ということもあり，「やはり誰でもうつ病になる時代なのか」と実感させられる。しかし，多くの人は今でも，うつ病を他人事と考えているのが，現実であろう。「まさか，自分がうつ病??」という思い込みが治療を遅らせ，うつ状態を悪化させ，社会的孤立を招くことになる。うつ状態から家庭内で孤立することはあるが，家族の働きかけにより，受診をして，家族からの孤立は改善に向かう場合が多い。

一方，深刻なのは職場内での孤立である。うつ病とストレスとの関係が深いことはよくいわれ，近年の社会構造の変化に伴うストレスの増大がうつ病患者の増加にもつながっていると考えられている。これを職場にあてはめてみると，次のようになる。職場におけるストレスの原因として，忙しさや人間関係などがあるが，両方ともマイナス方向に向かうとストレスは高まっていく。よって，ストレスが高い職場では，うつ病の発症率が高まると考えられる。では，そのような職場で，うつ病を発症すると，その人の仕事の能率は低下し，または病気休暇を取ることにより，他の人はますます忙しくなる。そして，もともと悪い人間関係がますます悪くなり，結果としてうつ病患者は職場内において，さらに孤立が深まるという悪循環に陥ることとなる。

次に，孤立との関係で考えなければいけないのは，未受診の問題である。うつ病の医療機関の受診率は，一般医と精神科医をあわせても25%に過ぎないとの数字がある[6]。この数字から，未受診者は2008年で約300万人という推計が成り立つ。非常に多くの人がうつ病になっても医療機関を受診していないことは，精神疾患に対するネガティブイメージと他人事という間違った認識から十分に想像がつくところである。未受診のうつ病患者は，治療に結びつかないことによる病状悪化に加えて，医療という科学の力が届かないことにより，強い自責の念という内なる孤立と差別や偏見から来る社会的孤立という状態におか

れている人が多い。

●高止まる自殺者数

　近年のうつ病患者の増加により，社会的孤立が深く広がっているが，社会的孤立が最も高まり，危機的な状態の行きつく先として，自殺がある。年間3万人以上という高止まり状態が続く自殺者とうつ病との関連について考えていく。

　自殺の原因や動機はさまざまであるが，図表7-5を見ると，特定された原因や動機のなかでも，「経済・生活問題」が1998年以降で急激に増えている。おおむね，6000人から8000人台の間で推移している。「経済・生活問題」と正比例する形で「健康問題」も1998年以降に急激に伸び，1万4000人台から1万6000人台で推移している。

　「健康問題」についてさらに細かくみると，2007年の自殺者3万3093人のなかで，原因・動機がうつ病の人が6060人，2008年の自殺者3万2249人のなかでは，うつ病が6490人となり，自殺者総数の約5分の1がうつ病患者となる。これは病名がついている場合と推測されるため，未受診のうつ病患者はこの数倍に及ぶと思われる。また，20歳から40歳代の自殺者のうち，約半数がうつ病を発症していたともいわれる。

　社会的孤立の極限状態が自殺といえるが，うつ病に由来する社会的孤立の延長線上に自殺を選んでしまうことが，これらの数字からもわかる。

5 社会的孤立を改善していくために

　精神障害者と社会的孤立について，政策的に作られてきた長い歴史とさまざまな実態を述べてきたが，そのなかでも深刻で，改善に向けた早急な取り組みが必要とされるのが，「精神障害者の社会的入院」と「高止まりを続ける自殺者」である。社会的孤立を改善していく道筋を考えたい。

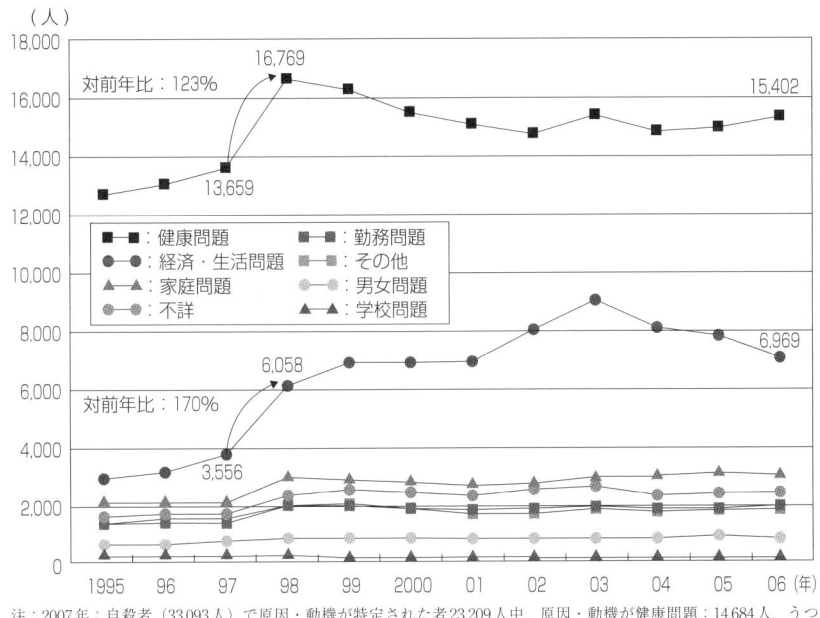

図表7-5 自殺の原因・動機（年次推移）

注：2007年：自殺者（33,093人）で原因・動機が特定された者23,209人中，原因・動機が健康問題：14,684人，うつ病 6,060人
　　2008年：自殺者（32,249人）で原因・動機が特定された者23,490人中，原因・動機が健康問題：15,153人，うつ病 6,490人
　　（2007年・08年とも原因・動機は3つまで計上）
出所：警察庁「自殺の概要」

●自殺を予防するために──排除から共生へ

　自殺とうつ病の関係の深さは前述したとおりである。うつ病が右肩上がりに増え続けているが，多くの人が他人事として捉え，これがうつ病悪化の原因となり，ひいては自殺者数の高止まりにつながっている。うつ病や自殺の対策では，普及啓発のためのＰＲが大切であり，内閣府が先頭に立ち，「自殺予防月間」として，有名タレントも動員して大々的なＰＲを2012年3月にも行った。はたして，どれほどの効果があったのだろう。有名タレントなので親和性もあり，それなりの効果が上がったことを期待したいが，多くの人はやはり他人事として片づけてしまったのではないだろうか。

　どうして他人事となってしまうのか。この点に関して，ある自殺対策の会議

において,次のように解説した人がいた。「自殺対策の重要性を組織内で説明しても,組織の上の人ほどなかなか理解してくれない。自殺対策を他人事のように考えているような気がする。やはり,上の人たちは勝ち組だから理解してくれないのかもしれない。」この"勝ち組"という表現は,景気が右肩上がりだったころの日本でよく用いられた。そして,その反対は"負け組"となる。いわゆる勝ち組・負け組といういい方で,自分の人生はどちらに入るのかということもよくいわれた。高度経済成長時代には,多くの日本人が勝ち組をめざして猛烈に働いた。しかし,社会経済構造が大きく変化し,格差と貧困が拡大している現代は,どうであろうか。現代でも,勝ち組になりたいと頑張っている人はいるが,それよりも負け組には入りたくないと考えている人の方が多いのではないか。そのなかには,うつ病になった人を負け組と考えている人もいるはずである。そして,自殺に対しても同じような考え方で,「他人事にしよう」という心理状態が働くというのが筆者の考えである。

一方,貧困が拡大し,日本の相対的貧困率は16%[7]と上昇を続けており,生活保護利用者も210万人を超えている。このように格差と貧困が拡大し,勝ち組に入れる人はごく少数であり,多くの人はいわゆる負け組に入らざるをえない。拡大する貧困のなかでストレスを増大させ,うつ病になるリスクをもつ人は確実に増えており,これが自殺者数の高止まりにつながっているのである。自分は負け組には入りたくないという心理状態が働き,うつ病が悪化するという悪循環をこの"他人事現象"が作り出しているともいえる。

「うつ病も自殺も決して他人事ではない。身近なことなのだ」という考え方をもつ人を増やしていくことが,家庭や職場そして地域での精神障害者の社会的孤立の改善に結びつくことは確かである。地域や身近な職場や組織内での理解者,いわゆるゲートキーパー[8]を増やしていくことはかなり有効である。

さらに考えると,勝ち組・負け組の考え方は排除の思想といえる。「自分はそうはなりたくない」と考えるとともに,「あいつは負け組だ」という排除の思想が社会的孤立を生むのである。現代の日本では,いわゆる負け組はマジョリティーな存在となっているが,これを排除しようとしているのである。マジョリティーから排除されても,マイノリティーである勝ち組には入れず,行き場

を失い，自殺に走ることにもなる。排除の思想は多くの軋轢を生み，孤立もつくっているのである。貧困に苦しむ多くの人を排除する社会でなく，ともに生きる共生社会を作っていくことが，今こそ必要とされている。

●社会的入院という現実と向き合うこと

　厚生労働省が2004年に「約7万2000人の社会的入院患者を10年以内に退院させる方針を打ち出した」と前述したが，そのうちの何人が地域に戻れたであろうか。精神病床数が減らない現実から考えると，6万人以上の精神障害者は未だ社会的入院を強いられていると推測される。この社会的に入院させられている精神障害者はわが国の精神障害者対策が生み出してきたのであるが，政策ばかり批判していても問題解決の方向には向かわない。筆者は精神障害者福祉に携わって約20年になるが，このことは自分自身にも課せられた命題と捉えてこの仕事に向きっている。このように考えるようになったエピソードを紹介したい。

　今から25年ほど前のことである。当時は生活保護のケースワーカーをしていたが，山奥の精神病院に長期入院している人が退院することになり，迎えにいったその人は当時で50歳代であった。その精神病院に30歳代で入院したので，20年以上にわたる長期入院となっていた。
　その人の生活保護記録を見て驚いた。20年以上も経つのに，その面会の記録は2頁しかないのである。今でも変わらないが，生活保護ケースワーカーは担当する長期入院患者には，1年に1回以上は面会に行くことになっている。記録上は「変化なし」の1行のみで，その人の20年以上の歳月が流れていった。もう1つ驚いたことは，病名がアルコール依存症だけだったことだ。通常は，アルコール依存症患者の入院期間は長くても3カ月である。「なぜ20年以上も入院していたのか？」と疑問は膨らむ一方であった。
　バスも走っていないまさに山奥の精神病院にたどり着き，その人に会った。まったく普通である。彼は「入院する前は確かに何度も酒で失敗をし，何回か入院したが，すぐによくなり退院できたが，今回は20年以上になってしまった。今回も入院すると，すぐに精神症状はすぐによくなったので，病院内では自由に過ごし，病院の仕事などを手伝っていました」と語ってくれた。そして，東北新幹線で横浜に帰ったが，車中で「入院するときは，東北新幹線はまだなかったですよ。初めて乗りました」と寂しそうに語ってくれた。控えめながら，しっかりと自分の人生を語ってくれた彼の隣に座って，「この人にとっての20年以上に及ぶ入院生活はいったい何だったのか」「この人の人生を台無

しにした責任は誰にあるのか」ということを悶々と考えさせられたことを今でも鮮明に覚えており，精神障害者福祉に携わろうと考えたきっかけにもなった。

　その後も長期入院している精神障害者の退院支援には何度も携わってきた。単身でアパート生活を始めた人，またグループホームに入った人，さまざまな人の人生にお付き合いできたことは，自分自身の宝になっている。そのような気持ちで取り組んできたが，グループホームに入居できた人の部屋に，上司と訪問したときのことである。その人は，なぜか私の顔を見ると笑い出す。そのときも笑いながら，部屋に招き入れてくれた。そして，上司にも室内の説明をしてくれた。帰りの車の中で，「あの人は20年以上も精神病院に入院していて，先月グループホームに入ったところです」と上司に説明すると，とても驚き「あの人が……20年も入院していたの？　そのこと自体，犯罪的なことだね」と上司は話した。その言葉に，私は頭を金槌で叩かれたような衝撃を覚えた。それ以降，精神病院への入院という犯罪的な行為に荷担するときは，同時に退院にもきちんと関わることを肝に銘じるようにした次第である。

　話を元に戻すと，数万人に及ぶ精神障害者が精神病院へ社会的に入院させられていることは厳然たる事実であるが，長い間，精神障害者は恥部として隠され，忘れられた存在となっていた。私が出会った人もその１人である。なぜその人が退院できたのか。そのきっかけは，報徳会宇都宮病院事件[9]であった。この事件を教訓として，長期入院患者の入院継続の必要性をチェックするようにという通知が県庁の担当課から出され，この人は退院し，地域に戻ることができたのである。この事件により，わが国の凄まじくひどい精神病院の実態が白日のもとにさらされることとなり，WHOからの勧告を受けて，1987年には精神衛生法が精神保健法に改正された。その後，1995年に精神保健福祉法と改正された。いずれの改正でも，精神障害者の社会復帰や退院促進を法改正の目玉としてきたが，惨憺たる現実が今でも横たわっている。

　なぜか。精神医療の仕組みや保険診療，そして精神保健福祉法などさまざまな要因が，社会的に入院させられている精神障害者が地域で生活することを妨げているが，その存在が忘れさられてしまったことも大きな要因である。忘れさられたというよりも，排除されたというべきか。国は曲がりなりにも退院促進に向けた施策を展開しており，筆者も仕事として携わっている。では，排除してしまっているのは誰なのか。それは私たち一人ひとりかもしれない。

　うつ病患者や自殺者を負け組として捉えるような意図的な排除ではなく，日

本人一人ひとりの心の中にある偏見と差別が結果としての排除につながり，社会的な孤立を強いているのである。その原因をわが国の精神病院収容の歴史として述べてきたつもりであるが，今の筆者にできることは社会的な孤立を強いられている入院中の精神障害者を1人でも多く地域に戻すことであり，そして最も社会から遠いところで孤立を強いられている精神障害者の実態を多くの市民にわかってもらうことである。

　社会的入院に関して，多くの人と出会い，そして「この人の人生は何だったのか」と考えさせられる。このような思いが先行した文章になってしまったことをお詫びするとともに，小文を通して，精神障害者の社会的孤立の実態を1人でも多くの人にわかってもらえることを願いたい。

1）厚生労働省が医療機関を利用している患者について，その傷病の状況を明らかにするための調査。3年ごとに実施している。
2）患者調査では，精神疾患のことをこのように示している。
3）2013年4月1日から障害者総合支援法へ移行される。
4）保険診療の場合の30％の自己負担分を10％に軽減する制度。
5）2008年患者調査の数字から，計算したもの。
6）平成14年度厚生労働科学特別研究事業　「心の健康問題と対策基盤の実態に関する研究」から
7）厚生労働省2010年調査から。
8）自殺対策では，悩んでいる人に気づき，声をかけ，話を聞いて，必要な支援につなげ，見守る人のことをいう。
9）1983年，栃木県宇都宮市にある精神病院報徳会宇都宮病院において，看護職員らの暴行によって，患者2名が死亡した事件。

8 東京都生協連の福祉のまちづくり

森　芙紗子（東京都生活協同組合連合会）

●はじめに

　生活協同組合（生協）は，組合員の暮らしの安全と安心の実現のために多様な事業と活動に取り組んでいる。同時に，地域社会の重要課題である人と人とのつながりを大切にした助け合い，ふれあい，ささえあいの活動を，地域のなかで主体的に取り組みを推進している。

　東京都生活協同組合連合会（以下，東京都生協連という）は，生協の果たすべき社会的役割がますます重要になってきているとの認識のもと，2007年から検討を始め，2010年から福祉のまちづくりの新たな取り組みを始めた。その動向と実態について述べたい。

1 東京都生活協同組合連合会の概要

　東京都生協連は84の会員生協が参加している。会員生協の組合員数は271万人（2010年実績）で，都内の世帯比率は42％，地域生協だけでも31％，最も高い東大和市では59.7％を占めている（図表8-1）。

図表8-1　東京都生協連会員生協の全体概況（2010年度実績）

地域生協	食品，生活用品など店舗，配達で供給	9
職域生協	職場を共有する人々の生協	10
大学生協	学生・院生・教職員の生協	37
医療生協	医療と介護事業，健康づくり	18
グループ	住宅生協，俳優生協，東京高齢協など	6
共済生協（全労済），事業連合（都県域を超えた生協連合会）		4

注：会員生協数：84　　組合員数：271万4845人　　地域生協の組合員世帯比率：31％

東京都生協連は，地域生協（購買生協），医療生協，大学生協，職域生協，東京高齢協，消費者住宅センター，共済生協などがあり，それぞれ多様な事業を実施している。同時に，東京都生協連は会員生協と協力し合って，福祉・助け合い，大規模災害対策，食の安全・安心の確保，環境対策，消費者行政，男女平等参画，平和への取り組み，他団体やＮＰＯとの協同など多岐に渡る活動を推進している。2011年3月11日に発生した東日本大震災では，物資搬送，医療・介護支援，人的支援，募金など，会員生協の総力をあげた支援を行い，現在も継続的な支援を実施している。

　また，介護保険関連事業も，居宅介護支援事業所53カ所をはじめ，訪問介護，訪問看護，通所系サービス，福祉用具貸与および介護老人保健施設，認知症対応型共同生活介護など多面的に実施している。

2 「東京の生協がめざす福祉のまちづくりへの方向性」について

　東京都生協連では，生協の社会的役割のひとつとして，福祉分野での地域貢献について1990年代から協議を重ねてきた経過がある。組合員からの要望もあり，介護保険制度の導入と同時に福祉事業の取り組みを始めたが，各生協単位での実践であり，生協間連携や助け合い活動との連携には至らずにきた。

　しかし，東京の生協は，地域によっては住民の約半数が組合員ともいえる状況のなか，地域にしっかりと貢献することが役割との認識のもと，2007年の東京都生協連理事会において，「地域生協と医療生協の活動を連携させることで，福祉分野での地域貢献を図る」ことを確認した。新たに設置された「福祉コミュニティ・福祉事業政策検討小委員会」において具体的答申の検討を進め，2008年11月の東京都生協連理事会に「東京の生協がめざす福祉のまちづくりへの方向性」（以下，答申という）を答申し，確認した。

　答申では，基本理念として次のように述べている。

　　首都東京で活動する生協は，生協の枠を乗り越えて協同して，福祉のまちづくりをめざします。

〈基本理念〉
① 自分らしく安心して生活できる地域づくりをめざします。
　生活者が，年齢，家族構成や障がいの有無にかかわらず，誰もが住み慣れた家庭や地域で自分らしく安心して生き生きと暮らしていくことが求められています。その実現のため，地域住民や地域の各種団体，ボランティア，福祉サービス提供者，行政などが連携し，制度によるサービス利用だけでなく，地域での人と人のつながりを大切にした福祉のまちづくりに取り組みます。
② 地域の中で支えあう社会の充実をめざし，生協が担う役割を明確にし，実行します。
　住民同士の助け合い（助けられたり，助けたりする）関係をより深くしながら，共に生き，支えあう社会の充実のため，地域の助け合いや健康づくりの活動と福祉事業とが連動し，「安心して生活ができ，生き生きと自立して暮らすことができる地域社会づくり」に貢献します。また，自治体や民間でも充足されないニーズやサービスにも対応する役割も担います。そして，必要なサービス施策の充実のため，自治体への働きかけをしていきます。

　さらに，安心して暮らせる地域福祉づくりへの想定される行動として，以下の課題をあげている。
　① 高齢者・障害者・子育て等の生活問題の把握と見守りと支援
　② 相談支援体制として，必要な情報が入手できる方法と場所，相談相手・話し相手
　③ 助けを必要とする「ちょっと」したボランティアの仕組み
　④ 災害時の高齢者・障害者などの救助などの不安への対応
　⑤ さまざまな分野で活動している団体同士の連携
　⑥ ボランティア活動への支援・活動拠点の確保
　⑦ 地域のつながり，住民のつながりの希薄さの緩和
　⑧ 集まれる場所・たまり場・居場所づくり
　⑨ 町内会・老人クラブの役割の活動交流
　⑩ 世代間交流やマンション住民との交流の場作り
　⑪ 交流会や勉強会の開催
　東京都生協連ではこの答申を具体化するために，2009年12月，地域生協，医療生協の代表とアドバイザーの明治学院大学の河合克義教授で構成した「福祉のまちづくり検討チーム」（以下，検討チームという）を設置し，検討を進めた。

3 生協間の連携を進める交流の場

　東京の生協ではすでに，生協組合員がお互いに活動や情報を提供し合う連絡会が2つ活動している。
① 自治体別生協連絡会
　生協組合員が相互に交流し，行政や他団体とも連携して「安心して住み続けられるまちづくり」をめざして活動している。1980年代後半に生協間の組合員交流が進み，連続学習会等に取り組んできた。1992年からは年1回の活動交流会を開いている。現在10自治体で，地域生協，医療生協を中心に活動している。防災，環境，福祉，健康など，年間計画をたて，組合員が主体的に運営している。
② 福祉助け合い活動連絡会
　地域生協，医療生協の代表で運営し，年4回の定例会議を開き，福祉助け合い活動の交流を行っている。2005年度からは，福祉助け合い活動交流会を年1回開催し，相互に活動の見学・体験をしあい，報告し，分科会で交流を深めてきた。近年は，ネットワークづくり，健康なまちづくりをテーマにワークショップを重ねており，生協間の連携が広がりつつある。医療生協を知る連続講座を企画した地域生協では，医療生協の介護施設や高齢者サロン見学・医療についての学習会を契機に，新たに団地でのサロン活動等を開始している。
　この2つの連絡会は，特に地域生協と医療生協の組合員活動を中心に「知ろう，つながろう」という，連携を意識した交流の場として大きな役割を発揮している。

4 東京の生協がめざす福祉のまちづくりの推進

●検討チームでの実践課題の具体化

　検討チームは，2カ月に1回の会議をもち，答申を具体化するための課題について検討を進めた。協議のなかで，地域生協と医療生協が生協の枠を乗り越

えて取り組むことを前提にした福祉のまちづくりのイメージを出し合い，各生協の活動を通して気づいた地域の状況への認識から，高齢者問題を喫緊の課題と位置づけた。キーワードは「ひとりぼっちにしないまちづくり」とした。検討チームは7回会議を開き，答申の具体化を図り終了したが，引き続き「福祉のまちづくり委員会」として，実践の進捗管理を中心に定期的な委員会を年2回開いている。

　検討チームでは，会員生協の協同した福祉関連事業の課題と地域で取り組む課題の2つを具体的検討項目としているが，本章では地域で取り組む課題の実践について述べる。

●モデル地域の設定

　進め方として，東京都内全域で同時に取り組むのではなく，モデル地域を設定して実践し，その経験を広げていくことにした。モデル地域の選定は，①医療生協の事業所がある，②東京都生協連の自治体別生協連絡会が活動している，③地域生協と医療生協が協同する土壌がある，の3つを条件とし，杉並区，北区，練馬区を設定した。杉並区からスタートし，北区，練馬区と順次着手していった。

　東京都生協連は，モデル地域で取り組みを開始するまでの事前準備として，東京都生協連として行うべき2つの課題に取り組んだ。第1に，各生協の福祉関連責任者を訪問して理解を得ること，第2に行政および区社会福祉協議会への訪問である。訪問に際しては，モデル地域での福祉のまちづくりの流れをイメージ図（図表8-2）で説明した。これにより，各生協からモデル地域在住の地域理事や職員などを送り出してもらうことができ，組織的な取り組みに位置づけられた。

　また，今回の福祉のまちづくりを進めるうえで，行政と社会福祉協議会との連携は欠くことができないと考えた。まず，東京都生協連の専務が訪問し，東京の生協の地域ごとの組織状況や活動状況などの資料を持参し，今回の取り組みの趣旨と，行政や社会福祉協議会と連携しながら生協の役割を発揮したい旨を説明し，理解を得ることができた。さらに今後の連絡担当窓口を設けてもら

図表8-2　福祉のまちづくりの流れイメージ図

モデル地区における
「福祉のまちづくり（ひとりぼっちにしないまちづくり）」のイメージ図

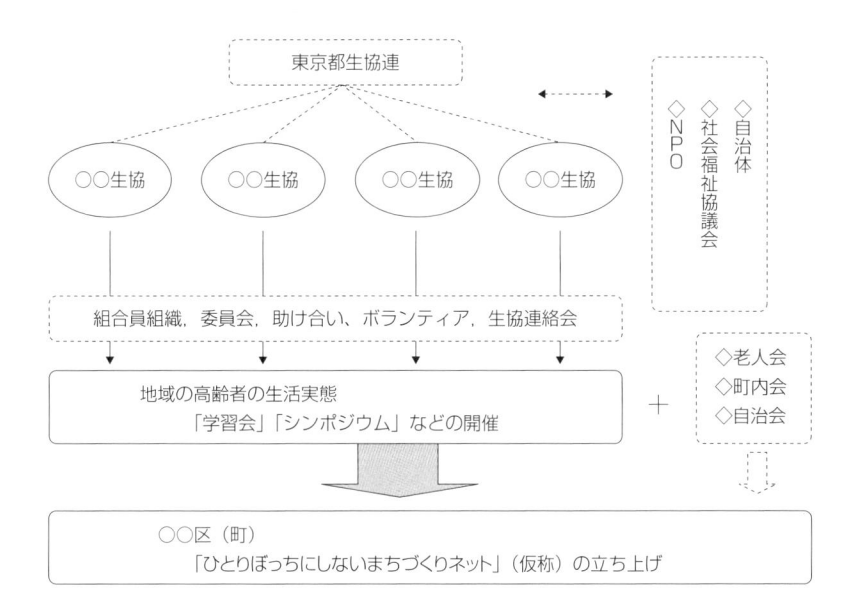

```
                    東京都生協連                    ◇NPO
                    ／  │  ＼  ＼  ←→        ◇社会福祉協議会
                                                    ◇自治体
   ○○生協   ○○生協   ○○生協   ○○生協

   組合員組織，委員会，助け合い，ボランティア，生協連絡会

   地域の高齢者の生活実態                          ◇老人会
   「学習会」「シンポジウム」などの開催     ＋     ◇町内会
                                                    ◇自治会
                    ↓
   ○○区（町）
   「ひとりぼっちにしないまちづくりネット」（仮称）の立ち上げ
```

えたことで，以降の連絡がとりやすくなった。

● モデル地域での実践

　3つのモデル地域のうち，最初にスタートした杉並区の経験を紹介する。
　2010年4月，杉並区内で事業展開しているコープとうきょう，東都生協，パルシステム東京，生活クラブ生協，東京西部保健生協の5生協が参加し，第1回めの打ち合わせ会議を開いた。あらためて今回の取り組みについて説明の後，各生協の活動状況の紹介と，あわせて，それぞれの問題意識や杉並での進め方について意見交換をした。モデル地域の生協ごとの丁町別人口と組合員数および組合員比率一覧や，区内での福祉事業や助け合い活動の分布図をもとに，杉並区の生協の組織状況を確認し合ったが，お互いの生協の活動がわからない状況で，取り組みへの手がかりがつかめずにいた。そこで，お互いを理解する

図表8-3 杉並区内における組織状況・活動状況調査（一部抜粋）

	A生協	B生協	C生協	D生協	E医療生協	計
組合員数(人)	55,111	12,803	21,287	2,847	5,531	97,579
車輌台数(台) (配送車輌)	42	42	40	15		139
配達戸数(戸)	9,407	8,576	15,000	2,307		35,290
配送センター	高井戸	練馬・世田谷・三鷹から	なし	なし		
店　　舗	6店舗	なし	なし	なし	診療所3	
福祉・助け合い関連	助け合い活動あり	なし	助け合い活動あり	NPOとして多数あり	看護・介護・通所 サロンなど	

ことから始めようということになり、「杉並区内における組織状況・活動状況」の調査を実施した。

図表8-3はその集計の一部を表したものである。結果から、区内の生協活動が数字上から鮮明になり、その規模に驚かされた。なかでも最も注目したのは、個人宅への配送車が毎日139台稼動していることである。杉並区内では、週1回3万5000戸を訪問している。さらに、医療生協では「虹のかけはしさん」という、機関紙やニュースを手配りする取り組みがあり、定期的に訪問をしている。これらの力を地域資源と位置づけ、地域の見守り活動に活用できるのではないか、と参加者全員が一致した。すでに目黒区での見守り活動「見守りめぐねっと」へ参加している生協もあり、イメージのしやすさもあった。杉並区での実施へ向けて検討を開始した。

第2回めの打ち合わせ会では、会の名称を「福祉のまちづくり・杉並」とすること、各生協の代表で構成する事務局会議をおくことを確認し、定例会の前に課題整理をして提案するという推進体制が整ってきた。以後、杉並社会福祉協議会の参加も得て、各会議を隔月開催している。

第1回めの事務局会議では、見守り活動の検討と同時に、2つの課題について協議をした。1つは、杉並区の福祉政策について学ぶこと、2つめは、福祉のまちづくり・杉並の最初の企画としての講演会の開催である。まず自分たちが区の施策をきちんと理解することと、今回のひとりぼっちにしないまちづく

りの取り組みを発信するためである。ここから協同の一歩を踏み出そうということになった。

(1) 杉並区との意見交換会

早速，連絡窓口の担当課長に相談し，杉並区の福祉政策を学ぶ場を設けてもらい意見交換を行った。当日は保健福祉部の5名の課長の出席を得て，それぞれの施策を聞き意見交換ができ，区の「ひとり暮らし高齢者たすけあいネットワーク」の見守り活動の参加へとつながっていった。

(2) ひとりぼっちにしない杉並（まち）づくり講演会

2010年12月，「ひとりぼっちにしない杉並（まち）づくり」のテーマで講演会を開催した。氷雨の荒天のなか，140名の参加があり，関心の高さを示していた。「福祉のまちづくり・杉並」の活動をスタートしてまもなく，杉並区での高齢者の所在不明事件という衝撃的な出来事があり，地域のつながりの希薄さが浮き彫りになった背景もあるだろう。

明治学院大学教授・河合克義氏からは「孤独死のないまちをめざして－高齢者の生活実態と社会的孤立」と題して，高齢者の孤立には①独居高齢者で家でも地域からも孤立している，②高齢者夫婦のみ世帯で地域から世帯ごと孤立している，③一緒に暮らしている家族がいても家族の中で孤立している，という3つのケースがあること，また，調査データをもとに，周りとつながりをもたない高齢者が増加し，声をあげない人たちが孤立していく現状について話され，地域ぐるみで孤立している高齢者を発見することのできる仕組みづくりが重要と強調された。

杉並区保健福祉部高齢者在宅支援課長・吐元智恵了氏からは，「杉並区の高齢者福祉の取り組みと課題」と題して，杉並区のひとり暮らし高齢者実態調査の報告と，高齢者の相談内容では①身寄りのないケース，②多重債務，③認知症に関すること，が増えていると報告された。2つの講演から，孤独感や寂しさを抱えている高齢者が増えている実情を知り，孤立している高齢者を発見してつながっていく活動を行政とも連携して生協がどう進めるかを考える講演会

となった。同時に「福祉のまちづくり・杉並」にとって、単に当日の成功にとどまらず、生協間の枠を低くし次へのステップが広がる大きな契機となった。

(3) 見守り活動の開始
(イ) 見守り活動を始めるまでの準備

杉並区との意見交換会の後、見守り活動の具体化を進めたが、実施までに調整すべき課題がいくつかあった。まず、異変を発見したときの連絡先である。杉並区の現行制度では、日々の業務のなかで高齢者の異変等に気づいたら、ケア24（20カ所ある地域包括支援センター）か民生委員へ連絡をするという流れになっている。しかし、配送車が1日数十戸を廻る状況では、担当のケア24に連絡することは困難を極める。連絡先を一本化する調整が必要となり、杉並区の担当係長に定例会議への参加を依頼して検討し、平日の日中の連絡先は高齢者在宅支援課地域連携推進係とすることとなった。

同時に、各生協の機関会議での確認と内部での手順の整備である。各会議での論議を経て実施内容を確認したうえで、配送担当者の負荷を増やさないために、各生協が現在実施している連絡方法を基本に、各生協ごとに対応手順を作成することとした。さらに見守り活動を機能させるために、現場の配送センターを訪問し、説明会をもって周知を図った。そのなかで、「配送先に認知症らしき組合員が見られたりするが、間違いかもしれないと判断に悩む」ことなど具体的に意見が出されたこともあり、見守り活動の基

写真1　配送車による見守り

礎知識学習として「認知症サポーター養成講座」を開くことにした。講師は杉並区に紹介を依頼し、配送センター長をはじめとする担当職員と組合員を受講対象に63名が参加した。認知症への理解を深め対応を学び、「まずは声のかけ方から行動ができそう」との感想が出された。

これらの準備をしながら、配送車以外に店舗、診療所、介護事業所等も含めて、杉並区の「地域の目」協力団体として登録した。2011年7月から5生協が参加した見守り活動がスタートし、「みまもりまりもくん」シールを貼った車が区内を走っている（写真1）。

(ロ) 具体的な事例

活動開始直後に、配達中、組合員の異変を感じ行政へ報告した事例が発生した。この事例では、本部の責任者がいち早くその対応への評価を行い、関連する全配送センターへ情報を発信し共有している。現場への丁寧な対応は、見守り活動を定着させるうえで教訓的な事例なので、当日の配信メールを紹介する。

〈配送センターでの対応〉

以下の組合員について、電話を取る可能性のあるスタッフに共有をお願いします。昨日配達の組合員ですが、状況がいつもと違うので供給商品をEの判断で引き上げて連絡をしている状態です。M様の年齢は、70才くらいだそうです。通常なら、火曜日の午前中の配達時に、トラックが近づいただけでM様の方から出てきてくれて荷受けをしてくれます。昨日は、午前中伺った際は不在、一旦供給商品を置いてくるが、担当が気になって夕方再度訪問。郵便受けを見ると4日分くらいの新聞が入ったまま、電気のメーターは通常どおり動いている。門扉にある電灯は点灯しているといった状態でした。インターホンを押しても電話をしても連絡が取れないので一旦供給商品を引き上げて、センターからM様に電話連絡とFAXによる連絡をお願いしています。同時に杉並区の地域の見守り活動に7月から参加していますので、杉並区役所高齢者住宅支援課に連絡して、行政からも連絡・訪問をしてもらっています。

今後の展開として2通り考えられます。一つは、M様が外出先から戻られてこちらで送信したFAXを元にセンターに問合せをしてくる可能性。この場合は確認の上対応をお願いします。ただし連絡のタイミングによっては既に賞味期限切れになっている可能性がありますので再配達については十分注意をしてください。もう一つは、行政が先に連絡を取り付けてセンターに連絡がくる可能性。この場合、Eまで取り次いでください。対応が急を要する場合があるので、不在時はS副長につないで対応してください。

この事例が本部へ報告され，本部では以下の対応をしている。

〈事業・活動本部部長より発信〉
　今週火曜日，M配送ライン担当者が配達中組合員の異変を感じ行政へ報告したところ残念ながら，お亡くなりになっていた事が本日わかりました。今回は残念でしたが，担当が気づかなければ発見は相当遅くなっていたと思います。またD君の「判断」と「行動」は素晴らしいのでセンターでの共有をお願いいたします。地域見守り活動の有無に関わらず，大切な組合員の安否は常に気を配っていきましょう。Eセンター長と，S副長の対応も素晴らしかったですよ。

　この事例では，行政が訪問して確認がされ，その結果の報告があったことで，関連職員への経験の共有が図られた。「福祉のまちづくり・杉並」の見守り活動は，従来から配達時の利用者への細やかな気配りが行われていたところに，今回の見守り活動を仕組みとして位置づけたことが大きかったといえる。配送職員にとっては，日常の状況をわかっている担当者だからこその気づきを大事にすることと同時に，行政との連携での見守りは，気になったときの連絡先があるという安心になっており，組合員の安心にもつながる取り組みになっている。

(4)「健康体操」を通した集まる場づくり

　東京西部保健生協では，転倒のないまちづくりをめざして，7年前から定期的に転倒予防の「荒川ころばん体操」を通した集まる場づくりを進めてきた。健康を守ると同時に，体操を通した自発的に集まる場づくり，閉じ込もり予防，認知症予防などを目的に，年間延べ約3500人の参加実績がある。この間，地域生協でも取り組むところが増えてきている。
　「福祉のまちづくり・杉並」では，健康づくりを通して自発的に集まる場づくりを進めるうえで，参加層を広げることを目的に若い層にも取り組みやすい健康体操の開発を検討することにした。「荒川ころばん体操」の開発者である首都大学東京の山田拓実教授の協力のもと，2011年12月から新たな体操づくりに着手した。同時に，体操の普及と集える場づくりのために，2012年7月から，体操を含めた多世代参加のサロンを開く計画をたてた。「福祉のまちづ

くり・杉並」の4地域生協が月1回輪番で運営し，1年間実施することにした。内容は体操を柱に担当する生協が独自の企画をたて，医療生協は毎回健康チェックを実施するというものである。その事前企画として2012年4月に「今からの健康づくり－呼吸法と健康体操で心も体もリラックス」のテーマで，学習講演会

写真2　今からの健康づくり学習会

を開催した。プログラムに新しい体操の体験を入れたこともあり，20歳代から80歳代まで120名の募集人員を上回る申し込みがあった。健康づくりへの関心の高さを実感した取り組みとなったが参加者からの意見も参考に，体操の完成をめざしている（写真2）。

(5) 新しいたまり場見学会

　東京西部保健生協が高知県本山町所有の杉並区内の一軒家を本山町の厚意でしばらく借用できることになり，「福祉のまちづくり・杉並」も活動に参加できることになった。4月に組合員や地域住民対象に「たまり場見学会」を実施し，150名を超す見学者が訪れた。幼児連れの若い親子の参加も多く，子どもが遊び

写真3　ワイワイたまり場見学会

8　東京都生協連の福祉のまちづくり

ながらの交流が見られた。骨密度チェック，野点，各生協の試供品提供，本山町の物産販売などで賑わった。地域のふれあいの場として今後の活用を検討する予定である（**写真3**）。

　杉並での活動は一歩ずつ進んできた。「ひとりぼっちにしないまちづくり」を具体化するために，十分協議をして合意したところから実践してきた。この取り組みを通して，生協ごとの連携も生まれてきている。特に地域生協と医療生協の相互理解が深まり，地域生協の店頭やイベントでの健康チェックを医療生協が担当するなど，日常的な関係づくりが進んでいる。

●北区・練馬区でもスタート
（1）北区の取り組み

　北区では，2010年11月から4地域生協2医療生協の参加で「福祉のまちづくり・北」としてスタートした。北区は高齢化率24.7％と都内で最も高く，団地が多い地域である。北区との懇談会において，高齢者の見守りについての協力依頼があり，2012年2月から「北区おたがいさまネットワーク」の見守り協力団体として登録し，93台の配送車が見守り活動へ参加している。2012年2月，事前学習として北区でも「認知症サポーター養成講座」を実施し，あわせて地域生協では，店長対象に同様の講座を実施した経験も生まれている。

　また，北区では河川の多さもあり，地震のみならず防災のまちづくりが大きな課題となっている。そこで，北区の災害対策について，防災普及係長を招き学習した。現在，災害時の行動や対応について学び身につけるために北区の協力を得て「災害ボランティア養成講座」を検討中である。

（2）練馬区の取り組み

　練馬区では，2011年6月から「福祉のまちづくり・練馬」が動き出した。参加生協は4地域生協2医療生協である。練馬区でも先の2つのモデル地域での経験を活かし，配送車154台による地域の見守り活動への参加を予定し，練馬区と相談中である。

　同時に，企画を通して生協間のつながりを深めるために，2012年7月，福

祉のまちづくりをテーマに講演会を予定している。

5 このまちで生協間の枠を乗り越えて何ができるか

　生協は，食・医療をはじめとした事業と，組合員による福祉助け合い活動として地域での生活を支える活動をしている。東京都の高齢化率が20％を超え，単身世帯，高齢者のみ世帯が増え続けているなかで，東京の生協が取り組む福祉のまちづくりはまさに生協の社会的な役割である。

　モデル地域での活動は，地域生協と医療生協の相互理解を通して連携が着実に広がってきており，その要因は地域のなかで定例の話し合いの場をもち，地域課題を共有し具体化してきたことにある。人と人がつながり，各生協の得意分野を活動に活かすことが，いかに大きな力を生み出すかを表している。今後，行政，社会福祉協議会との連携はもとより，町会，老人会など地域の団体とも一緒にまちづくりを進めていくうえで生協は何ができるのか，もっとアピールしていくことも必要になるだろう。

　杉並区での活動を開始して2年を経過し，他のモデル地域での活動も始まった。今年度はモデル地域での経験を東京全体に広げていくために，3地域の活動交流の場を設け学びあう予定である。すでにモデル地域以外でも生協同士の連携が広がってきている。地域でできることを地域性にあわせて具体化し，組合員の活動の場を広げ，担い手を増やし，元気で楽しく参加できる場をあちこちに作り，「ひとりぼっちにしない」まちづくりを進めていきたい。

9 災害と孤立問題

鈴木るり子（岩手看護短期大学）

① 3.11 東日本大震災
——全戸家庭訪問で明らかになった大槌町の被災状況

●はじめに

　2011年3月11日14時46分，三陸沖を震源とするマグニチュード9.0の巨大地震は，その後の大津波，さらに原子力発電所の爆発により，放射能汚染を起こし，戦後最悪の被災となった。死者は12都道府県に及び1万5854人。そのうち60歳以上の死者は65.0％に及んだ。行方不明者は3155人。避難者は34万3935人。全半壊家屋は37万2974戸となった（2012年3月10日警視庁まとめ）。

　筆者は岩手県大槌町で28年間保健師として勤務し，大槌町に自宅があった。被災地大槌町は，震災による大津波，その後の火災により，市街地の52％を喪失し，人口の7.8％を失った。さらに，役場の流出による行政機能も失われ，岩手県で最も人口あたりの被災者の多い自治体である。

　津波は大事な人も財産もひと飲みにして立ち去った。その後の人々に「あとは任せたよと言いながら」残された私たちは，ただ茫然と心を亡くしたように過ごした。2日後に，わが家を見に行った。寸断された道。瓦礫と化した街。私たちの暮らしはどこに消えたのか……。会う人会う人に，涙でぐちゃぐちゃになった目で会話するしかなかった。「良かった」「生きていてよかった」「ウンウン……」声にならないうなずきだけの会話だった。「できることをしよう」「advocator代弁者になろう」「大事な人に別れを告げることも許されず命を失った人々の……」誰にでも起こる災害死だとしても，約1300人の尊い命はあまりにも重いものだった。

　「このままでは，住民の健康状態が悪化してしまう！」「自殺が心配」「健康

管理台帳を復活させる必要がある」と考え，保健師による全戸家庭訪問をしながら，生存者の健康問題を把握し，住民のケアを行い，そこから，次の支援を行う手がかりを得たいと考えた。町からも全面的に協力が得られることになり，実施に踏み切った。調査の呼びかけは，NPO法人公衆衛生看護研究所，全国保健師活動研究会，一般社団法人全国保健師教育機関協議会を通して行った。この全戸家庭訪問を通して明らかになった災害時の孤立問題について述べ，その対策について述べる。

●大槌町の被災状況

大槌町は人口1万5276人，世帯数5689，人口構成は年少人口11.4％，労働人口56.2％，老年人口32.4％（2010年国勢調査）の町である。総面積の83％は山林で，宅地は1.24％，主産業は漁業で，1人あたりの所得は170万円（岩手県平均236万円）となっている。

【人的被害】（図表9-1）

2011年11月30日現在の人的被害のうち，大槌町民は，死者数751人，行方不明者505人合計1256人（人口対7.8％）が被害を受けた。

区　分		内　容
① 死者数		802人＊
	ア　身元確認	676人
	イ　遺体引取	548人
	ウ　役場引取	253人
	エ　遺体安置数	1人
② 行方不明者数		505人
	うち死亡届の受理件数	476人

注：＊死者数は，大槌町内で発見されたご遺体の総数
資料：大槌町災害対策本部（大槌町総務部総務課）

【家屋の被害】（図表9-2）

全家屋数6507棟中，家屋の全壊・半壊等は3878棟（59.6％）が被災した。

被害状況	被害区分	棟数
住宅流出	全壊	2,506
1回天井まで浸水	全壊	586
床上浸水1m＋建物内ガレキ流入	大規模半壊	502
床上浸水	半壊	123
床下浸水	一部損壊	161
被災あり（計）		3,878

資料：大槌町総務部税務会計課

【町の活動拠点（庁舎，医療・保健，消防施設，生活の基盤）の被害】

大槌町の主要な建物，公的機関，鉄道施設，商業の拠点が町方にあり，巨大津波ですべて流出した。そこを火災が襲ったため，被害が甚大となった。医療・保健施設はすべて被災した。仮設の診療所は，県立大槌病院は4月25日，歯科診療所は4月18日，内科の診療所は5月6日に開設し，診療開始した。仮設の庁舎は4月9日に完成，仮設の保健センターは5月末に完成した。

【教育環境面】

大槌町の保育園3園，学校施設7校および社会教育施設23カ所が被災した。

【避難者の状況と応急仮設住宅の入居状況】

避難所は，震災発生当日の3月11日に城山公園体育館などに設置され，最大で6173人が身を寄せた。避難所の閉鎖は，8月11日に城山公園体育館，安渡小学校，吉里吉里地区体育館の3カ所の避難所の閉鎖により，町内すべての避難所が撤収された。

応急仮設住宅は，4月29日に吉里吉里仮設団地が完成して以降，順次建設が進み，8月5日には全48団地，2106戸の住宅が整備された。また，高齢者等共同仮設住宅40戸も設置された。

●保健師による全戸家庭訪問：発災直後から終了まで

（1）発災直後の行動

筆者は元大槌町の保健師28年間の勤務経験から，甚大な被害を受けた大槌町の住民の安否確認と健康状態の把握が急務と考えた。しかし，町長はじめ役場職員の死亡・行方不明，さらに役場庁舎全壊のため，住民基本台帳の使用の可能性は低かった。大槌町入りした3月13日は，山火事が続いており，災害対策本部の場所さえ，住民は知らないほど，情報は断絶していた。

災害対策本部の副町長に面会し，保健師による全戸家庭訪問の目的を説明し，その実施を促した。目的は①大槌町民の健康課題を明確にする，②安否確認による住民基本台帳の復活，③その過程で早急に支援が必要と判断した場合は，速やかに対応して町の保健師につなげる，④調査結果を基に町の復興に向けて提言することであり，調査データはすべて住民基本台帳へ入力し返却したいと

申し出た。副町長はじめ，保健師から実施の了解は得たが，役場庁舎の全壊により，住民基本台帳は紛失していた。

家庭訪問するための準備として健康調査票を作成した。先発隊の家庭訪問によって，健康調査票のプレテスト，内容，時間の測定，宿泊施設の確認，ボランティアへの注意事項の確認をし，住民基本台帳が復活してから全戸訪問をしたいと考えていた。しかし，発災直後は住民基本台帳の復活は未知とされ，最悪の場合は住宅地図のみでの家庭訪問も想定しながら，先発隊は住宅地図を片手に家庭訪問した。

その一方で家庭訪問をする保健師の募集をNPO法人公衆衛生看護研究所，全国保健師活動研究会，一般社団法人全国保健師教育機関協議会を通して全国に呼びかけた。

(2) 家庭訪問の実際

調査に際しては，全員が保健師と印字された黄色のベストを着用し，名札を付けた。世帯ごとに家族員の名前を入れた調査票と地図，「町民の皆様へ」という副町長からの依頼文書を持参した。家庭訪問期間は2011年4月23日（土）から5月8日（日）までで，参加者は137名，延べ555名であった。訪問した世帯の全員の安否情報と連絡先を確認し，健康生活調査票の内容を聞いていった。できるだけ血圧を測定し，困りごと，心配ごと，欲しい情報なども聞き取った。

調査結果は，調査本部のリーダーが中心になり，各訪問チームのリーダーをはじめ訪問担当者から訪問状況の報告を受け，住民基本台帳に入力した。訪問のピークは5月1～3日であった。毎日11～18チームが600件前後の訪問を行うと，5月3日頃には先が見えてきた。そこで家庭訪問による健康調査に加えて，フォーカスグループインタビューと保健福祉関係の社会資源に重点をおいた地区診断を行った。

家庭訪問件数は3728件，相談件数は重複や記載不備を除いた5082人，震災直前の3月1日現在の大槌町住民基本台帳人口は1万6058人であった。このうち4人には台帳番号がなかったため解析対象者は1万6054人とし，住民基本台帳に入力できたのは1万3935人（86.8％）であった。このデータを性別，

5歳階級別の人口ピラミット図に作成した。その結果，以下の点がわかった。
① 今回の震災で把握された「死亡・行方不明」は65歳以上60.2％。そのうち75歳以上が62.3％を占め，高齢者，特に後期高齢者の死亡が非常に多い。
② 家庭訪問で見出された，早急に対応が必要なケースは53人（1％），支援の必要ありは229人（4.5％）であった。内訳は「心のケアが必要」が最も多く37％，次いで「治療中断」18％，「介護問題」13％であった。
③ 高血圧が全国に比して高かった。特に20〜40歳代の血圧が高く，早期の対策が必要である。

●全戸家庭訪問後の取り組み

5月7日に副町長へ以下の内容を提言（第1報）した。
医療サービス：入院ベットが確保できる県立大槌病院の重要性（高血圧，脳卒中の発症，整形外科的疾患が多い）
保健サービス：生活習慣病の予防，自殺予防，孤立化予防（人口の約半分が住む仮設住宅における健康管理の充実）
仕事：働く場の確保（復興計画），地場産業および商店の復興
住居：早期危険区域の指定，質の高い仮設住宅の確保
教育：学童・思春期に対しての心のケア，社会教育の場としての集える場の必要性
交通アクセス：通院の足の確保，通学バス，JRの復活

その後，調査結果である健康調査票の整理と分析を行い，この結果を第2報の報告書としてまとめ，2011年9月6日に大槌町長に提言し，町職員の方々に説明会を行った。10月には住民への説明会を実施し，高血圧対策として食生活改善グループによる減塩運動を10年計画で展開することになった。

2 被災時の孤立問題――実態と対策

図表9-3は，震災前・後の人口の比較である。転出届を出さないまま，他市町村で避難生活をしている町民も多数見受けられる。また，人口構成から急激

図表9-3 大槌町の人口推移

区　　分	震災前（人）	震災後（人）	減少数（人）	減少率（％）
年少人口	1,758	1,449	△309	△17.6
生産年齢人口	9,167	7,927	△1,240	△13.5
（15〜19歳）	806	713	△93	△11.5
（55〜64歳）	2,762	2,411	△351	△12.7
老齢人口	5,069	4,028	△1,041	△20.5
総　　数	15,994	13,404	△2,590	△16.2

資料：大槌町民生部町民課
＊震災前（2011年2月28日現在），震災後（2011年11月30日現在）

図表9-4 将来推計人口
（人）

区　分	2005年	2010年	2015年	2020年	2025年	2030年	2035年
年少人口	2,154	1,778	1,466	1,228	1,064	939	830
生産年齢人口	9,657	8,750	7,728	6,778	6,006	5,328	4,717
老齢人口	4,705	4,904	5,145	5,183	4,957	4,640	4,304
総　数	16,516	15,432	14,339	13,188	12,028	10,907	9,850

資料：国立社会保障・人口問題研究所「日本の市町村別将来人口」（2010年12月推計）

な高齢化の進展が予想され，将来のまちづくりにあたっては，十分な配慮が必要と考える。

図表9-4は将来推計人口を表している。現在の人口規模は2020年と同規模で，人口減少が8年早く進んでいることになる。災害は人口減少をもたらし，住民の孤立につながることがわかる。

大規模災害は，多くの人命をうばったと同時に，生存者には過酷な環境をもたらした。発災直後の停電，断水，食料不足，さらに避難所不足のため数回にわたって避難場所の変更を余儀なくされた。先行研究で，地域の絆（周囲への信頼感・ソーシャルキャピタル）がメンタルヘルスや健康，死亡率等と関連していることが報告されていることから，避難所回数がソーシャルキャピタル（以下，SCという）に与えた影響について，被災地大槌町を調査，検証した。

【調査の目的】

本調査では，大槌町の被災住民を対象に避難所の移動回数がSCに与えた影

響について明らかにし，被災地の復興にSCが果たす役割について考察する。

【調査の視点および方法】

大槌町のような地域は，もともとSCが高いと思われるが，大規模被災による避難所不足による転居などで低まっている可能性もある。そこで本調査では，厚生労働省研究班「東日本大震災被災者の健康状態等に関する調査」研究で，町民18歳以上の1万788人を対象に記述式アンケートを実施し，被災者健診受診者2079人（19.3％）の回答を得た。周りの人々は「お互いに助け合っている」「信頼できる」「お互いに挨拶している」「問題が生じた場合，力を合わせて解決する」について，「全くそう思わない」〜「強くそう思う」の5件法で尋ねた。得点を合算し，4〜14点を低群，15〜20点を高群とした。避難所を含めた住居移動回数とSCの関連性の検定には，男女の違いについてはt検定を用い，避難所変更回数とSCとの関連性には一元配置分析を用いた。

【倫理的配慮】

本調査は，被災者本人に対して，目的・方法等の趣旨，および個人情報が公表されることがないことを明記した文書を提示し，口頭で説明したうえで同意書に署名をいただいた。また，同意撤回書の説明もした。アンケート回答者全員から同意書をいただき実施した。本調査の実施にあたっては岩手医科大学医学部の倫理委員会で承認されている。

【調査結果】

SCが14点以下の住民は28.5％，15点以上の住民は71.5％であった。男性より女性の方が，有意にSCが高かった。年代別では男女とも高齢者の方がSCが高かった。相関係数でみると，男性が$r = 0.145$（$p < 0.0001$），女性が$r = 0.119$（$p < 0.0001$）となっていて，年齢が上がると緩やかにSCが高くなっている。また，避難所を含めた住居の移動回数が多い人はSCが低い結果であった。

大槌町の避難所不足は，住民に避難所の転居回数を増やさせ，SCを低下させたといえよう。避難所の転居回数が多い人ほど孤立の問題を抱えることになる。今後，応急仮設住宅から復興住宅へと転居することになるが，現在の地域の絆（周囲への信頼感・SC）を継続できる地域づくりが必要となる。今後は大槌町のSCがどのように変化していくかについて，継続的に調査していくことが，

災害時の孤立問題の解決につながると考える。

図表9-5　ソーシャルキャピタル値

		N	%	有効%	累積%
有　効	低値群	591	28.3	28.5	28.5
	高値群	1,483	71.1	71.5	100.0
	合　計	2,074	99.5	100.0	
欠損値	システム欠損値	11	0.5		
	合　計	2,085	100.0		

図表9-6　男女別ソーシャルキャピタル得点

	N	平均値	標準偏差	P
男　性	786	15.46	2.771	0.038
女　性	1294	15.72	2.762	

図表9-7　年代別ソーシャルキャピタル得点

	男性（n=786）			女性（n=1294）		
	N	平均値	標準偏差	N	平均値	標準偏差
～44歳	111	14.96	2.526	213	15.43	2.546
45～64歳	236	14.86	2.685	512	15.45	2.528
65～74歳	274	15.60	2.822	357	15.90	2.958
75歳以上	165	16.44	2.683	212	16.38	3.098

＊平均値の差は0.05水準で有意

図表9-8　避難所を含む転居回数別ソーシャルキャピタル得点

	男　性			女　性		
	N	平均値	標準偏差	N	平均値	標準偏差
移動なし	290	15.89	2.862	438	16.15	2.804
1～2回	261	15.30	2.594	423	15.67	2.564
3回以上	229	15.10	2.815	423	15.34	2.836

＊平均値の差は0.05水準で有意
＊欠損値を除外して分析したため，合計数は一致しない

9　災害と孤立問題

●見守りシステムで孤立問題を解消

　大槌町の仮設住宅は2106戸建設された。住居人数は4724人，そのうち高齢者は1347人（28・5％）である。仮設住宅は48団地に分散し，入居の高齢者率は，立地場所により13.3％から57.1％と幅がある。大槌町の団地は，3つに区分され，それぞれに仮設のグループホーム，サポート支援センターが設置されている。さらに，3つの地区を2分割し，26の集会所，談話室に地域生活支援員が配置され，残りの22団地は地域生活支援員が巡回型の見守りをしている。地域生活支援員は大槌町被災者支援室，地域包括支援センター，社会福祉協議会，仮設団地代表者，岩手県と連携を図りながら活動している。高齢者世帯，高齢者の独居世帯には毎日の安否確認が行われている。さらに地域包括支援センターでは，高齢者世帯，高齢者の独居世帯に，朝に黄色の旗を出す運動を展開した。このように見守りは孤立問題の解消につながっている。

　大規模災害の住民の健康に与えた影響は甚大であり，体調の急変を想定した見守りが必要となる。見守りは重層的に行われることが大切である。復興には長期間かかるだろうが，ITによる被災住民の見守りシステムを活用し，孤立問題を解消したいと考え，実践している。

●健康状態からみえる高齢者の孤立とその対策

　2012年1月から2月にかけて，保健師によって応急仮設住宅のひとり暮らし高齢者・高齢者のみ世帯の個人に対する健康状況調査が実施された。

　調査対象者の選定は，地域包括支援センターに依頼し，調査の同意の得られた人で，調査結果は統計的に処理され，個人が特定されることがないことを書面と口頭で説明した。

　調査の結果，ひとり暮らし高齢者は34名（男性3名，女性31名），高齢者のみ世帯の男性が42名，同じく女性が46名で，全体で122名のデータが得られた。この122名について，分析をしてみよう。

　まず，ひとり暮らし高齢者についてであるが，ひとりになった理由として，女性31人中7人が被災により夫や息子・娘を失っていた。男性は被災前から妻の死亡によりひとり暮らしをしていた。

健康状態については，次のような問題が明らかになった（構成割合は，全体の122名を母数としている）。

① 腰痛・不眠等体調不良　43人（35.2%）
② 治療中（高血圧者）含み33人（27%）
③ 血圧測定結果高血圧者　51人（測定者102人中50.0%）
④ 親近者や家屋の喪失による精神症状　66人（54.1%）
⑤ 生活不活発病の疑い：外出しなくなった（寒い）等　75人（61.5%）
　　　　　　　震災後の歩行困難の有訴者　65人（53.3%）

さらに，生活不活発病による生活機能低下が発生している。その原因は次の3点である。

① 「する」ことの喪失…住環境の変化（応急仮設住宅のひとり暮らし高齢者は4畳半1間），役割の変化（家族の死亡による独居），働く場の喪失
② 外出場所（目的）の喪失…町が壊滅状態となり買い物する場所，趣味活動等の場の喪失
③ 外出機会の減少…外出場所の喪失（知人の死亡等），交通の便が悪い，外出への遠慮

こうした生活不活発病による生活機能低下は高齢者の孤立をまねく大きな問題であり，次のような対策が必要であろう。第1は，「する」ことの創出である。住民が応急仮設住宅から集会所に出かけ，他者との交流を図り，趣味活動や体を動かす場の提供が求められている。第2は，生活不活発病予防の啓発活動である。広報やパンフレットによる生活不活発病予防の啓発活動や保健師等による家庭訪問や健康相談による生活機能評価による予防活動，心のケアを行うことである。第3は，支援者の研修会や会議の開催による，共通理解のもとで町をあげての生活不活発病予防活動の展開をすることである。地域包括ケアを支えるネットワークの構築を図ることが必要であろう。

大規模災害時ほど，多くの支援者が町に入り活動を展開する。災害の規模が大きいほど，復興には長期間を要し，適切な対応が求められる。特に高齢者の生活不活発病は孤立をまねき，孤独死の危険が高まるのである。緊急の対応が求められている。

おわりに

　大槌町全戸家庭訪問を通して，明らかになった災害時の孤立問題について述べてきた。延べ555人の訪問活動でみえてきたのは，震災によるダメージと，それ以前からあった健康課題，予防活動の大切さ，そして大槌町を愛し，そこで生きていこうとする人々の存在だった。この住民を孤立させてはならないと強く感じた。

　しかし，この度の災害は，かつて体験したことのない大規模災害であり，復興には長期間かかる。2011年7月26日逝去された，日本沈没の著者である小松左京さんは，東日本大震災に4枚の原稿を残している。日本の文明に大変革をもたらす出来事だと位置づけ，この先も「人間の知性と日本人の情念を信じたい」と書かれていたと報じられている。私たち一人ひとりの活動が，被災地の復興に重要な役割を果たすことになる。1日も早く復興するために，日夜努力していきたい。

おわりに

● 孤立問題をどうみるか——問題全体への視点を

　社会的孤立問題を解決するために必要なことは，問題を抱えている人々の直面する課題を正しく把握できるかどうかということである。このことは非常に重要である。ただし，その課題を把握するには，次のようなむずかしさがある。

　まずその第1は，問題を抱えている本人が自分の生活上に起こっている諸困難を問題として自覚していないこと，あるいは自覚できないことである。このことは，社会階層のとりわけ下層を中心にしつつも一般層まで起こりうることである。下層における問題は，いわゆる多問題・困難ケースという表現で，現場でいわれてきた。そうしたケースは，自分の生活上の諸困難に気がつかないだけでなく，自分が誰で，どこへ向かって行くのかさえわからず，途方にくれている状態にあるといえる。孤立し，声をあげないことによる問題は，下層の人々にとってはより深刻であり，そうした問題へ向けての諸方策は優先されるべき政策課題である。しかし，この自ら声をあげない人々の問題は，いま，階層的にかなり広がりをもって起こっているのではないか。これについての分析は今後の課題である。

　さて，問題把握のむずかしさの第2は，制度が対象外としている問題が社会的に認識されず，放置され，地域に潜在化していることから生まれる。社会福祉が対象とする問題と，政策が切り取る範囲とのズレを最初に指摘したのは真田是である。真田は1975年に「社会福祉の対象」という論文において，大まかには次のように述べている（『真田是著作集第3巻 社会福祉論』有限会社福祉のひろば，2012年，63～64頁）。

　社会福祉の対象は社会問題である。しかし，すべての社会問題が社会福祉の対象となるのではない。社会福祉の対象は，いわば社会問題の中から拾い上げられてつくられる。この"拾い上げ"の規則をつくるものは社会福祉政策である。このことには2つの異なっ

た意味が含まれている。

　1つの意味は，社会福祉が社会問題対策としてあるが，それは唯一の社会問題対策なのではなく，社会問題対策の一つだということ，つまり，社会福祉の政策体系としての固有性が社会問題を選別し，この固有性にマッチする社会問題だけを"拾い上げ"て，社会福祉の対象にする。

　もう一つの意味は，社会福祉政策が，つねに階級的なものであることからの"拾い上げ"である。現実の社会福祉の対象は，政策主体と社会問題の受難者たちとの間の力関係によって決まる。

　真田は，これを〈対象の「対象化」〉と名づけた。この対象の「対象化」の問題を，現在の高齢者福祉領域でみると，次のようにいうことができる。現在の高齢者への福祉施策の中心は介護保険制度であるが，要介護・要支援認定率は，2011年3月末で全国平均16.9%である。利用率を8割とするとサービス利用者の割合は13.5%となる。つまり，介護保険サービスの利用者は65歳以上高齢者全体のうちの1割強ということになる。残りの約8割半を占める介護保険サービス対象外の高齢者の生活問題をどのように考えたらよいのであろうか。もちろん，介護保険サービス対象外の高齢者すべてが生活問題をもっているわけではない。しかし注意したいのは，孤立問題が，この介護保険サービスの対象外のところで起こっているということである。現状の介護保険中心となっている高齢者福祉施策は，孤立問題への対応が十分とはいえない。それは，高齢者福祉施策に限ったことではない。

　たとえば，わが国の生活保護制度の捕捉率（take-up rate）は，研究者の推測では1割から2割程度といわれている。生活保護制度の場合，制度対象の8〜9割が捕捉されていないのである。制度の適用率が非常に低い。こうした制度適用外の貧困層が孤立し，問題が地域に潜在化しているのである。

　さらに，障害者問題分野も同様で，札幌市での障害者のいる家族の孤立死に示されたように，一応，制度対象となっているにもかかわらず，制度がうまく機能していない問題が発生している。その他，子どもの分野，ひきこもりの青年分野，不安定就業等の分野で起こっているような，制度との関わりをもたず孤立している実態が数多く浮かび上がっている。

　こうして私たちは，制度対象外の問題，また制度内ではあるが制度が届いて

いない問題に行き着くのだ。

●アウトリーチへの注目

　さて，以上のような地域に潜在化し，声をあげない人々の問題への接近方法として，最近，アウトリーチ（outreach）が注目されている。この用語が使われている領域は，図書館，博物館，美術館から社会福祉，精神保健等の専門機関，施設までと幅広い。アウトリーチとは，専門職が住民のところまで出向いて行う支援のことをさす。

　社会福祉領域でも，サービスが届かない人，あるいは「声をあげない」人の存在，つまり社会的孤立問題が注目されるようになり，アウトリーチがいろいろな場面に登場してきている。

　まず取り上げたいのは，精神障害者分野でのアウトリーチである。厚生労働省は2012年度から予算規模7億円で「精神障害者アウトリーチ推進事業」を実施している。2011年4月に厚生労働省は「精神障害者アウトリーチ推進事業の手引き」を発表しているが，この中で，同事業の「基本的考え方」と「具体的な方向性」について次のように述べている。

(1)　「地域で生活する」ことを前提とした支援体系とすること
(2)　アウトリーチ支援で支えることができる当事者や家族の抱えるさまざまな課題に対する解決を，「入院」という形に頼らないこと
(3)　当事者・家族の医療に対する信頼を築くためには，最初の医療との関わりがきわめて重要であるが，医療面だけではなく生活面も含め自尊心を大切にする関わり方を基本とすること

　これらを基本に，「具体的な方向性」として，当事者の状態に応じた医療面の支援に加え，早期支援や家族全体の支援などの生活面の支援が可能となる多職種チームであることが必要だとしている。

　精神障害者アウトリーチ推進事業をどのように評価するかはここではできないが，アウトリーチが重要な支援の方法に位置づけられ注目を集めていることは指摘しておきたい。

　次に，2012年版『高齢社会白書』を見ると，「地域力の強化と安定的な地域

社会の実現 〜「互助」が活きるコミュニティ〜」という項目の中で,「孤立化防止のためのコミュニティの強化」が必要だとされ,その一環としてアウトリーチについて言及している。

　高齢者,とりわけ一人暮らしの高齢者については,地域での孤立が顕著であることから,見守り等を通じてそうした高齢者と地域とのコミュニケーションづくり,絆づくりに加え,そのニーズに応じた支援が必要である。
　地域における高齢者やその家族の孤立化を防止するためにも,いわゆる社会的に支援を必要とする人々に対し,巡回しながらニーズを把握するといった積極的にアウトリーチする仕組や,個別の相談支援を通じて,閉塞感を払拭することも重要である。

　これは,地域住民による互助活動のためにアウトリーチ機能を活用するということであろうか。
　また,全国社会福祉協議会地域福祉推進委員会は,2012年10月,「社協・生活支援活動強化方針―地域における深刻な生活課題の解決や孤立防止に向けた社協活動の方向性―」を発表した。この中で「地域における深刻な生活課題の解決や孤立防止に向けた行動宣言」の1つに「アウトリーチの徹底」をあげている。

　私たちは,これまでのコミュニティワークや個別支援の実践を基礎に,アウトリーチ(地域に出向いていくこと)を徹底し,制度の狭間や支援につながりにくい生活課題を発見し,問題解決に向けた事業展開と支援のネットワークづくりに取り組みます。

　「制度の狭間や深刻な生活課題を抱える人々への対応には,住民の見守りや支援だけでは対応は難し」いという認識から,「援助を必要とする人に寄り添い,継続的に訪問や同行による継続的・計画的な支援」を行うアウトリーチを担う職員を「常勤配置」する必要があるとされている。
　アウトリーチの必要性がいわれるようになった背景には,2000年の介護保険制度導入以降,自分で制度を選択して利用するシステムが中心に据えられ,自己選択制ではカバーできない人々の問題が認識されてきたことがある。孤立問題は,そうした人々の大きな課題である。

●アウトリーチのあり方と公的サービスの再構築

　さて，昨今，アウトリーチということが実践的，理論的にいろいろな内容をもって議論され，試行錯誤の実践も行われるようになってきた。現代日本におけるアウトリーチとは何か，どうあるべきかについて考えなければならない時期にきているといえよう。

　本書において，アウトリーチの取り組み例として東京都港区の「ふれあい相談員」制度を取り上げた（第Ⅱ部1　真継直論文「高齢者の孤立と自治体行政」）。この港区のシステムが先駆的で先見性をもつ政策といえるのは，行政がサービスを利用していないひとり暮らし高齢者全員をリストアップし（2012年3月現在，3803名），新たに配置した「ふれあい相談員」という専任の専門職員10名で，全数訪問をしているからである。声をあげない人々，潜在化している問題へのこうしたアプローチを他の地域にも広げていきたいものである。

　日本におけるアウトリーチのあり方が，今後さらに議論され，その取り組みが広がることを期待したいが，同時にアウトリーチで明らかになった問題を担うサービス主体についても考える必要がある。問題の性質上，私たちは行政による底支えの人的配置が必要なのではないかと考えている。生活基盤が脆弱で，孤立し，ひきこもっているような，いわゆる多問題・困難ケースに対しての公的サービスはどうあるべきかを検討する必要がある。

　本書は，以上の検討を行う素材を提供したつもりである。読者の忌憚のない意見をお寄せいただければ幸いである。

　2013年1月

河　合　克　義

執筆者紹介 (執筆順, *は編著者)

*河合　克義	(かわい　かつよし)	明治学院大学社会学部教授	Ⅰ部❶
新井　康友	(あらい　やすとも)	中部学院大学人間福祉学部専任講師	Ⅰ部❷
岩田　美香	(いわた　みか)	法政大学現代福祉学部教授	Ⅰ部❸
岩田　直子	(いわた　なおこ)	沖縄国際大学総合文化学部教授	Ⅰ部❹
小川　栄二	(おがわ　えいじ)	立命館大学産業社会学部教授	Ⅰ部❺
*板倉　香子	(いたくら　こうこ)	東京都港区政策創造研究所研究員	Ⅰ部❻
*菅野　道生	(かんの　みちお)	岩手県立大学社会福祉学部専任講師	Ⅰ部❼
真継　直	(まつぐ　ただし)	東京都港区保健福祉支援部高齢者支援課在宅支援係長	Ⅱ部❶
芳賀　清泰	(はが　きよやす)	東京都葛飾区福祉部障害者施設課通所施設係長（執筆当時：福祉部高齢者支援課高齢者相談係長）	Ⅱ部❷
奥山　伸広	(おくやま　のぶひろ)	山形県社会福祉協議会人材研修部人材研修係長（執筆当時：地域福祉部生活支援係長）	Ⅱ部❸
金安　博明	(かねやす　ひろあき)	東京都世田谷区社会福祉協議会総務部次長	Ⅱ部❹
平野　幸子	(ひらの　さちこ)	明治学院大学社会学部付属研究所ソーシャルワーカー	Ⅱ部❺
西川　正	(にしかわ　ただし)	ハンズオン埼玉常務理事，恵泉女学園大学特任准教授	Ⅱ部❻
横山　秀昭	(よこやま　ひであき)	横浜市港北福祉保健センター高齢・障害支援課医療ソーシャルワーカー	Ⅱ部❼
森　芙紗子	(もり　ふさこ)	東京都生活協同組合連合会福祉政策担当	Ⅱ部❽
鈴木るり子	(すずき　るりこ)	岩手看護短期大学専攻科・地域看護学専攻教授	Ⅱ部❾

Horitsu Bunka Sha

社会的孤立問題への挑戦
――分析の視座と福祉実践

2013年2月28日　初版第1刷発行

編著者　河合克義・菅野道生
　　　　板倉香子

発行者　田靡純子

発行所　株式会社 法律文化社
　　　　〒603-8053
　　　　京都市北区上賀茂岩ヶ垣内町71
　　　　電話075(791)7131　FAX 075(721)8400
　　　　http://www.hou-bun.com/

＊乱丁など不良本がありましたら、ご連絡ください。
　お取り替えいたします。

印刷：西濃印刷㈱／製本：㈱藤沢製本
装幀：白沢　正
ISBN 978-4-589-03476-2
Ⓒ2013 K. Kawai, M. Kanno, K. Itakura, Printed in Japan

JCOPY　<(社)出版者著作権管理機構 委託出版物>

本書の無断複写は著作権法上での例外を除き禁じられています。複写される場合は、そのつど事前に、(社)出版者著作権管理機構(電話03-3513-6969、FAX03-3513-6979、e-mail: info@jcopy.or.jp)の許諾を得てください。

河合克義著
大都市のひとり暮らし高齢者と社会的孤立
A5判・360頁・5670円

東京港区と横浜鶴見区での大規模かつ精緻な調査をもとに、ひとり暮らし高齢者の生活実態と孤立状況をあぶりだす。特に親族・地域ネットワークに焦点をあて、その質と量を分析。「全市区町村別ひとり暮らし高齢者出現率」など興味深い資料付き。

河合克義編著
福祉論研究の地平
―論点と再構築―
A5判・246頁・3150円

現実の生活問題を解決できる福祉政策とは？ 70年代後半から今日までの研究・政策動向における重要論点を分野横断的に考察し、貧困と実態を見すえて制度再構築を構想、実践と研究の展望を示す。

倉田康路・滝口 真監修／
高齢者虐待防止ネットワークさが編著
高齢者虐待を防げ
―家庭・施設・地域での取り組み―
A5判・184頁・2310円

高齢者介護にかかわってきた家族や介護従事者、民生委員など当事者への調査をもとに、高齢者虐待の実態と課題を明らかにする。虐待防止・発見のための各人の役割や手だてを提示し、地域ネットワーク構築の重要性を説く。

玉井金五著
共助の稜線
―近現代日本社会政策論研究―
A5判・292頁・4200円

日本の特質である〈共助〉原理をキー概念に、20世紀を通じた福祉系社会政策の軌跡を追う。地方行政、企業、地域、家族レベルでのダイナミックな展開から生活支援システムを析出し、21世紀のいま、その再構築を標榜する。

日本社会保障法学会編
新・講座 社会保障法〈全3巻〉
A5判・上製カバー巻 320〜360頁

21世紀になって以降急激に変化する社会保障制度の論点と課題を人権保障の視点から解明し、持続可能な制度構築を提起する。

- 第1巻 これからの医療と年金　●3990円
- 第2巻 地域生活を支える社会福祉　●3990円
- 第3巻 ナショナルミニマムの再構築　●4200円

―法律文化社―
表示価格は定価（税込価格）です